To my Readers in Korea,

This Book is intended to make your life better with each passing day By Following a few simple steps that anyone can DO. Whatever you are, whatever you Do, you have The ability to make today better that yesterday and tomorrow better than Today.

Best wishes in Getting more —

한국 독자들에게,

이 책의 목적은 누구나 할 수 있는 몇 가지 간단한 단계를
실천함으로써 여러분의 삶이 나날이 윤택해지는 데 있습니다.
언제든, 무엇을 원하든 여러분은 어제보다 나은 오늘을,
오늘보다 나은 내일을 만들 수 있습니다.

『어떻게 원하는 것을 얻는가』와 함께 여러분의 행복을 바라며,
스튜어트 다이아몬드

어떻게
원하는 것을 얻는가
GETTING MORE

* 본 도서는 한글 맞춤법에 따른 표기를 원칙으로 하고 있으나, 일부 영문 표기나 단어들은 문맥상 저자의
의도에 더 잘 부합하고 독자들에게 더 친숙한 표현으로 명기하였음을 알려드립니다.

GETTING MORE

어떻게
원하는 것을 얻는가

GETTING MORE

전 세계 150만 독자에게서 쏟아진 찬사!

- 나는 이 책, 『어떻게 원하는 것을 얻는가』를 사랑한다. 이 책을 읽은 후 나는 그의 워크숍에도 반드시 참석해야겠다고 느꼈다. 그 워크숍 강의 내용을 스케치해 개인 홈페이지에 올린 것이 이런 인연으로까지 이어졌다. 나는 그의 협상 도구들을 생활 속에서 실천하며 더 많은 것들을 얻고 있다. 더 좋은 협상가가 되기를, 더 풍성한 일상을 누리길 바라는 모든 사람에게 이 책을 적극 추천한다.

  Jason Barron, UX 디자이너, 본 책의 일러스트레이터

- 우리의 삶 전체가 협상의 연장은 아닐까 생각한다. 우리는 삶에서 언제나 원하는 것을 얻고 싶어하지만 그 방법을 잘 모르기에 때때로 실패하거나 지레 포기해버린다. 늘 찾아드는 고민이어서인지 이 책을 놓고 싶지가 않았다. 아니, 사실은 책이 나를 휘어잡았다. 이야기에 사로잡혀 시간 가는 줄 모르고 협상 도구들을 배워나갔다. 잘못 생각했던 부분을 개선하고, 새롭게 배운 도구들을 사용했을 때 나는 비로소 원하는 것을 얻을 수 있었다. 아는 것보다 더 중요한 것은 그것을 사용하는 것이다. 이 책을 읽고, 적용하고, 연습한다면 누구나 탁월한 협상가, '원하는 것을 얻는 자'가 될 것이다.

  남진경, 컨설턴트

- 다이아몬드 교수의 협상법을 일상에 적용하는 일은, 우리가 살면서 받을 수 있는 최고의 수업이며 훈련이다. 그 효과는 즉각적이고도 다양하다.

  Jon Sobel, Yahoo! 전 부사장; Sight Machine CEO

- 이 책의 협상법은 기존에 알려진 것과는 놀랍도록 다르다. 상대의 감정을 먼저 존중하는 데서 출발하여, 역지사지의 입장을 유지하며 점진적으로 목표에 접근한다. 이 새로운 방법이 실로 큰 효과를 낸다는 사실은 경험해본 사람만이 알 수 있다. 이 책 덕분에 나는 수많은 대화에서 서로 다른 입장을 가진 이들 모두가 원하는 것을 얻는 결론을 낼 수 있었다. 승자독식이 거북한 모든 분들에게 이 책을 기꺼이 추천한다.

  김준철, 무역회사 회계팀

- 이 책이 가르쳐주는 협상 도구는 여성과 남성 모두에게 적용됩니다. 사소한 차이가 거대한 가치를 만들고, 그것은 우리가 살아가는 경쟁 사회에서 우위를 점할 수 있는 힘이 되어줍니다.

  Umber Ahmad, 골드만 삭스 전 부사장

- 이 책은, 악용될 소지가 있을 정도로 좋은 책이다. 여태껏 수많은 행동경제학서와 협상심리학서를 읽어왔지만 이 책을 통해 만난 협상의 귀재 스튜어트 다이아몬드 교수는 기존의 책들과는 확연히 다른 이야기를 들려주었다. 일상의 다양한 상황에서 협상 도구 활용법을 연습해볼수록 그것을 스스로 개발하려 연구하게 되고, 그 성공의 쾌감에서 헤어나올 수가 없다.

  박형찬, 앱 개발자

- 다르게 생각하려고 최선을 다해본 사람은 언젠가 세상을 요동치게 한다. 이 책의 첫 장에는 '무엇이든 다르게 생각하라'는 말이 가장 먼저 나와 있어 인상적이다. 사업을 하면서 계약, 투자 협상, 직원들과의 협상 등 의견을 조율해야 할 부분이 많은데 책을 다 읽고 자연스레 그 방법을 깨달았다. 윈윈을 이끌어내는 법을 실생활에 적용하고 체화해 나가면서 많은 도움을 얻었다. 다른 책들보다 훨씬 구체적이며 광범위하게 적용할 수 있는 책이다. 틈날 때마다 정리해놓은 것들을 반복해서 보고 있다.

  조현구, 클래스팅 대표

- 이 수업은 나이, 계급, 사회적 지위, 문화, 종교, 성, 심지어는 언어도 넘어서서 적용되는 가장 중요한 문제해결 도구들을 가르쳐줬다.

  Robert Williams, 미군 특전부대 장군

- 와튼스쿨 최고 인기 강의를 책으로 청강할 수 있다는 것은 살며 마주한 최고의 행운이다. 나는 항상 문제 상황에 감정적으로 대응하여 나도, 상대도 마음 상하는 일이 빈번했었다. 그러나 책을 읽은 후, 스튜어트 다이아몬드의 가르침을 되새기며 감정을 배제하는 연습을 시작했다. 그의 스킬들을 더 완벽하게 체득할수록 원하는 방향으로 상황이 흘러갔다. 하루하루의 생활에 가장 큰 변화를 가져다준 이 책은 나에게 그저 고마운 선물이다.

  이아람, 대학생

- 제대로 알지 못했던 나 자신의 목표를 명확하게 만들어주고, 상대방과 진심으로 소통하는 법을 알려주며, 결국엔 성공적인 협상에 이를 수 있게 도와주는 책. 기회가 있을 때마다 활용할 수 있도록 늘 이 책을 의식적으로 떠올리며 생활한다. 그리고 매번, 그 놀랍도록 높은 성공률에 감탄한다.

  고은비, 대학병원 간호사

- 이 책은 살아 있다! 덕분에 우리 회사는 2억 4,500만 달러를 절약했다.

  Rich Morena, Press Communications LLC 총책임자

- 이 책을 읽는 동안 스스로도 놀랄 만큼 변화했다. 단정적인 어조로 상대와 선을 긋지 않고 질문을 던짐으로써 상대를 이해한다. 그리고 차분하게 타인을 대하다보니 뜻밖의 수확이 생기기 시작했다. 금전적 이득이 있었고, 인간적 교류도 있었다. 접근 방식만 바꿨을 뿐인데 삶 전체가 완전히 성장한 느낌이다. 사람 사이의 관계가 풍성해지는 길이 이렇게 쉽고 가까운 데 있었다니! 신비롭고 또 신비로울 따름이다.
  한동은, PR회사 매니저

- 보다 많은 이들이 이 책을 읽고 원하는 것을 평화적으로 얻기를. 특히 전 세계의 정치 지도자들이, 세계 각지의 분쟁 지역에 있는 지도자들이, 이 책을 읽고 큰 깨달음을 얻기를 진심으로 소망해본다.
  정기훈, 종교인

- 『Getting More』에서 배운 것을 곧바로 실행하세요. 우리 삶은 그리 길지 않습니다.
  Bill Ruhl, Verizon 인사팀장

- 다른 사람들과 협력해야 하는 여러 상황에서 항상 원하는 것을 얻어내는 나를 보며, 친구들은 대체 어떻게 그런 생각을 해냈느냐고 묻는다. 정답은 '이 책을 읽어봐라'이지만 아무에게나 알려주지는 않는다. 책을 읽은 후에는 한마디 말, 사소한 태도, 가벼운 배려가 인생을 바꿀 수 있다는 것을 알게 된다. 도전하자!
  전재원, 대학생

- 저는 남성 중심의 월스트리트에서 일하는 커리어우먼이며, 세 살이 채 안 된 두 자녀의 엄마입니다. 『Getting More』는 제가 첫 직장에서 더 나은 계약을 할 수 있도록 도와주었으며, 집에서 보내는 시간에 역시 큰 도움이 되어주고 있습니다.
  Gina McCarthy, 모건 스탠리 재직

- 실패를 성공으로 이끌 수 있는 힘을 얻었습니다. 빈틈없는 워크숍을 경험하게 해주셔서 감사합니다.
  Jason Buchanan, Google 데이터베이스 관리자

- 이 책의 핵심은 인간적인 삶을 사는 것, 상호 협력적이고 긍정적인 방식으로 타인과 꾸준히 소통하는 법, 타인과 나의 목표를 구분하고 그 모두를 충족시키는 방법입니다. 조금 다른 관점에서 이것은 또 하나의 예술입니다.
  Senbagam Virudachalam, 필라델피아 아동병원 소아과 교수

- 우리가 살고 있는 경쟁 사회는 결국 원하는 것을 얻고자 하는 전쟁의 연속이다. 그런데 나만의 확실한 협상법이라는 무기도 제대로 갖추지 않고 전쟁판에 나가, 원하는 것을 얻고자 하는 건 욕심일 뿐이다. 이 책 속 협상 도구들은 전투에서 승리하고 전리품을 취할 수 있게 해주는 가장 강력한 무기가 되어줄 것이다.
  최준형, 컨설턴트

• 이 워크숍을 들은 것이 올 한 해 최고의 투자다.
Microsoft 게임 부문 개발부서

• 우리가 하는 거의 모든 대화와 행동이 협상의 과정이다. 그러한 교감이 결국 상대를 움직이는 힘이 된다. 나는 이 책에서 배운 것들을 직접 생활에서 실천해보았다. 사업과 경영뿐 아니라 식료품 매장 계산대, 비행기 티케팅, 가전제품 사후서비스(A/S) 등 모든 일상에서 책에 언급된 '기술'을 사용했을 때 늘 만족할 만한 결과를 얻었다. 나의 가치와 상대방의 가치가 교환될 때 서로 만족할 만한 협상에 도달한다는 사실을 배운 것이다.
신대준, 폴리콤코리아 사장

• 내 생애 가장 중요한 강의였다고 단언한다.
Shanan Bentley, 시티그룹의 전 부사장

• 다이아몬드 교수가 왜 와튼에서 가장 인기 있는 교수가 되었는지를 직접 체험할 기회는 없었다. 그러나 와튼의 일류 교수가 되는 데 필요한 요건은 내가 재학하던 당시나 지금이나 다르지 않다. '지식의 깊이'와 '실용성' 있는 내용을 동시에 전달할 수 있어야만 한다는 요건이 그것이다. 이 책을 국내뿐 아니라 대외적 협상력을 키워야 할 필요가 있는 분들에게도 권하고 싶다.
이봉서, 한국능률협회 회장(와튼스쿨 59년 졸업)

• 어떻게 하라는 얘기도 없이 올바른 자세만 강조하는 변죽만 울리는 책이 아니다. 마땅히 취해야 할 태도가 아닌 일상의 생활방식을 바탕으로 하고 있는 이 책은, 성과를 내는 협상을 위해 바로 써먹을 수 있는 엣지 있는 'Powerful App'이다.
류랑도, 『첫 번째 질문』 저자

• 남들은 읽지 않았으면 하는 비겁한 마음이 절로 드는 책이다. 이 책의 내용을 나만 알고 있다면…… 책에 나온 모든 내용이 유용한데 그중 '프레이밍 기법'은 앞으로 있을 중요한 프로젝트 미팅에서 꼭 한번 사용해보고 싶은 협상 도구다.
정철윤, LG전자 HA마케팅전략팀

• 스튜어트 다이아몬드 교수님의 수업은 와튼스쿨에서 최고로 손꼽힌다. 실제 수업을 듣는 동안 교수님의 협상법을 실생활에서 많이 써보았고, 책 제목처럼 원하는 것을 더 얻을 수 있었다. 장담컨대 이 책의 내용대로만 한다면 누구라도 원하는 것을 더 많이 얻을 수 있다. 꼭, 반드시 읽어야만 하는 책이다.
Ankur Jain, 와튼스쿨 학생

• 펜실베이니아 로스쿨과 와튼스쿨에서 다이아몬드 교수님의 강의는 전설로 불릴 만큼 수강 경쟁이 치열하다. 내가 4만 달러의 학비를 내고도 간신히 이 수업을 들었던 것에 비하면, 책 한 권으로 교수님의 강의를 접할 수 있는 독자들은 정말 행복한 것이다. 책 속 전략과 협상 도구가 실생활에서 얼마나 유용한지를 깨닫는 순간, 입에서 탄성이 절로 나오게 될 것이다.
Mike S., 펜실베이니아 로스쿨 학생

이 책은 누구나 원하는 것을 얻을 수 있다는 긍정의 메시지를 담고 있다. 나는 이 책을 읽는 독자들의 삶에 실질적인 도움을 주기 위해 이 책을 썼다. 단언컨대 누구든지 어떤 성격의 소유자든지, 책 속의 내용을 충실히 익힌다면 상대가 누구라도 훌륭한 협상가가 될 수 있다.

지금까지 20여 년 동안 강의를 해오면서 학생들의 협상 능력이 일취월장하는 모습을 숱하게 확인했다. 내가 가르치는 방법론은 대개 일반적인 통념에 어긋나는 경우가 많아 자칫 고개가 갸우뚱해질 수도 있다. 하지만 학생들이 직접 경험한 수많은 성공 사례를 본다면 저절로 고개가 끄덕여질 것이다. 이 책에 실린 방법들은 무엇보다 어렵지 않고 쉬우며 단순하다. 그리고 효율적이다.

기존의 협상법들은 합리적으로 설득하고 강압적으로 밀어붙이며 '파업'과 같은 극단적인 방법을 쓰는 것을 강조한다. 하지만 현실에서 이와 같은 방법들이 제대로 효력을 발휘하는 경우는 드물다. 진짜 협상법은 명확한 목표를 가지고 상대방의 마음을 이해하며, 상대의 머릿속 그림을 그리고 상황에 맞게 점진적으로 접근하는 대처 방법을 말한다. 나의 학생들은 상대가 공격적인 반응을 보여도 당황하거나 화내지 않고 상대방의 입장을 존중하는 태도를 보인다. 대립과 반목을 피하면서 상호협력을 추구하며, 상대가 한 말을 활용해 원하는 것을 얻어낸다.

이 책의 목적은 일상적으로 활용할 수 있는 협상법을 제시하여 원하는 것을 얻는 데 있다. 그러므로 자신에게 가장 적합한 방법을 골라서 온전히 자기 것으로 만드는 과정을 거쳐야 할 것이다.

이 책에서 소개하는 모든 이야기는 나의 학생들이 직접 경험한 것이다. 나는 그들의 성공담 혹은 실패담이 모두에게 협상에 대한 흥미로운 자극을 불러일으키길 바라고 있다. 책에서 소개한 내 협상법은 여러 번의 시행착오를 거치면서 직접 그 효과를 확인했으므로, 전적으로 신뢰해도 좋다. 다만 모든 방법들을 한번만 시도해봐서는 곤란하다. 한 가지 방법을 먼저 시도하고 문제가 생기면 문제점을 개선한 후, 다른 방법을 추가하라. 이를 연습할 시간은 평생토록 많고 많으니 결코 조급해할 필요는 없다.

끝으로 위와 같은 시도를 하면서 겪는 이야기들을 내게 들려준다면 더할 나위 없이 기쁘겠다. 천생 '선생'이라 그런지 이 책을 읽은 '학생'들이 배운 내용을 어떻게 활용하는지 너무 궁금하다. 내 궁금증을 해소시켜주고 싶다면 홈페이지 www.gettingmore.com에 들어와 글을 남기면 된다. 끝으로 부디 독자들이 이 책을 통해 일상생활에서 원하는 것을 얻었으면 한다.

필라델피아 하버포드에서
스튜어트 다이아몬드 Stuart Diamond

차 례

차 례

협상은 사람 사이에서 이루어지는 상호작용이다. 우리는 상대방과 대화를 하면서 말이나 혹은 몸짓을 통해 의식적으로든 무의식적으로든 협상을 시도한다. 운전을 하거나 아이들과 대화를 나눌 때 혹은 심부름을 할 경우도 예외는 아니다. 그러니 항상 협상 속에서 살고 있다고 해도 과언이 아니다. 협상이 없는 삶은 존재하지 않는다. 오직 협상을 잘 하거나 못하는 상황이 벌어질 뿐이다.

Part I

통념을 뒤엎는
원칙들

Principles that
defy conventiomal
wisdom

이 책을 읽는 독자들에게

이 수업의 핵심은 강의 내용을 실제로 활용하는 데 있다. 비싼 학비를 내고도 듣기 힘든 이 강의를 한 권의 책으로 읽을 수 있는 것은 분명 좋은 일이지만, 만약 책 내용을 활용하지 않는다면 다른 평범한 책들과 다를 바 없게 된다. 그러니 이 책만이 가진 노하우와 장점을 일과 생활에서 반드시 반복적으로 사용하고 연습해야만 한다는 점을 다시 한번 강조한다.

무엇이든
다르게 생각하라

파리행 비행기로 갈아탈 탑승구가 가까워질 무렵 발걸음이 점점 느려졌다. 다행히 비행기는 아직 떠나지 않았다. 그러나 탑승구는 이미 닫혔고, 직원들은 말없이 탑승권을 정리하고 있었다. 비행기와 연결되는 통로도 닫힌 상태였다.

나는 숨을 헐떡거리며 한 직원에게 말했다.

"저기, 제가 이 비행기를 타야 하는데요."

"죄송합니다. 탑승이 다 끝났습니다."

"이전 비행기가 10분 전에 착륙하는 바람에 늦었어요. 그쪽 직원들이 여기로 미리 연락해주겠다고 했는데요."

"죄송합니다. 문을 닫은 후에는 탑승하실 수가 없습니다."

학수고대했던 주말여행이 무산될 수도 있다는 사실에 남자친구와 나는 적잖이 당황했다. 창밖에는 우리가 타야 할 그 비행기가 아직 서 있었다. 어둠 속에서 계기판 불빛을 받은 조종사들의 얼굴이 보였고, 잠시 후 엔진음이 높아지는 가운데 형광봉을 든 지상요원이 천천히 활주로를 향해 걸어갔다.

그러다 갑자기 어떤 생각이 떠올라 비행기 조종석에서 잘 보일 만한 유리창 가운데로 남자친구를 끌고 갔다. 그리고 온 신경을 집중해 조종사가 우리를 봐주기를 기다렸다. 마침내 조종사 한 명이 고개를 들었고, 유리창 건너편에서 낙담한 채 서 있는 우리를 보았다. 나는 간절한 눈길로 그를 바라보면서 뭔가 메시지를 던지기로 결심했다.

툭.

나는 힘없이 가방을 바닥에 떨어뜨렸다. 아주 잠깐이었지만 그 순간이 영원히 끝나지 않을 것처럼 길게 느껴졌다. 이윽고 그가 무슨 말을 하자, 다른 조종사도 고개를 들어 나를 바라보았다. 나는 애타는 눈빛으로 그를 바라보았다. 마침내 그가 고개를 끄덕였다.

잠시 후 엔진 소리가 잦아들고 탑승구의 전화기가 울렸다. 전화를 받은 직원은, 이런 일은 처음이라는 듯 놀란 눈으로 우리를 바라보며 말했다.

"어서 짐 챙기세요. 기장님이 허락하셔서 탑승하셔도 됩니다."

우리는 너무 기쁜 나머지 서로를 얼싸안고 잽싸게 가방을 들었다. 그리고 조종사들에게 감사의 마음을 담아 손을 흔들어준 다음, 서둘러 연결 통로로 달려갔다.

— 레이엔 첸 Rayenne Chen, 와튼스쿨 2001학번

이 이야기는 내 협상론 강의를 듣는 한 여학생의 실제 경험담이다. 그녀는 이미 이륙한 비행기를 타기 위해 단 한마디도 하지 않았지만, 상대에게 강력한 무언의 호소를 하면서 대단히 극적인 결과를

얻어냈다. 게다가 그녀는 내 협상론 수업에서 배운 여섯 가지 방법을 두루두루 잘 활용했다. 그 여섯 가지 방법은 다음과 같다.

1. 어떤 상황에서도 평정심을 유지하라. 감정에 휘둘리면 협상을 망칠 뿐이다.
2. 주어진 시간이 단 5초밖에 없다 해도 반드시 준비를 하고 말하라. 협상 전 자신의 생각을 정리하는 것은 상당히 중요하다.
3. 협상의 결정권을 쥐고 있는 의사결정자를 찾아라. 위 이야기에서 의사결정자는 기장이었다. 규정을 따를 수밖에 없는 항공사 직원과 이야기해봤자 시간 낭비일 뿐이다.
4. 누가 옳은지 따지지 말고 목표에 집중하라. 위 이야기에서 환승이 늦었다거나, 항공사에서 미리 연락하기로 했다는 사실 따위는 중요하지 않다. 목표는 오직 파리행 비행기를 타는 것 한 가지뿐이다.
5. 인간적으로 소통하라. 사람과의 관계는 협상의 성공 여부를 결정짓는 가장 큰 부분이다.
6. 상대가 가진 지위와 힘을 인정하고 이를 적극적으로 활용하라. 그러면 이따금씩 상대가 당신을 도와주는 경우가 생길 것이다.

이 방법들은 눈에 보이지 않지만 마술 같은 미묘한 힘을 발휘한다. 물론 그 학생이 마법을 부린 건 아니다. 다만 어찌됐건 그녀와 그녀의 남자친구는 이 방법을 통해 평생 기억에 남을 만한 멋진 협상을 해냈다. 그리고 그녀뿐 아니라 내 강의를 들은 다른 학생들도 이 여섯 가지 방법들을 활용하여 일상 속에서 성공적인 협상을 할 수 있었다.

나는 내 협상론 강의의 핵심을 책으로 접할 수 있도록 강의 내용을 그대로 실으려 한다. 이 책은 다른 사람들과 상호작용하는 방식을 바꿀 획기적인 전략과 협상 도구를 제시할 것이다. 이 도구들은 기존에 사람들이 알고 있던 협상법과는 전혀 다른 새로운 것들이다. 내 협상 도구는 모두 인간의 심리에 기초하고 있으며, 상대의 머릿속 그림을 그려서 이에 알맞게 대처할 수 있는 방법을 제시한다. 특별한 상황에 구애받지 않고 어떤 경우에서든지 통하는 이 협상법은 강경하고 위압적으로 나가야 한다거나 친절하고 유연해야 한다는 특정 태도를 강요하지 않는다. 다만 사람들이 일상에서 인식하고, 생각하고, 느끼며 살아가는 자연스러운 생활방식에 기반을 둘 뿐이다. 결국 내 협상법을 통해 사람들은 원하는 것을 얻게 될 것이다.

원하는 것을 얻고자 하는 것은 인간의 기본적인 욕망이다. 우리는 언제나 원하는 것을 이왕이면 더 많이 얻고 싶어한다. 그 대상은 반드시 돈과 같은 물질적인 것에만 국한되지 않는다. 시간, 음식, 여행, 농구 경기, 텔레비전, 음악 등 우리가 원하는 모든 것을 더 많이 얻을수록 더 만족스러운 기분을 느낀다.

이제까지 협상과 관련한 책들은 무수히 많았다. 그 책들은 대부분 상대방의 동의를 얻어내고, 반대 의견을 물리치고, 경쟁자를 이기며, 계약을 마무리하고, 지렛대(Leverage: 입장을 관철시키기 위한 설득 수단―옮긴이)를 이용하고, 특정 태도로 임하는 협상법을 소개해왔다. 하지만 이를 실제로 실행에 옮겨 협상에 성공한 사람이 몇이나 될까?

나는 이 책에서 피자를 주문할 때나 옷값을 깎을 때, 혹은 10억 달러 규모의 계약을 맺을 때 즉시 활용할 수 있는 협상법을 제시할 것이다. 내가 수업을 마친 후 학생들에게 꼭 당부하는 말이 있다.

"머릿속으로 아는 걸 실행하지 않으면 아무 소용 없습니다. 지금 배운 걸 일상생활에서 시도해보세요. 오늘 당장!"

열두 가지 핵심 전략

협상은 사람 사이에서 이루어지는 상호작용이다. 우리는 상대방과 대화를 하면서 말 혹은 몸짓을 통해 의식적으로든 무의식적으로든 협상을 시도한다. 운전을 하거나 아이들과 대화를 나눌 때, 혹은 심부름을 할 경우도 예외는 아니다. 그러니 항상 협상 속에 살고 있다고 해도 과언이 아니다. 협상이 없는 삶은 존재하지 않는다. 오직 협상을 잘 하거나 못하는 상황이 벌어질 뿐이다.

'비전문가는 들판에서 평지만을 보지만, 전문가는 작은 골짜기와 봉우리까지 본다.'

위 격언에서도 알 수 있듯, 우리가 협상에 대한 정보를 많이 알고 있으면 그것을 활용하여 더 많은 기회를 얻거나, 우리에게 닥칠 수 있는 위험을 최소화할 수 있다.

이 책에서는 협상에 임하는 스스로의 모습을 보다 객관적이고 면밀하게 바라보고, 상대의 머릿속 그림을 정확하게 그린 뒤 협상 능력을 향상시킬 수 있는 방법을 소개할 것이다.

인도 출신의 한 여학생은 이 협상법을 통해 자신의 부모를 설득하여 인도 문화에 만연한 중매결혼을 피할 수 있었다. 2008년 미국을 떠들썩하게 만든 작가 조합의 파업을 끝내는 데에도 이 협상법은 효과를 발휘했다. 또한 열여덟 번이나 1차 면접에서 낙방했다가 이 협상법으로 열두 번 연속으로 최종 면접까지 가게 됐으며, 결국 자신이 원하는 직장에 들어간 학생도 있다. 심지어 아이들이 불평 없이 저녁마다 이를 닦게 할 때도 이 협상법은 도움이 될 테니 기대하시라.

덧붙여 흥미로운 사실 하나를 소개할까 한다. 지금까지 내 강의를 들은 학생들이 협상을 통해 벌게 됐거나 아낀 돈을 합산해본 적이 있다. 케이스별로 7달러에서 100만 달러까지 다양했는데, 전체 사례 중 약 3분의 1에 해당하는 금액을 합산했더니 무려 30억 달러가 넘는 액수가 나왔다.

책에서 소개한 사례에는 대부분 실명을 썼다. 협상에 대해 나의 조언을 들은 사람들은 다국적 기업의 임원과 주부, 학생, 변호사, 엔지니어 등 다양한 직업을 가지고 있으며 미국, 일본, 중국, 러시아, 콜롬비아, 볼리비아 등 20개국이 넘는 나라에 살고 있다.

이제 효과적인 협상을 위해 이 책에서 다룰 열두 가지 전략을 소개하겠다. 이 전략들은 그동안의 협상법과 상당히 다르다. 이 전략들은 전체적으로 협상에 대한 전혀 다른 사고방식을 심어줄 것이다. 그 차이는 평지만을 보는 아마추어와 골짜기와 봉우리까지 보는 프로의 차이 만큼 크다. 아마추어와 프로의 게임은 완전히 달라야 하지 않겠는가.

1 목표에 집중하라

협상을 통해 얻고자 하는 것은 바로 목표 달성이다. 그런데 애석하게도 많은 사람들이 부차적인 것들에 신경 쓰느라 목표 달성에 방해가 되는 행동을 하곤 한다. 협상을 할 때 인간관계만을 생각하거나 공통의 관심사에 빠져들거나 윈윈(win-win)하는 방법, 혹은 협상 도구 자체에만 집중해서는 절대 안 된다. 협상에서 하는 모든 행동, 몸짓 하나까지도 오직 목표를 달성하기 위한 전략이 되어야 한다.

2 상대의 머릿속 그림을 그려라

상대가 생각하는 머릿속 그림을 그려라. 다시 말해 그들의 생각, 감성, 니즈를 파악하고 그들이 어떤 식으로 약속을 하는지, 상대방의 어떤 부분에서 신뢰를 느끼는지도 알아야 한다. 또한 그들이 절대적으로 믿고 의지하는 제3자로부터 도움을 받을 수 있는지도 확인해야 한다. 협상에 있어 가장 효율적인 방법은 강압적 수단을 쓰지 않고 상대방이 자발적으로 손을 내밀도록 만드는 것이다.

3 감정에 신경 써라

세상이 언제나 이성적으로 돌아가는 것은 아니다. 아이로니컬하지만 중요한 협상일수록 사람들은 비이성적인 태도를 취하기도 한다. 사람이 감정적으로 변하면 상대의 말을 듣지 않게 된다. 상대방의 감정에 공감하면서, 필요하다면 사과를 해서라도 상대방의 감정을 보살펴라. 그런 후 상대가 다시 이성적인 판단을 할 수 있도록 유

도해야 한다. 이를 전문적인 용어로 '감정적 지불_{Emotional Payment}'이라고
한다.

4 모든 상황은 제각기 다르다는 것을 인식하라

모든 협상에서 만능으로 통하는 전략이란 존재하지 않는다. 같
은 사람과 같은 내용으로 협상을 하더라도 시간에 따라, 그날의 날
씨와 컨디션에 따라 상황은 달라진다는 걸 명심하자. 때문에 그때
그때의 상황을 새롭게 분석할 줄 알아야 한다. 모두에게 통하는 일
반적인 이론은 개별적인 상황에서 별다른 의미가 없다. '일본인과
협상하는 법' 혹은 '무슬림과 협상하는 법'은 모두 틀렸다고 봐도
무방하다.

5 점진적으로 접근하라

사람들은 종종 한꺼번에 너무 많은 것을 요구하는 바람에 협상에
서 실패한다. 성급한 말과 행동은 상대방의 마음을 멀어지게 할 뿐
아니라, 위험 요소를 키울 뿐이므로 협상을 할 때는 걸음걸이의 보폭
을 줄여야 한다. 한 번에 한 걸음씩 상대방을 목표 지점으로 끌어들
여라. 즉 상대방을 친숙한 시점에서 시작해 점차 내 영역으로 유도
하라는 뜻이다. 상대가 아직 나를 덜 신뢰한다면 더욱 속도를 줄여야
한다. 협상의 매 단계마다 상대방과의 간격을 확인하라. 간격이 많이
벌어졌다면 천천히, 아주 천천히 좁혀나가야 한다.

6 가치가 다른 대상을 교환하라

사람들은 저마다 다른 가치 기준을 갖고 있다. 따라서 쌍방의 가치 기준을 확인하여 한쪽은 중요하게 생각하고 다른 한쪽은 중요하게 생각하지 않는 대상을 교환할 수도 있다. 가령 공휴일에 일하는 대신 전체 휴가 일수를 늘리거나, 텔레비전을 보는 대신 공부를 더 하거나, 물건의 가격을 깎는 대신 다른 고객을 소개시켜줄 수도 있을 것이다. 교환 대상은 단순한 이해관계나 필요의 범위를 넘어선다. 이 전략은 협상에서 목표 파이(pie)를 크게 늘리고, 더 많은 기회를 만들어 낸다.

7 상대방이 따르는 표준을 활용하라

상대방의 정치적 성향, 과거 발언, 의사결정 방식 등을 알면 원하는 것을 얻을 수 있다. 상대방이 그들의 정치적 성향에서 일탈하거나 전례가 있는 일인데도 이를 거부하면, 그 점을 지적하라. 이 전략은 까다로운 사람들을 상대할 때 특히 효과적이다.

8 절대 거짓말을 하지 마라

어떤 상황에서도 상대방을 속이려고 하면 안 된다. 거짓말은 언젠가 상대방이 알게 될 것이고, 결국 이로 인해 장기적으로 큰 손해를 입게 될 것이다. 억지로 강해 보이려고 하거나 다정하게 구는 것도 좋지 않다. 가면은 언젠가 벗겨지기 마련이다. 그렇다고 해서 처음부터 모든 것을 상대에게 다 털어놓거나 만만한 상대로 보여도 좋다는 말은 아니다. 다만 처음부터 끝까지 진실한 자세로 협상에 임하는 것이 중요하다는 사실을 말하는 것이다.

9 의사소통에 만전을 기하라

대부분의 협상 실패는 부실한 의사소통에서 기인한다. 그 자리에서 즉시 협상을 끝낼 작정이 아니라면, 서로 정한 휴식 시간이 될 때까지 멋대로 자리를 뜨지 마라. 또한 의사소통은 정보의 교환을 의미한다. 뛰어난 협상가는 뻔한 상황일지라도 이를 상대에게 꼭 알린다. 가령 협상이 더딘 자리에서 "오늘은 대화가 잘 안 풀리는 것 같습니다"라고 말하는 식으로 말이다. 이렇듯 현재 상황을 정확하게 표현하여 상대방에게 당신이 원하는 바를 알려주는 것이 필요하다.

10 숨겨진 걸림돌을 찾아라

협상을 할 때 정작 걸림돌이 무엇인지 찾아 해결하려는 사람은 의외로 드물다. 협상에 앞서 목표 달성을 막는 걸림돌이 무엇인지부터 파악하라. 진짜 문제를 찾으려면 상대방이 왜 그렇게 행동하는지부터 알아야 한다. 처음에는 그 이유가 명확하게 잡히지 않겠지만, 포기하지 말고 끝까지 집요하게 밝혀내야 한다. 이때 중요한 것은 무조건 상대방의 입장에서 생각해야 한다는 점이다.

11 차이를 인정하라

대부분의 사람들은 상대와 나와의 차이를 부정적으로 보고 심적으로 불편해한다. 그러나 서로 다르다는 사실이 실제로 협상에서는 더 유리하게 작용할 수 있다. 차이는 선택을 할 때, 보다 많은 옵션을 주고 이로 인한 아이디어가 번뜩이는 결과를 만들어낸다. 차이에 대한 질문을 두려워하지 마라. 많은 사람들은 차이를 싫어하지만 뛰어난 협상가는 차이를 사랑한다.

12 협상에 필요한 모든 것을 목록으로 만들어라

지금까지 말한 내용을 포함하여 모든 협상 전략과 도구를 정리한 목록을 만들어라. 이 목록은 마치 끼니때마다 필요한 재료를 찾는 냉장고와 같다. 협상에 임할 때마다 이 목록에서 구체적인 상황에 맞는 것을 골라야 한다. 협상 도구 역시 그 중 하나다. 협상 도구는 전략을 실행하는 구체적인 행동을 말한다. 이 책에서 소개하는 전략과 도구들은 쉽게 참조할 수 있도록 원하는 것을 얻는 협상 모델로 통합되어 있다. 물론 각자 자신만의 목록을 만드는 것이 더 좋다. 철저한 준비 없이 협상에서 이기기는 쉽지 않다. 단 몇 분이라도 목록을 정리하면 원하는 것을 얻을 수 있다.

내가 제시하는 협상 모델과 전략 그리고 도구의 효율성은 지금까지 가르친 3만 명이 넘는 사람들을 통해 증명되었다. 지난 20여 년 동안 수많은 기록과 이메일 그리고 인터뷰를 통해 그들의 경험을 기록했다. 또한 교수, 연구자, 언론인, 변호사, 기업인, 협상가로서 40년 넘게 축적된 나의 개인적 경험과 연구 및 자문 결과가 그들의 증언을 뒷받침한다. 이 책에서 소개하는 협상법은 대부분 통념에 어긋난다. 하지만 현실에서 즉시 효과를 발휘한다. 자, 이제 그 구체적인 내용을 살펴보자.

사람의 심리

내 협상법은 두 가지 명확한 특징을 갖고 있다. 하나는 결코 복잡한 이론이 아니라는 것이고, 다른 하나는 상대를 설득하는 일련의 과정이 눈에 보이지 않게 작용한다는 것이다.

USC MBA 과정을 마치고 정보통신 전문가가 된 에릭 스타크Eric Stark는 협상론 강의를 들은 지 15년이 지난 지금까지 상대방이 자신의 협상 전략을 전혀 의식한 적이 없다고 자신 있게 말했다.

나는 협상을 시작할 때 보통 "요즘 어떻게 지내십니까?"라고 묻는다. 평범하게 들리는 이 질문 속에는 네 가지 협상 도구가 포함되어 있다.

1. 형식적인 분위기 탈피 : 관계를 형성하는 데 도움을 준다.
2. 질문을 통한 정보 수집 : 상대의 상태를 살피는 데 효과적이다.
3. 상대에 대한 초점 : 우선 상대를 생각한다는 인식을 심어준다.

4. 일상적인 대화 : 편안한 분위기를 조성한다.

협상 도구의 속성을 분명하게 이해하지 않으면 상황에 맞게 효과적으로 변주할 수 없다. 그저 생각나는 대로 말하는 방식으로는 협상 실력을 향상시킬 수 없다.

몇 년 전 폭설이 내리는 가운데 협상을 한 적이 있다. 나는 다소 짜증나는 말투로 "눈이 엄청나게 오네요"라고 말했는데 상대방은 "사실 저는 눈이 좋아요. 스키를 좋아하거든요"라고 했다. 이 말을 들은 나는 다시 "그럼 더운 걸 안 좋아하시겠군요. 저도 그렇습니다"라고 맞장구쳤다.

내가 바로 이렇게 얘기를 바꾼 이유는 상대와 내가 공통적으로 싫어하는 것을 찾기 위함이다. 공통적으로 싫어하는 것이 있을 때, 친밀감은 쉽게 조성된다. 사람들이 대화할 때 나쁜 날씨나 교통 체증에 대해 반농담조로 불평하는 것도 다 이러한 이유에서다.

이러한 도구들은 이전에는 잘 소개되지 않았다. 1980년대 변호사들이 만든 현대 협상법은 주로 양측의 갈등을 해소하는 데 집중한다. 물론 이 협상법도 나름의 효과가 있어 부정적인 결과를 막아주기는 하지만, 결정적으로 양측이 모두 만족할 만한 긍정적인 결과를 이끌어내지는 못한다. 1990년대에는 이 분야에 경제학자들이 참여하여 돈과 기회를 창출하는 협상법을 개발하기에 이르렀지만 이 또한 이성적으로 접근하는 방법에 의존하기 때문에 불만족스럽기는 마찬가지다.

이 책에서 제시하는, 이른바 원하는 것을 얻는 협상법은 인간의 심리에 초점을 맞춘다. 협상에서 중요한 것은 상대의 심리다. 상대방의 심리를 파악하기 전에는, 그러니까 사람들이 머릿속으로 각자 그리는 그림을 그려보기 전에는 갈등을 해소하거나 기회를 만들어내기 어렵다.

협상 폭이라는 개념도 일반적인 생각만큼 크게 유용하지 않다. 협상 폭은 대개 금전적인 기준으로 제시되는데, 가령 매수자가 지불할 최고액과 매도자가 받아들일 최저액이 협상 폭이 된다. 그러나 쌍방이 서로 다른 가치를 부여하는 대상을 교환하는 식으로 협상 폭을 얼마든지 바꿀 수 있다. 즉 창의성만 충분히 발휘한다면 굳이 협상 폭같은 개념에 얽매일 필요가 없다.

협상에서는 절대 상대방을 이기려 들어서는 안 된다. 앞으로도 힘의 우위에 기반을 둔 협상 전략의 문제를 계속 지적할 것이다.

협상에 임하는 태도는 결과에 직접적인 영향을 미친다. 기분이 나쁘고 컨디션이 별로일 때는 아예 협상을 시도하지 않는 편이 낫다. 대인관계에서 가장 중요한 것은 신뢰다. 기본적으로 상대방이 당신을 신뢰하지 않는다면 협상 자체를 시도하지 않을 것이다. 그리고 이 신뢰는 자신을 보다 솔직하게 드러낼 때 생긴다. 사람들은 상대방이 솔직한 모습을 보여주기를 원한다. 그것이 어떤 모습이든 말이다. 따라서 협상에 앞서 억지로 자신을 꾸며야 한다는 부담은 떨쳐버려도 좋다. 만약 당신의 성향이 다소 공격적이라면, 미리 상대에게 그것에 대해 알리고 양해를 구하는 편이 낫다.

"혹시 제가 도가 지나치게 공격적인 모습을 보이거든 지적해주시면 고맙겠습니다."

이런 말을 하면 즉시 세 가지 효과를 볼 수 있다. 첫째, 상대방으로 하여금 만일의 상황에 대비할 수 있도록 한다. 둘째, 솔직한 모습을 통해 나에 대한 신뢰감을 높인다. 셋째, 부자연스러운 행동을 할 필요가 없다. 반대로 지나치게 소심한 성격이라면 이렇게 말하자.

"제가 저도 모르게 양보를 너무 많이 하면 나중에 상황을 되돌리게 될 수도 있으니 양해 부탁드립니다."

이 말은 상대방에게 일정한 책임을 부여함과 동시에 그가 내 관대한 성격을 이용하려 할 때 빠져나갈 구실을 만들어준다. 나는 낯선 문화권의 사람들을 만나면 언제나 미리 양해를 구하는 편이다.

"실수로 부적절한 말을 하거든 지적해주시기 바랍니다."

그러면 갈등의 소지가 될 일도 협력의 기회로 이용할 수 있고 더 자연스런 모습으로 대화를 이어나갈 수 있다. 대화가 잘 풀리지 않으면 합의를 도출하기 어렵다. 기분이 나쁜 상황일 때도 상대에게 미리 알려라. 그러면 상대방이 화를 낼 일이 생겨도 이해하고 넘어가줄 것이다.

그렇다고 해서 자신의 모든 것을 낱낱이 공개하라는 것은 아니다. 다만 상대방을 편안하게 해주는 선에서 가능한 한 많은 내용을 공유하라는 것이다.

상황과 타이밍
협상을 새롭게 정의하는 일로 내 강의의 긴 여정을 시작하도록 하겠다. 첫째, 협상은 사실상 '설득'이나 '의사소통' 혹은 '영업'과 같은 말이다. 이 모든 일들은 상대의 머릿속 그림을 그리고 상황에 맞는 대응으로 원하는 것을 얻는 동일한 과정을 필요로 한다.

'연속적인 상호 양보'나 '긍정적인 합의 범위' 같은 개념들은 잊어버리자. 사람이 한결같이 협조적이거나 혹은 경쟁적인 것은 아니다. 사람의 행동은 언제나 상황에 따라 달라지기 마련이다. 이런 전제 하에 협상에 대한 정의를 대략 네 가지로 나눌 수 있겠다.

1 협상은 상대방이 특별한 '행동'을 하도록 만드는 과정이다

위협과 폭력 등을 통해 억지로 상대를 움직이는 강압적인 협상법의 주된 문제점은 효과가 있고 없음의 차원이 아니다. 힘으로 상황을 통제하고, 그 상황을 유지하는 일에는 많은 비용과 시간이 든다. 반복건대, 강압적 협상법은 결코 좋은 선택이 아니다. 법정 싸움을 하는 데 얼마나 많은 비용이 들지 생각해보라.

2 협상은 상대방이 특별한 '판단'을 하도록 만드는 과정이다

협상은 상대방이 내 제안에서 합리적 혜택을 얻을 수 있게 하는 일이다. 소위 이해관계에 기초한 협상으로 알려진 이 개념은 많은 협상 관련 책에서 소개되기도 한다. 하지만 이 개념의 문제점은 쌍방의 이성적인 태도를 전제한다는 것이다. 그리고 대부분의 중요한 협상에는 이성적인 요소뿐 아니라 심리적인 요소가 크게 작용한다는 사실을 간과하고 있다. 중요한 협상일수록 비합리적으로 이루어질 때가 많다.

3 협상은 상대방이 특별한 '인식'을 하도록 만드는 과정이다

바로 이 단계부터 상대방의 인식에 대한 고려가 이루어진다. 상대방의 인식을 바꾸는 방법을 찾아야 협상을 성공시킬 수 있다. 부실한 의사소통에 기인한 오해는 종종 갈등과 파국을 불러온다. 이 개념은 협상에 걸리는 시간을 줄일 뿐 아니라 협상을 보다 쉽게 만들어준다.

4 협상은 상대방이 어떠한 '감정'을 가지도록 만드는 과정이다

상대방의 감정에 초점을 맞춘 협상법은 상대방의 자발적인 행동을 끌어내기 위함이다. 대부분의 사람들이 감정과 인식의 창을 통해 세상을 본다. 협상 내내 상대의 감정을 존중해준다면 당연히 상대방은 당신의 이야기에 더 귀를 기울이게 되고 설득은 더 쉬워진다. 협상에 임할 때, 공식적인 내용을 다루기 전에 음식이나 가족에 대한 친근한 대화부터 시작해보라. 최상의 결과를 얻기 위해서는 인간적인 소통이 먼저다. 앞으로 이 사실을 증명하는 사례들을 무수히 보게될 것이다.

"오늘 여러분은 협상할 일이 있습니까?"

강의 초반에 학생들에게 꼭 하는 질문이다. 협상의 내용은 무엇이든 좋다. 모든 협상은 근본적인 요소들로 해부할 수 있는데, 이 요소들을 분석하고 개선하면 협상 능력을 향상시킬 수 있다.

사전에 10분에서 15분 동안 협상 전략의 목록을 만들고 각 전략을 적용하는 방법을 생각한다면 훨씬 효과적인 협상을 할 수 있다. 또한 상대에 대한 충분한 정보를 수집하였는지, 목표는 명확한지 자문해야 한다.

협상 후에는 상대에게 충분히 점진적으로 접근했는지 생각해보고 지난 과정을 곱씹으면서 미비한 점을 보완할 필요가 있다. 이처럼 개별적인 상황을 기준으로 가장 효과적인 전략과 도구를 적절하게 도출하고 사용하는 것을 귀납적 접근법이라고 부른다.

다음은 내 협상론을 함축하는 세 가지 질문이다.

1. 당신의 목표는 무엇인가?
2. 상대방은 누구인가?
3. 설득에 필요한 것은 무엇인가?

모든 협상은 다르고 상황은 언제나 바뀐다. 따라서 매 상황마다 세 가지 질문에 대한 답을 찾아야 한다.

세 번째 질문의 답은 첫 번째와 두 번째 질문의 답에 의해 좌우된다. 이게 바로 목록이 필요한 이유다. 그때그때 상황에 맞게 목록에서 필요한 전략과 도구를 꺼내야 한다.

협상에 있어 상대방과 상대방의 전략이 차지하는 비중은 90퍼센트 이상이다. 기타 협상 주제에 대한 정보나 전문적 지식이 차지하는 비중은? 불과 10퍼센트도 안 된다!

구체적인 목표와 유연한 힘

내 협상법이 다른 협상법과 크게 다른 것 중 하나는 바로 목표에 대한 관점이다. 목표는 단지 협상의 도구가 아니라 협상의 모든 것, 전부다. 협상을 하는 이유는 목표 달성을 위해서지 다른 것을 위해서가 아니다. 다른 모든 것은 부차적인 것일 뿐이다. 목표 달성에 도움이 되지 않는다면 관계 형성이나 감정의 존중도 아무 소용이 없으며, 정보를 건넬 필요도 없다.

회의 전에 참석자들에게 목표를 물은 적이 있는가? 그런 적이 없다면 한번 시도해보라. 목표가 모두 하나로 일치되지 않았다면, 회의를 시작해봤자 소용없다. 그 회의는 방향을 잃고 산으로 갈 게 뻔하다.

협상에 들어가기 전에 목표를 적고 계속 상기하라. 목표는 구체적일수록 좋다. 가령 '우주 탐험'이라는 목표보다는 '달 탐사'라는 목표가 더 좋다. 뚜렷한 목표 없이 협상에 임하는 것은 목적지를 정하지 않고 운전대를 잡는 것과 같다. 목표를 달성하기 전까지는 그 과정이 아무리 지루하더라도 절대 주의를 흩뜨려서는 안 된다.

내가 아는 한 여성 기업가는 대기업의 전략 담당 부사장이다. 그녀는 부임 직후 임원 회의를 열 예정이었고, 사전에 열두 명의 이사들에게 회사의 목표에 대해서 물을 것이니 생각해달라는 전갈을 해두었다. 그런데 이 소식을 들은 CEO는 그녀에게 전화를 걸어 말했다.

"그런 질문은 할 필요가 없어요. 회사의 목표라면 다들 잘 알고 있습니다."

"아니요. 꼭 필요한 특별한 질문입니다. 오래 걸리지 않을 테니 걱정하지 마세요."

어쩔 수 없이 CEO는 회의 소집을 허락했다.

회의에 참석한 열두 명의 이사들은 각자 회사의 목표, 즉 비전에 대해 발표했고 그녀는 그 내용을 꼼꼼히 기록했다. 결과는 어땠을까? 그들의 목표는 하나로 모아졌을까? 그들이 적어낸 목표는 무려 열네 개나 되었다. 심지어 목표에 있어 많은 부분이 서로 상충되기까지 했다. 그제야 그들은 문제의 심각성을 깨달았다.

목표를 정했다면, 협상에서 하는 행동들이 목표 달성에 도움이 되는지 계속 자문해야 할 차례다. 대부분의 사람들이 감정에 휘둘리거나 한눈을 판다. 아예 멍하니 넋을 놓고 있는 이들도 있다. 컨설턴트로 일하는 앤젤라 아널드Angela Arnold는 뇌졸중으로 쓰러졌다가 재활 치료가 끝나기 전에 퇴원하겠다고 고집을 부리는 아버지를 설득해야 했다. 그녀는 아버지에게 물었다.

"아빠, 집에 가면 제일 하시고 싶은 일이 뭐예요?"

"그야 물론 우리 링고Ringo와 산책하는 거지."

링고는 그녀의 아버지가 아끼는 애완견이다. 그녀는 잠시 생각한 후 입을 열었다.

"아빠, 지금 퇴원하시면 링고와 산책을 하실 수 없어요. 지금의 몸 상태로는 걷는 것조차 쉽지 않아요."

그녀의 아버지는 그 말에 고집을 꺾고 재활 치료를 끝까지 마쳤다. 상대의 구체적인 목표에 집중한 결과다.

목표를 달성하려면 혼자만 잘되고자 하는 게 아니라 상대방도 잘되도록 도와주어야 한다. 물론 이 말은 통념에 어긋난다. 그러나 상대방이 그 어떤 혜택도 얻지 못하면 합의를 이루기 어렵다. 원하는 것을 얻기 위해서는 상대방도 합리적인 수준에서 원하는 것을 얻게 해줄 필요가 있다.

1994년 노벨상 수상자이자 영화 〈뷰티풀 마인드Beautiful Mind〉의 주인공으로 유명한 존 내시John Nash는 참여자들이 적극적으로 협조하면, 파이의 크기가 커져 결국 개개인의 몫이 늘어난다는 장-자크 루소Jean-Jacques Rousseau의 주장을 수학적으로 증명했다. 한 연구 결과에 따르면 협조적 환경에서 일하는 사람들이 경쟁적 환경에서 일하는 사람들보다 나은 성과를 내는 경우가 거의 90퍼센트에 달한다. 경쟁보다 협력이 더 좋은 성과를 낳는다는 것을 잊지 말자.

이제 목표 달성에 필요한 힘에 대해 이야기해보자. 우선 목표를 달성하려면 적절한 수준의 힘이 필요하다. 하지만 힘이란 부족해도 문제지만 지나친 것도 문제다. 일반적으로 힘과 협상 능력은 반비례 관계다. 단적인 예로 여성이 남성보다 협상을 더 잘한다는 사실이 이를 증명한다. 현재 내 강의를 듣는 여학생의 비율은 약 30퍼센트지만 고득점자 중 여학생의 비율은 그보다 훨씬 더 높다. 스웨덴이나 스위스, 몰타 같은 작은 나라들이 큰 나라들보다 분쟁 해결 능력이 뛰어난 이유도 비슷한 맥락이다. 마찬가지로 어른보다 아이가 협상을 잘한다. 그러나 아이가 커서 힘을 얻기 시작하면 애석하게도 협상 능력을 잃게 된다.

사람들은 누구나 힘을 원한다. 하지만 힘을 남용하지 않도록 매우 세심하게 써야 한다는 사실을 절대 잊어서는 안 된다.

연습과 끈기

이 책에 소개된 전략과 도구를 머릿속으로 아는 것만으로는 부족하다. 현실에서 활용할 수 있어야 한다. 협상법에 대한 책을 읽거나 협상론 강의를 들은 사람은 많지만 실제로 성공적인 협상을 이끌어낼 줄 아는 사람은 드문 법이다.

앞서 무언의 협상으로 비행기를 타는 데 성공한 레이엔 첸도 내 강의를 통해 협상 도구 목록을 얻었다. 그 목록이 협상 실력을 기르는 출발점이 되었지만 그것만으로는 충분하지 않았다. 그녀는 연습을 통해 목록을 다시 만들었다. 협상 도구들을 자기 것으로 만들면 다른 상황에서도 활용할 수 있다. 일단 목표가 작은 협상에서부터 연습하는 것이 좋다.

한 번도 할인 판매를 하지 않은 의류 매장에 가서 가격을 깎아달라고 말해보라. 대부분 처음에는 거절당할 것이다. 그러면 퍼스널 쇼퍼Personal Shopper가 있는지 물어보라. 퍼스널 쇼퍼는 대개 고객의 구매를 돕고 구매액의 일정 부분을 수수료로 받는다. 고객이 구매를 해야 돈을 벌 수 있기 때문에 판매를 성사시키는 데 적극적이다. 이러한 점을 활용하여 단골에게 주는 혜택이 없는지 물어라.

할인 혜택을 받는 품목의 가격이 고작 1달러라고 해도 상관없다. 나중에 가격 단위가 1만 달러나 10만 달러로 커질 때를 대비하는 것이니까. 어느 쪽이든 과정은 똑같다. 나는 아주 자잘한 상황에서조차도 협상법을 연습해서 친구들의 놀림을 받기 일쑤였다. 그러나 나의 협상이 눈에 보이는 성과들을 내자, 그들은 더이상 나를 놀리지 않았을 뿐 아니라 도리어 나를 부러워했다.

뛰어난 협상가는 태어나는 것이 아니라 만들어지는 것이다. 실력은 연습에서 나온다. 내가 가르친 학생들 중에도 처음에는 협상 능력이 형편없었지만, 한 학기 만에 일취월장하는 경우도 많았다.

USC 학생이었던 웨이웨이 왕Wei-Wei Wang은 사실 처음엔 협상 능력이 형편없었다. 그녀는 협상 자체를 무조건 회피하려 들었다. 나는 그녀에게 의사소통과 프레젠테이션 강의를 먼저 듣고 자신감을 키우도록 조언했지만 그녀는 처음부터 협상론 강의를 듣겠다고 고집했다. 결국 나는 그녀의 고집을 꺾지 못했다.

그로부터 12주 동안 기회가 생길 때마다 덩치가 엄청나게 크고 윽박지르는 성향이 강한 남학생과 대립시켰고, 그녀는 협상 중에 울음을 터뜨리기까지 했다. 하지만 그녀는 포기하지 않고 부지런히 협상 도구를 익혀나갔다. 마지막 강의 시간에 그녀는 다시 같은 남학생과 모의 협상에 나섰고 완승이라는 의외의 결과를 이끌어냈다. 모든 학생들이 장족의 발전을 이룬 그녀에게 기립 박수를 쳤다.

협상을 할 때마다 협상 전략을 적은 목록을 적극 활용하라. 또한 지난 협상에서 잘한 점과 못한 점을 가려서 개선하라. 목록을 보완하는 일은 자주, 지속적으로 해야 한다. 한 번에 하나의 전략을 연습하면서 어떤 결과가 나오는지 보라. 그리고 거기서 배운 점을 반영하여 다시 연습하라.

훌륭한 협상가가 되려면 끊임없는 연습과 함께 끈기를 가져야만 한다. 협상은 당신이 끝났다고 말해야 비로소 끝난다. 아무리 상대방이 까다롭게 굴고 강하게 반대하더라도 이 점은 변하지 않는다. 목표에 초점을 맞추고 계속 노력하라. 장기간에 걸친 집중적인 노력을 통해 목표를 달성하는 원동력은 바로 끈기다.

반복적인 연습을 통해 협상 기술들을 체득하면 자연스럽게 목표를 달성할 수 있다. 그리고 협상 테이블뿐 아니라 일상생활에서도 원하는 것을 얻을 수 있다. 일단 협상 능력을 갖추면 언제 어디서든 자유자재로 활용이 가능하다.

승 리 에 대 한 오 해

사람들은 흔히 과감한 시도가 큰 성공을 낳는다고 생각한다. 그러나 협상에서 과감한 시도는 상대방을 불안하게 만들 뿐이다. 협상을 할 때는 너무 멀리, 너무 빠르게 나아가지 말아야 한다. 특히 양쪽의 입장차가 클 때는 더욱 그렇다. 점진적 접근은 상대방으로 하여금 판단할 여지를 주고, 단계별로 확실한 검증을 거치기 때문에 나중에 원점으로 돌아갈 일이 안 생긴다. 또한 협상을 진전시키는 데 따른 위험을 줄여준다.

야구에서 타율이 2할 8푼인 선수가 아홉 경기마다 안타를 하나 더 치면 타율이 3할 1푼이 된다. 타율이 3할을 넘으면 명예의 전당에 오를 수 있고, 연봉도 매년 천만 달러는 더 벌 수 있다.

나는 협상에서 홈런을 치려고 하지 않는다. 단지 아홉 경기마다 안타 하나만 더 치려고 노력할 뿐이다. 이러한 태도는 협상과 인생에 두루두루 도움을 준다. 욕심내지 않고 조금씩 노력한 게 쌓이고 쌓여 결국 엄청난 성공을 거둘 수 있으니까.

인생에서는 모두가 이득을 볼 수도 있고, 언제나 내일이란 기회가 주어진다. 내가 학생들에게 종종 하는 말이 있다.

"아래층의 천장은 위층의 바닥입니다."

SAS 항공사의 전 CEO였던 얀 칼슨Jan Carlson은 "성공과 실패의 차이는 2밀리미터다"라는 말을 남겼다. 사소해 보이는 것들이 결정적인 차이를 만든다는 의미다. 실제 협상에서도 사소하고 잠재적인 요소들이 큰 영향을 미치는 경우가 많다.

"강의를 듣기 전에 제 협상 성공률은 딱 50퍼센트였어요. 그래도 전 제 자신이 뛰어난 협상가라고 생각했어요. 하지만 지금은 협상 전략을 계속 발전시킨 덕분에 성공률이 75퍼센트까지 올라갔습니다. 엄청나게 향상된 셈이죠. 이제 제대로 된 방법을 아니까 앞으로 더 뛰어난 협상가가 될 수 있을 거예요."

USC 학생이었던 제럴드 싱글턴Gerald Singleton이 한 말이다.

때로 사람들은 중요한 결정을 앞두고 돈이나 다른 이득이 아닌 심리적 보상을 원한다. 협상을 할 때도 사람들의 이러한 기본 심리를 감안해야 한다.

와튼스쿨의 학생이었던 샤론 워커Sharon Walker의 어머니는 유방암으로 고생하고 있었다. 샤론은 곧 어머니가 돌아가실 것을 감지하고 앞으로 태어날 아이를 위해 어머니가 동화책 읽는 소리를 녹음하고 싶어했다. 하지만 아버지와 여동생은 어머니를 쓸데없이 힘들게 한다고 말할 게 분명했다. 샤론은 내 강의 시간에 연습 삼아 역할극을 해보았고, 샤론은 역할극을 통해 어머니가 앞으로 태어날 손자에게 자신의 흔적을 남기고 싶어할 가능성이 크다는 사실을 알았다. 그녀는 캘리포니아로 가서 어머니와 함께 시간을 보내기로 했다. 그리고 손자에게 특별한 유산을 남겨달라고 부탁하기로 했다.

샤론이 원하는 것을 얻으려고 어머니를 힘들게 유도하는 것일까?

이 질문에 일부 학생들은 그렇다고 대답했다. 그러나 그것은 틀린 대답이다. 샤론은 어머니와 협상을 벌여서 이기려고 한 것이 아니다. 샤론의 어머니가 동화책을 읽는다고 해서 샤론과의 협상에서 지는 것이 아니다. 이러한 문제를 놓고 누가 이기고 지는지 따지는 것 자체가 의미 없는 일이다. 이처럼 협상은 어느 한쪽의 승부와 무관한 경우가 많다. 사람들 사이에 일어나는 일은 몇 가지 개념으로 쉽게 재단할 수 없을 만큼 복잡하다. 그래서 인간의 심리와 상황을 보다 깊게 들여다보는 능력, 즉 상대의 머릿속 그림을 그릴 줄 아는 능력이 필요한 것이다.

"협상론 강의가 제 인생을 바꿔놓았습니다."

학생들이 종종 내게 하는 말이다. 협상을 잘하게 되면 인생에 수많은 혜택이 뒤따른다. 구체적으로는 자신감이 늘어나고 문제 해결 능력이 향상되며, 더 큰 성공뿐 아니라 마음의 평화까지 얻을 수 있다.

헤지펀드 매니저인 에번 클라 Evan Claar는 이렇게 말했다.

"이 강의가 주는 혜택은 엄청납니다. 원하는 모든 것을 얻을 수 있는 열쇠를 강의 속에서 찾았으니까요. 일뿐만 아니라 개인적인 삶에서도 말이죠."

이런 변화의 다음 주인공은 바로 당신이다.

사람과의 관계

2008년 초, 할리우드 작가 조합은 석 달 동안의 파업을 감행했다. 현재 작가 조합의 회장이자 당시 대표 협상가였던 존 바우먼John Bowman은 조언을 구하기 위해 내게 도움을 요청했다.

때는 화요일 오후였다. 바우먼은 목요일 아침에 주요 제작사 대표들과 오찬을 가질 예정이었다. 그는 저작권료나 기본적인 대우 같은 주요 사안들을 적절하게 제시하는 방법에 대해 알고 싶어했다. 나는 그에게 단도직입적으로 말했다.

"제안에 대한 욕심은 우선 접으시는 게 좋겠습니다."

"뭐라고요?"

그는 놀란 눈으로 나를 바라보며 물었다.

"처음에는 그냥 가벼운 대화로 시작하고 지금 상황이 힘들지 않은지 물어보세요. 아마 그들도 지금 무척 힘들다는 걸 토로할 겁니다.

어쩌면 작가 조합을 탓할지도 몰라요. 그들의 감정에 공감해주세요. 그리고 만약 처음부터 다시 논의를 시작한다면 어떻게 진행되기를 원하는지 물어보세요."

내가 이렇게 말한 이유는 양측이 서로에게 화만 내고 있다는 사실을 잘 알고 있었기 때문이다. 그런 상황이 지속돼봤자 서로에게 손해만 가중시킬 뿐이었다. 하지만 그는 처음엔 내 조언에 대해 회의적인 반응을 보였다.

"결국 그들은 우리를 살살 달래 파업을 끝내달라고 할 거예요. 그렇게 되면 작가 조합에서 원하는 그 어떤 것도 얻어내지 못할 거란 말입니다."

나는 그에게 협상이란 결국 사람과의 관계라고 말하면서 협상에 성공한 몇 가지 사례를 얘기했다.

"사람이란 본래 자기 말에 귀기울여주고, 가치를 인정해주고, 의견을 물어주는 사람에게 보답하기 마련입니다. 그게 변하지 않는 사람의 본성이에요."

그는 그때까지 팽팽한 대결 구도를 만들어서 제작사 대표들을 자극하라고 종용한 두 명의 협상가들과 일하고 있었다. 나는 당장 그들을 해고하라고 조언했고, 그는 잠시 망설였지만 곧 조언을 따랐다. 그리고 길고 지루했던 파업은 협상 전략을 바꾼 뒤 바로 마무리되었다. 바우먼과 함께 내가 어떤 협상 전략을 펼쳤는지 궁금한가?

당시 전략은 단 두 가지로 매우 간단하다. 첫째, 상황을 복잡하지 않게 만들었다. 둘째, 겉으로 드러나지 않게 그들을 우리 쪽으로 끌어들였다.

　진짜 서로에게 도움이 되는 협상법을 이끌어내고 싶다면, 상대방이 꼴도 보기 싫을지라도 그를 인간적으로 이해하려고 노력해야 한다. 당신은 언제나 협상에서 가장 덜 중요한 사람이라는 점을 기억하라. 가장 중요한 사람은 바로 상대방이다. 때문에 언제나 상대의 머릿속 그림을 그려야 하는 것이다. 두 번째로 중요한 사람은 양측이 무시할 수 없는 제3자다. 이 사실을 인정하라. 그렇지 않으면 상대방을 제대로 설득할 수 없다. 지금부터 상대방에게 초점을 맞추는 방법을 살펴보자.

감정의 중요성

　회의실 맞은편에 앉은 사람의 성격과 감성이 협상의 성공 여부에 있어 반 이상을 좌우한다는 사실을 알고 있는가? 그날 상대방의 머릿속 그림을 그리기 전에는 본격적인 협상을 시작할 수 없다. 예컨대 어제는 양쪽에서 각각 세 명이 참여했다가 오늘은 네 명이 참여하면, 오늘 완전히 새로운 협상을 다시 시작하게 되는 셈이다. 또한 동일한 사람이 참여한 협상이라도 그날의 기분이나 상황에 따라 협상이 전혀 다른 양상으로 흐를 수 있다는 점을 명심해야 한다.

　협상을 할 때 가장 먼저 할 일은 상대방의 그날 기분과 상황을 파악하는 일이다. 설령 평소 상대방의 성격과 상황을 손바닥 들여다보듯 잘 아는 사람이라고 해도 말이다. 과거에는 주로 협상 사안과 이익에 초점을 맞춘 후, 이에 맞춰 어떤 제안을 할지 궁리하는 식이었다. 하지만 진짜 효과적인 협상법은 상대방에 초점을 맞추는 것이다. 오늘 상대방의 기분은 어떤지, 지금 이 상황을 어떻게 인식하고 있는지 파악해야 한다.

대부분의 사람들은 협상에서 관련 지식을 가장 잘 아는 것이 중요하다고 생각해서 해당 분야의 전문가들을 대동한다. 하지만 최근의 한 연구 결과는 이와 같은 방법이 효과적이지 않다는 걸 보여준다. 협상에서 합의에 이른 결정적인 계기가 전문 지식과 관계있는 경우는 채 10퍼센트가 되지 않는다. 반면 호감이나 신뢰처럼 인간적인 요소가 합의를 이끌어낸 경우가 50퍼센트 이상이었다. 그리고 협상에 성공한 사례의 37퍼센트는 절차적인 요소가 결정적인 영향을 미쳤다.

협상에서는 내용보다 사람과 절차가 훨씬 중요하다. 물론 전문가

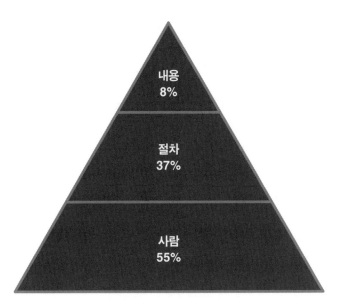

내용
8%

절차
37%

사람
55%

협상을 성공으로 이끈 요인

들은 이 점을 쉽게 인정하지 않는다. 그러나 연구 결과가 그것이 사실임을 말해주고 있지 않은가. 상대방이 들을 준비가 되어 있지 않다면, 아무리 사실관계가 확실해도 효과적으로 설득할 수 없다.

O.J.심슨O.J. Simpson이 살해 현장에서 수많은 물증이 발견되었음에도 불구하고, LA 형사배심재판에서 무죄 판결을 받은 이유가 무엇일까? 내가 아는 변호사들은 이 판결의 결과에 대해 무척 난감한 표정을 지었다. 하지만 이 질문의 대답은 의외로 아주 단순하다. 배심원들이 대부분 LA 시내에 거주하는 소수 인종으로 구성되어 있었기 때문이다. 즉 인종적인 요소가 무죄 판결에 큰 영향을 미친 것이다. 검찰 측 증인으로 나선 형사의 인종차별적인 태도는 배심원들로 하여금 심슨에게 동정심을 갖게 만들었다. 배심원들은 딱딱한 느낌의 검사를 좋아하지 않았고 신뢰하지도 않았으며 결국 검찰 측 주장에 귀를 기울이지 않았다.

반면 심슨의 변호사 측은 배심원들에게 인간적으로 다가갔다. 대표 변호사인 조니 코크란Johnnie Cochran은 단 한마디로 모든 복잡한 상황을 단순화시켰다.

"장갑이 그의 손에 맞지 않으면 그를 풀어주어야 합니다."

검사가 핵심적인 증거로 제시한 장갑이 심슨의 손에 맞지 않으니 무죄를 선고해야 한다는 단순한 말이었다. 결국 재판은 변호사의 승리로 돌아갔다.

2008년 버락 오바마Barack Obama가 대선에서 성공한 이유도 크게 다르지 않다. 그는 공화당 후보였던 존 매케인John McCain이 공세를 펼칠 때마다 여유 있는 미소를 지으며 침착하고 협조적인 모습으로 대응했다. 그 모습에서 이미 대통령의 위엄이 느껴졌다고 해도 과언이 아니다. 실제로 〈뉴욕타임스〉와 CBS의 공동 여론조사 결과, 매케인의 흥분한 어조와 인신 공격성 발언에 대해 60퍼센트의 유권자들이 부정적인 반응을 보였다.

이 사실이 협상과 관련하여 시사하는 바는 무엇일까? 먼저 사람 관계부터 해결해야 한다는 것이다. 절대 일방적으로 논의를 밀어붙여서는 안 된다. 그러면 합의를 이끌어낼 수 없고 이끌어낸다 하더라도 이는 오래 유지되지 않는다.

상대방과 제3자

거듭 강조하지만 협상할 때 사람에게 집중하면 원하는 것을 얻을 수 있다. 한 설문 조사의 결과에 의하면, 거래 관계에서조차 자신을 인간적으로 대해주는 사람을 우선시하겠다고 대답한 비율이 무려 응답자의 90퍼센트에 달한다. 반면 우선시하지 않겠다는 비율은 15퍼센트밖에 안 돼 여섯 배나 차이가 난다. 설령 당신이 상대방을 모르거나 싫어한다고 해도 인간적으로 소통하면 대개 목표를 달성하는 데 필요한 도움을 받을 수 있다.

알리자 자이디Aliza Zaidi는 샌프란시스코에서 필라델피아로 가는 밤 비행기를 탈 일이 있었다. 그러나 공항에 약간 늦게 도착하는 바람에 남은 좌석은 가운뎃줄뿐이었다. 사람들은 수속 담당자에게 짜증을 냈다. 다섯 시간 동안 답답한 가운데 자리에 앉아가는 일은 고역이었기 때문이다. 알리자는 고객들을 응대하는 수속 담당자가 힘겹게 기침하는 모습을 보았고, 자기 차례가 되었을 때 마침 가지고 있던 사탕을 주면서 위로의 말을 건넸다.

"힘드시죠? 이거 좀 드세요. 기침하시던데……"

수속 직원은 알리자의 선의를 고맙게 받아들였다. 알리자는 수속 직원에게 혹시 뒤늦게라도 자리가 난다면, 복도 쪽 좌석을 달라고 부탁했고 몇 분 후 수속 직원이 알리자의 이름을 불렀다. 그리고 그녀가 얻은 것은 다른 자리보다 넉넉한 비상구 쪽 좌석과 식사권(외국에서는 승객들이 돈을 지불하고 식사를 하기도 한다—편집자주) 그리고 헤드셋이었다. 작은 선의가 이렇게 큰 혜택으로 돌아온 것이다.

협상 상대가 여러 명일 경우에도 역시 각 개인에게 초점을 맞추어야 한다. 그들이 대표하는 단체나 집단이 아니라 개별적인 사람이 중요하다는 사실을 잊지 마라. 모든 사람은 각각 다른 성격을 가진 고유한 존재다.

특정 집단과 협상하는 법을 다루는 책들이 많다. 가령 '중국인과 협상하는 법'을 다루는 책들의 전제는 모든 중국인이 같다는 것이다. 그러나 협상 상대는 13억 명이 넘는 중국인 중 한두 명에 불과하다.

13억 명의 중국인들은 비슷한 문화적 성향을 지녔을 뿐이다. 같은 문화권에 속한 사람들이 모두 같은 입장과 태도를 보이는 것은 결코 아니다.

한번은 컨설팅을 위해 나를 찾은 고객들이 내 앞에서 불편한 표정을 지은 적이 있었다. 나는 무슨 문제가 있는지 물었고 그들은 솔직하게 말했다.

"전에 변호사 때문에 곤란을 겪은 일이 있어서요."

당시 나는 변호사로도 일을 하고 있었다.

"그렇다면 전혀 걱정하실 필요가 없습니다. 저는 그 변호사들이 누구인지도 모르고 그들과 아무런 관계가 없는 사람입니다. 그들의 행동에 대해 저는 아무런 책임도 없지요. 저는 그냥 저일 뿐입니다."

왜 내가 그들과 같은 직업을 가졌다는 이유만으로, 그들이 저지른 잘못에 고개를 숙여야 하는가?

아무리 극단적인 성향을 지닌 집단이라도 모두가 동일한 생각을 하지 않는다. 1944년 폴란드에 거주했던 유대인이라면 모든 나치 당원이 사악하다고 생각했을 수도 있다. 그러나 오스카 쉰들러Oskar Schindler는 나치 당원이면서도 유대인들을 구해주었다. 당시 모든 나치 당원은 사악하다는 선입견을 가진 유대인은 쉰들러의 도움을 거부했을 것이고 결국 살아남지 못했을 것이다.

조지타운 대학의 총장인 잭 드조이아Jack DeGioia가 와튼스쿨에서 주최하는 경영자 협상 워크숍에 참가한 적이 있었다. 그는 문화권에 대한 선입견을 논의하는 과정에서 9·11테러 이후 미국 내 아랍인 사회를 조사한 결과를 말해주었는데 매우 놀라운 사실을 알게 됐다. 미국 내 아랍인들 중 63퍼센트가 기독교를 믿고 있다는 것이다. 다시 말해서 절반이 넘는 아랍계 미국인들은 아랍 문화를 대표하는 이슬람과 아무 관련이 없다는 뜻이다. 그러나 9·11테러 이후 어떤 일들이 벌어졌는가? 미국 정부의 고위 관료를 비롯하여 항공사, 교육 기관, 일반인들까지 아랍계 미국인들에 대한 차별과 공격을 일삼았다. 아랍계 미국인들은 항공기 탑승을 거부당했고 불법적인 체포와 구금을 당했으며, 심지어 폭행당하거나 살해당하기도 했다.

미국인들이 선량한 아랍계 미국인들과 협력했다면 이슬람 극단주의자들과 맞서 싸우는 데 더 큰 도움이 되었을 것이다. 이는 상대를 개인이 아닌 집단으로 간주하여 기회를 잃는 대표적인 사례다. 특정 집단에 속한 사람들을 개별적으로 대할 줄 모르면 이렇게 큰 손해를 입을 수 있다.

아난드 아이어Anand Iyer는 외환거래 시스템을 만드는 회사의 영업 직원이다. 어느 날 한 고객이 그에게 "회사에서 수수료가 너무 높다고 하네요"라고 말했다. 아난드는 그렇게 생각하는 사람이 구체적으로 누군지 물었고 그 과정에서 상대 회사의 결정권자가 진짜 원하는 것은 수수료 인하가 아니라 시스템 개선이었다는 것을 알게 됐다. 아난드는 즉시 상대 회사의 결정권자가 원하는 부분을 반영했다. 물론 수수료는 그대로 유지한 채로 말이다.

모든 협상에는 최소한 세 사람이 관여한다. 실제 협상에 참여하는 두 명 외에 참여자들에게 영향을 끼치는 제3자가 존재한다. 협상 참여자의 배우자나 동료, 친구, 상사 등 참여자가 대화를 나누는 모든 사람이 제3자가 될 수 있다. 제3자의 시각은 참여자에게 중요한 의미를 지닌다. 따라서 협상에서 원하는 것을 얻으려면 제3자를 염두에 두어야 한다.

화학 기업의 영업 책임자였던 스콧 브로드먼Scott Brodman은 새로 확보한 거래처에 아주 좋은 조건을 제시했는데도 구매 담당자가 계속 추가 할인을 요구하는 이유를 알 수가 없었다. 그는 구매 담당자에게 영향을 미치는 제3자의 존재를 파악했는데, 알고 보니 제3자는 끊임없이 할인을 종용하는 상대 회사의 사장이었다. 그래서 스코트는 구매 담당자가 사장에게 보여줄 수 있도록 업계 표준 가격 리스트를 뽑아주었다. 그리고 그는 더이상 추가 할인을 요구하지 않았다.

뉴욕에서 변호사로 활동하던 버나드 버튼Bernard Burton은 1970년대에 한 건설 업체를 대표하여 소송에 참여했다. 일을 발주한 로널드 파Ronald Parr가 대금 지불을 중단한 것이 소송의 발단이었다. 버나드는 로널드 파가 계속 거짓 증언을 하는 바람에 법정에서 부채에 대해서도 거짓말을 할까봐 걱정이 됐다. 궁여지책 끝에 버나드는 30년 동안 일한 로널드 파와 함께 일한 비서를 법정에 소환했다. 비서 앞에서 거짓말을 하지는 못할 것이라고 판단한 것이다. 그의 바람대로 로널드 파는 결국 진실을 말했고, 그는 소송에서 승리할 수 있었다.

진심을 헤아리는 법

면접을 앞둔 한 학생이 양복을 사기 위해 유명 백화점에 갔다. 그는 350달러로 할인된 500달러짜리 양복을 골랐다. 계산하기 위해 카운터로 가니 담당 직원이 다른 고객들에게 시달리고 있었다. 학생은 다른 고객들이 떠날 때까지 기다렸다가 직원이 한숨 돌린 후에 카운터로 가서 먼저 위로의 말부터 건넸다. 그리고 조용히 다른 추가 할인 혜택은 없는지 물었다. 직원은 없다고 대답했다. 그는 포기하지 않고 웃으며 말을 이어갔다.

"좋은 고객 할인 같은 것은 없나요? 일반 고객을 상대하는 일이 얼마나 힘든지 정말 잘 알고 있거든요."

그 직원은 웃으며 말했다.

"50달러 정도면 될까요?"

이 학생은 지쳐 있는 백화점 직원을 위로해준 덕분에 추가 할인 혜택을 누렸다. 인간적인 소통은 두 사람 사이에 보이지 않게 작용하면서 때로 큰 혜택을 안겨주기도 한다.

한번은 강의에 늦은 적이 있었다. 왕복 2차선 도로에서 고장 난 트럭 한 대가 차선 하나를 떡하니 가로막고 있었기 때문이다. 게다가 나머지 차선에는 양 차선의 차들이 서로 대치하면서 비킬 생각을 하지 않았다. 목마른 자가 우물을 팔 수밖에 없었기에 차에서 내려 제일 앞에서 반대편 차들을 막고 경적을 울려대는 택시로 성큼성큼 다가갔다. 그리고 운전사에게 다소 강압적인 어투로 말했다.

"꼭 그렇게까지 해야겠습니까?"

그러자 운전사는 몹시 못마땅한 얼굴로 나를 노려보았다.

'이런.'

나는 실수를 저질렀다는 사실을 깨달았다. 상대방의 기분을 상하게 한 것은 잘못된 협상법이었다. 즉시 나긋나긋한 말투로 겸연쩍게 웃으며 말했다.

"그러니까 제 말은…… 조금만 양보해주시면 좋을 것 같아서 하는 얘기입니다."

하지만 그는 여전히 꿈쩍도 하지 않았다. 그것만으로는 충분하지 않았던 것이다. 나는 다시 그를 최대한 존중하는 말을 찾아야 한다는 결론을 내렸고 정말 간절한 눈빛으로 진심을 담아 말했다.

"아무래도 운전을 가장 전문적으로 하실 줄 아는 분이 먼저 길을 열어주셔야 할 것 같습니다."

그는 그제야 어깨를 으쓱하더니 차를 뺐다.

상대방의 기분과 입장을 이해하는 게 얼마나 중요한지 알게 됐는가? 그 사람의 머릿속 그림을 그려보는 것, 그것이 바로 원하는 것을 얻는 협상의 지름길이다.

앞으로 신호 위반에 걸리면 경찰에게 먼저 정중하게 사과한 후 교통경찰의 노고에 감사하라. 이러한 행동은 교통경찰이 하는 일의 가치를 존중한다는 뜻이므로 선처를 베풀어줄 가능성이 높다. 나는 교통경찰에게 걸릴 때마다 최대한 그를 존중하는 말투로 이렇게 말한다.

"처분에 맡기겠습니다."

몇 년 전에 뉴욕 시내에서 안전띠를 착용하지 않아, 교통경찰에게 적발된 적이 있다. 마침 그때 나 말고도 다른 세 명의 운전자가 같은 이유로 서 있었다.

"수고하십니다. 적발되지 않았으면 안전띠를 안 맨 것조차 몰랐을 뻔 했네요. 지적해주셔서 정말 고맙습니다."

당연히 나는 벌금을 물지 않았다.

데니스 자비야로프Denis Zaviyalov의 다섯 살 난 딸 레지나Regina는 공주처럼 살고 싶어하는 꼬마 아가씨다. 방을 온통 공주 그림으로 도배할 정도였다. 문제는 수많은 공주 그림으로 방이 지저분해졌다는 사실이다. 데니스는 야단을 치기보다 레지나의 입장에서 접근했다.

"공주님 방은 이렇지 않아. 그렇지?"

레지나는 잠시 생각하다가 "네" 하고 대답했다.

"그럼 어떻게 해야 할까?"

"깨끗하게 청소해서 진짜 공주님 방처럼 만들어야 해요."

문제가 해결되는 데는 채 3분도 안 걸렸다.

에버렛 허트Everett Hutt는 아침 여섯시에 요트 조정 훈련을 위해 선착장으로 향했다. 그런데 그의 지정 주차 공간에 다른 차가 있었다. 경비원이 차 주인에게 전화를 걸어 열쇠를 찾았지만 문은 열리지 않았다. 다른 차의 열쇠였던 것이다. 에버렛이 계속 그 점을 지적해도 경비원은 계속 이 열쇠가 차 주인이 말한 그 열쇠라는 말만 되풀이했다. 에버렛은 화를 내기보다 우선 그의 노력을 인정했다.

"사람들이 그다지 꼼꼼하지 않네요. 아무래도 차 주인이 열쇠를 엉뚱한 곳에 둔 것 같습니다."

경비원은 다시 사무실로 들어가 열심히 찾아본 끝에 열쇠를 찾았다.

만약 경비원에게 화를 내며 문제점만 계속 지적하려 했다면, 그는 오랜 시간 주차를 못 했을 것이다.

상대방에 대한 호기심은 종종 기대하지 않았던 큰 보상을 안겨주기도 한다. 컬럼비아 경영대학원 학생이었던 제니퍼 프로젝Jennifer Prosek은 다른 사람과 거의 말을 하지 않는 지미 루Jimmy Lu와 말문을 터보기로 했다. 그리고 제니퍼가 먼저 말을 건 지 5분 만에 지미는 그녀에게 이렇게 말했다.

"혹시 중국에서 일해보지 않을래요? 잘 어울릴 만한 일자리를 추천해줄 수 있는데……"

이처럼 호기심이 예상치 않은 기회로 이어지는 경우가 많다. 현재 제니퍼는 뉴욕과 런던에서 홍보 대행사를 운영한다. 그녀는 늘 이렇게 말한다.

"자연스런 호기심에서 사업을 키울 기회가 나옵니다. 때때로 아주 소소한 대화가 비즈니스 관계로 이어지기도 하니까요."

확실한 약속을 받아내려면

나와 거의 20년 동안 막역하게 지낸 직장 동료가 있었다. 그는 나를 배신하고 10년 넘게 함께 매달렸던 프로젝트를 혼자 가져가버렸다. 그걸로 우리의 관계는 영원히 끝이 났다. 오랜 세월을 같이 산 부부라고 해도 한쪽이 바람을 피우면 갈라설 수밖에 없다.

이렇듯 신뢰는 대단히 인간적인 문제다. 신뢰의 혜택은 생각하는 것보다 엄청나게 크다. 반면 신뢰가 사라지면 그에 대응하는 대가 또한 만만치 않다. 프랑스에서 실시한 연구 결과에 따르면 사회 구성원 사이의 신뢰가 감소하면 고용 수치가 8퍼센트 감소하고 국민총생산 역시 5퍼센트나 감소했다.

상대방을 속이는 모든 행동은 불신을 조장한다. 설령 진실이라도 중요한 사실을 빼거나 나쁜 인상을 주는 방식으로 전달한다면 이는 거짓말하는 것과 다를 바 없다. 이밖에도 도덕적으로 올바르지 않은 모든 행동 역시 거짓말하는 것과 같다. 거짓은 신뢰를 파괴하고 협상을 망친다.

문화권에 따라 신뢰의 정도가 다르다고 말하는 사람도 있을 것이다. 맞는 말이다. 그러나 어떤 문화권이든 인간적으로 소통하면 더 많은 신뢰를 얻을 수 있다는 것은 불변의 진리다.

맨해튼에 사는 한 학생이 CD를 사러 매장에 갔다. 마침 지역 주민들을 대상으로 할인 행사가 진행 중이었다. 그러나 그녀는 얼마 전에 다른 곳으로 이사한 상태였다. 그녀는 150달러어치나 CD를 샀지만 지역 주민이냐는 물음에 사실대로 아니라고 대답하고 전액을 지불했다. 그 학생은 내게 이런 경우 거짓말을 하는 것이 좋은지 물었다. 이때는 거짓말을 할 것인가, 사실을 말할 것인가를 따지기 전에 먼저 CD 매장의 진정한 의도를 파악해야 한다. 그들은 단골 고객을 우대하고자 했던 것이다. 그러므로 해당 지역에 살지는 않지만 그곳에서 자주 CD를 산다고 대답하면 되는 것이었다. 그러면 거짓말을 하지 않고도 할인 혜택을 받을 수 있다. 만약 그녀가 거짓말을 하고 옛 주소가 적힌 운전면허증을 제시했다가 이를 들켰다면 망신만 잔뜩 당했을 것이다.

학생은 다시 매장으로 돌아가 강의에서 들은 대로 이야기했고 할인 혜택을 받았다. 생활 속 작은 신뢰도 지키기만 하면 언제든지 원하는 것을 얻게 된다.

협상을 성공시키려면 약속에 대한 이해관계를 깨닫는 것 또한 매우 중요하다. 즉 상대방의 약속 방식을 파악해야 한다는 뜻이다.

미국 기업들은 중국 기업들이 계약을 맺은 후에도 가격 협상을 한다고 불평한다. 그러나 중국 기업들은 약속을 하는 방식이 다르다. 그들에게는 시장 상황에 따라 가격을 조정하는 것이 당연하며, 계약서에 명시된 가격은 그들에게 있어 일종의 권장 가격일 뿐이다. 그러나 그 기업이 계약 내용을 외부로 공표하면 사정이 달라진다. 이 경우 가격에 대한 약속은 아주 확실해진다. 중국에서는 공과 사를 막론하고 대외적인 체면을 중시하기 때문이다.

그런가 하면 중동의 경우 악수를 나누는 것은 굳은 약속을 의미한다. 반면 악수를 거부하면 상대방의 제의를 받아들이지 않는다는 뜻이다.

나는 수년 동안 볼리비아에서 아르헨티나로 바나나를 수출하는 회사를 운영했다. 아르헨티나에서는 "어머니의 이름을 걸고 맹세합니다." 혹은 "분명히 보장합니다." 같은 말들을 했음에도 불구하고 약속을 지키지 않는 경우가 허다했다. 그러나 반대로 우리에게 돈을 받아야 하는 입장이 되면 아르헨티나 기업도 합의 사항을 충실히 지켰다. 적어도 우리에게 돈을 받을 때까지는 말이다. 그래서 아르헨티나에서 중개 업체를 찾아내 그들에게 유통과 수금을 맡기고 수수료를 지불하는 방식으로 바꾸었다. 덕분에 6년 동안 합의가 깨지는 일은 없었다. 중개 업체 역시 아르헨티나 회사였으므로 전적으로 신뢰가 가지는 않아 부가적인 장치를 활용했다. 이럴 때는 주로 증서나 담보를 활용하는 금전적인 장치가 효과적이다.

우크라이나 기업가인 알렉스 도고트Alex Dogot는 사업 관계를 맺을 때 몇 개월 동안 이미 알고 있는 내용을 계속 질문한다. 그리고 상대방이 거짓말을 하면 두 번 다시 만나지 않고 진실을 말하면 다음 단계로 나아가는 방식으로 일을 한다.

나는 로널드 레이건Ronald Reagan 전 대통령이 구 소련에 대해 말했던 문장을 좋아한다. 그는 구 소련의 격언을 빌려서 이렇게 말하곤 했다.

"믿어라. 하지만 검증하라."

다음은 신뢰와 관련하여 명심해야 할 사항들이다.

- 상대방이 훨씬 많은 정보를 가졌다면 당신은 불리한 입장에 놓인 것이다. 더 많은 정보나 신뢰를 확보하기 전까지 점진적인 접근법을 취하라.
- 정당한 방법으로 상대방에 대한 정보를 최대한 수집하라. 상대방에게 세부적인 내용을 요구하고 모든 정보가 부합하는지 검토하라. 모든 것을 검증하고 믿을만한 제3자의 도움을 받아라.
- 상대방이 질문을 회피하거나 주제를 바꾸는가? 상대방이 비밀스런 태도를 취할수록 다른 의도를 숨기고 있을 가능성이 높다.
- 당신을 속여야 상대가 득을 보는 상황을 양측에 도움이 되는 성과에 따라 상대가 득을 보는 상황으로 바꾸어라.
- 확실한 보호책 없이 혜택을 제공하지 마라.
- 합의 내용의 진실성 여부에 대한 확실한 보장을 받아라. 상대방이 검증을 주저하면 의심해야 한다.
- 합의를 이행하지 않을 경우 그에 따른 보상을 명기하라.
- 직접 만나서 협상하라. 얼굴을 맞대면 거짓말을 하기 어렵다. 일부 문화권에서는 직접 만나지 않으면 아예 협상이 이루어지지 않는다.
- 미진한 부분이 있다고 느껴지면 반드시 질문하고 확인하라.

오랜 세월이 지난 후 신문에 마사 스튜어트_{Martha Stewart}의 부고가 실린다면 이런 내용이 적혀 있지 않을까 생각해본 적이 있다.

'그녀는 가사에 대한 새로운 인식을 심어주었다. 그러나 위증죄로 징역을 살기도 했다.'

이처럼 한 번 저지른 부정은 영원히 지워지지 않는 주홍글씨로 깊이 남는다. 만약 변호사인 당신이 고객에게 천 달러를 초과 청구한 사실이 드러나면 고객은 죽는 그날까지 당신을 부정한 변호사라고 생각할 것이다. 당신뿐 아니라 당신이 일하는 로펌 역시 부정한 이미지를 덮어쓰게 된다. 단 한 번의 잘못이지만 이로 인해 쉽게 사라지지 않는 부정한 이미지가 생기고 마는 것이다.

신뢰를 상실하면 돈과 명성을 잃는 큰 대가를 치러야 한다. 2008년 올림픽 수영 부문에서 8관왕이라는 위업을 달성한 마이클 펠프스_{Michael Phelps}는 딱 한 번 대마초를 피웠다는 사실 때문에 수백만 달러에 달하는 광고 수입을 잃었다. 타이거 우즈_{Tiger Woods} 역시 혼외정사를 저질렀다는 사실이 드러나 수많은 광고 계약을 놓쳤다.

실제로 속이려는 의도가 없었다고 해도 상대방이 그렇게 인식하면 협상 관계는 끝날 수 있다. 컬럼비아 MBA 과정을 밟던 한 학생은 산업장비 생산업체에서 일했다. 그 업체는 10년 전에 주요 고객사와 연간 구매 계약을 위한 협상을 한 적이 있었다. 당시 고객사는 800만 달러어치의 장비를 구매할 예정이었다. 또한 그 고객사는 가격 산출 방식을 바꾸자고 요구했고 업체는 이에 동의했는데, 구매 담당자가 최종 계약서를 살펴보니 여전히 기존 가격 산출 방식에 대한 조항이 남아 있었다. 고객사는 사기를 당했다고 생각하고 격렬하게 항의했다. 그 업체는 실수였다고 해명했지만 이후 무려 10년 동안 고객사는 그 업체로부터 일절 구매를 하지 않았다. 이로 인해 그 업체가 손해본 금액은 물가상승분을 포함하여 10억 달러에 달했다.

신뢰 상실이 얼마나 큰 대가를 불러오는지 보여주는 또 다른 사례가 있다. 이번에는 대형 화학 업체와 인쇄 공장 사이에 벌어진 일이다. 인쇄 공장은 연간 10만 달러어치의 물품을 화학 업체로부터 구매했다. 당시 공장의 구매 담당자는 내 협상론 강의를 듣는 학생이었다. 1990년 그 화학 업체가 잘못을 저지르는 바람에 거래가 끊겼다가 2001년에 거래가 재개되었고, 더이상 구매 물량을 늘리지 않던 상황이었다. 1990년 화학 업체는 예전 제품이 더이상 생산되지 않는다면서 인쇄 공장에 신제품을 강권했는데, 신제품에서 불량이 나는 바람에 큰 손해를 보았다. 알고 보니 신제품은 아직 시험 단계에 있는 시제품이었다. 화학 업체는 신뢰를 잃었고 이 잘못으로무려 100만 달러 이상을 손해보았다.

나는 그에게 거래를 재개한 이유를 물었다.

"새 영업 담당자가 아주 괜찮은 사람이에요. 그는 계속 우리 회사를 방문하면서 정성을 기울였어요. 그래서 다시 한번 기회를 주자고 생각했죠."

새 영업 담당자는 작은 주문을 따내기 위해 무려 6년 동안 매달 인쇄 공장을 찾아왔다. 신뢰를 다시 회복하는 일은 가능하지만 이처럼 결코 쉽지가 않다.

까다로운 상대를 만나면

상대방을 존중한다는 것은 상대방의 힘을 인정한다는 뜻이기도 하다. 최고 경영자만 힘을 가진 것은 아니다. 좋은 자리로 안내하는 레스토랑 종업원이나 각종 파일의 위치를 잘 알고 있는 경영지원팀 직원도 힘을 가진 사람들이다. 많은 사람을 대하는 위치에 있는 사람일수록 까다로울 수밖에 없다. 하지만 까다로운 그들의 위치와 역량, 인식을 존중하면 뜻하지 않은 혜택을 누릴 수 있다.

경영 컨설턴트인 던 맥라렌Dawn MacLaren은 친구와 함께 손님이 북적 대는 레스토랑에 갔다. 그런데 웨이터에게 네 번이나 요청했는데도 그는 물을 갖다주지 않았다. 던의 친구가 큰 소리로 욕을 했지만 웨이터는 못 들은 척 지나가버렸다. 던은 그를 따라가 친구의 무례함을 대신 사과하면서 정중히 물을 부탁했다. 물론 웨이터는 곧바로 물을 가져다주었다. 웨이터의 입장에서 접근한 방법이 효과를 발휘한 것이다.

까다로운 상대방의 힘을 인정하는 일과 관련하여 진정한 의사결정자 혹은 의사결정자에게 직접적인 영향을 미치는 제3자를 찾는 것 또한 매우 중요하다. 엉뚱한 사람을 붙잡고 협상하느라 시간을 허비하는 사람들이 너무나 많다. 협상을 시도하기 전에 상대방이 실질적인 도움을 줄 수 있는지부터 확인해야 한다.

이와 함께 실질적으로 누가 적절한 협상자인지도 중요하다. 직위가 높거나 언변이 좋다고 해서 협상을 잘하는 것은 아니다. 연구 결과에 따르면 권력이 강할수록 상대방의 니즈에 관심을 덜 기울인다. 다시 말해서 강한 권력을 가진 사람이 협상에 나서면 목표 파이를 키우지 못할 가능성이 높다. 경우에 따라서는 팀에서 가장 직급이 낮은 사람이 최고의 협상자가 될 수도 있다.

상대에게 초점을 맞추고 까다로운 상황에 대처하면 원하는 것을 얻을 수 있다. 컬럼비아 경영대학원에 다녔던 크리스 시부타니Chris Shibutani가 27세의 자폐증 환자인 진Jean을 다룬 사례를 살펴보자.

당시 크리스는 맨해튼의 한 대형 병원에서 마취과 전문의로 일하고 있었다. 진은 말이 통하지 않는 비협조적인 환자였다. 크리스는 진을 인간적으로 이해하려고 노력하고 그의 입장이 되어보려 애쓰며 상황에 접근했다. 그 결과 진이 주삿바늘을 몹시 무서워한다는 것과 상대방이 자신을 내려다보면서 이야기하는 것을 아주 싫어한다는 사실을 알아냈다. 그래서 크리스는 주삿바늘을 뒤로 숨기고 나란히 앉아서 눈을 맞추며 이야기했다. 또한 진이 놀라지 않도록 천천히 행동하고 그가 콧노래를 부를 때마다 함께 따라 불렀다. 크리스의 노력 덕분에 진은 평정을 되찾았다. 이처럼 상대를 이해하고 존중하면 아무리 다루기 어려운 사람이라도 협조적으로 만들 수 있다.

진정한
의사소통이란?

아래 그림을 보라. 그림의 동그라미가 붉은색이라고 생각하라. 화
살표는 무시해도 된다. 이 그림에서 무엇이 보이는가? 두 단어로 적
어보라.

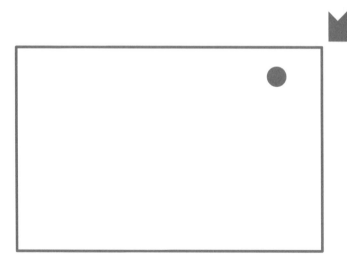

이 질문을 던졌을 때 듣는 가장 흔한 답변은 붉은 점이다. 응답자의 약 33퍼센트가 그렇게 답변했다. 이어 응답자의 18퍼센트가 붉은 원이라고 답했다. 이 질문에 대한 답변은 상당히 다양하다. 7퍼센트의 응답자는 여백이라고 적었다. 의료 분야에서 일하는 사람은 연쇄상구균이라고 적기도 했다. 특이하다 할 만한 점은 '붉다'는 내용이 들어가지 않은 답변을 적은 사람도 40퍼센트 이상이었다는 사실이다. 다음은 조금 전 그림에 대한 다양한 답변들이다.

붉은 점, 일본 국기, 루돌프, 오른쪽 위, 눈동자, 연쇄상구균, 검은 점, 핏방울, 표적, 정지 신호, 여백

같은 그림인데 이렇게 다양한 대답이 나왔다는 것은 보는 대상이 같아도 인식의 편차가 대단히 클 수 있다는 점을 시사한다. 그리고 이러한 인식의 차이가 바로 소송과 전쟁을 부르는 요인이 된다.

협상이 실패하는 가장 큰 원인은 의사소통의 실패다. 그리고 의사소통이 실패하는 가장 큰 원인은 바로 인식의 차이다. 그렇다면 인식 차이가 생기는 원인은 무엇일까? 그것은 사람마다 관심사와 가치관 그리고 감성이 다르기 때문이다. 우리는 종종 자신의 인식 체계에 맞지 않는 정보들은 무시한다. 그리고 협상을 할 때 자신의 시각을 뒷받침하는 정보를 선택적으로 수집하고 기억한다. 인식 차이는 동서고금을 막론하고 거의 모든 갈등의 주요 원인이다. 그래서 인식 차이가 갖는 중요성은 아무리 강조해도 지나치지 않다.

아래 나오는 유명한 그림 속에는 노인과 소녀가 동시에 보인다. 노인을 위주로 그림을 보면 모피 코트 사이의 가로선이 살짝 열린 입이 되고 그 밑으로 턱이 보일 것이다. 입 부분 왼쪽 위에는 커다란 코가 있고, 검은 곱슬머리 바로 아래에 눈이 있다. 반면 소녀를 위주로 그림을 보면 고개를 돌리고 먼 곳을 바라보는 모습이 보일 것이다. 이 경우 노인의 입은 소녀의 목걸이가 되고, 노인의 코는 소녀의 턱이 되며, 노인의 왼쪽 눈은 소녀의 왼쪽 귀가 된다.

강의 시간에 이 그림을 소개했을 때 이미 소녀와 노인의 모습이 동시에 보인다는 사실을 아는 학생들이 많았다. 하지만 학생들을 절반으로 나누어 한쪽은 소녀의 그림, 다른 쪽은 노인의 그림을 5분 동안 바라보게 한 다음 다시 전체 그림을 보여주었을 때 거의 대부분의 학생들이 다른 그림을 인식하지 못했다. 이처럼 한 이미지에 익숙해지면 다른 이미지에 대한 존재 사실을 알더라도 이를 인식하기는 쉽지 않다. 그러니 오랫동안 익숙해진 문화권에 사는 사람이 다른 문화권의 시각을 인식하는 일은 얼마나 힘들겠는가?

역지사지의 마음

많은 사람들은 상대방의 인식과 감정을 고려할 줄 모른다. 그래서 상대방이 자신의 시각을 받아들이지 않으면 고집이 세고 비합리적이라고 생각한다.

같은 단어를 써도 전혀 다른 인식으로 이어질 수 있다. 폴리그램 PolyGram 음반사의 마케팅 부서에서 일했던 나의 고객은 동료와 한바탕 다툼을 벌인 후에야 서로가 마케팅이라는 단어를 다른 개념으로 사용했다는 사실을 깨달았다. 한 명은 마케팅을 판매로 생각하고, 다른 한 명은 전략으로 생각한 것이다. 두 사람은 오랫동안 같은 부서에서 일한 사이였다. 그러나 인식 차이로 인해 일에 대한 접근 방식이 전혀 달랐다.

이런 문제를 미연에 방지하고자 복잡한 계약을 다루는 변호사들은 별도 조항을 두어 중요한 개념들을 정의한다. 일반적인 단어도 다르게 해석할 여지가 있고 그런 해석의 차이가 전체 계약을 망칠 수 있기 때문이다.

인식의 차이로 인해 일상적인 대화에서도 오해가 생기는 경우가 많지만 자신이 사용하는 개념을 구체적으로 정의하거나 모호한 개념을 상대에게 묻는 사람은 드물다.

몇 년 전 사우디아라비아에서 3일 동안 경영자 협상 워크숍을 진행한 적이 있다. 그때 미국에서 생활했던 경험이 있는 한 경영자가 이런 말을 했다.

"미국에서는 레스토랑에서 커피를 더 마시고 싶을 때 잔을 들어서 살짝 흔들면 알아서 채워줍니다. 하지만 사우디아라비아에서 같은 행동을 하면 웨이터가 와서 잔을 치웁니다. 그래놓고 자신이 내 의도를 제대로 이해했다고 생각하죠."

협상에서 쌍방이 이처럼 완전히 다른 인식을 한다고 생각해보라. 서로의 의도를 분명하게 확인하지 않기 때문에 수많은 갈등이 생긴다. 심리학에서는 이러한 실수를 근본적 귀속 오류Fundamental Attribution Error 라고 부른다. 근본적 귀속 오류는 다른 사람들도 어떠한 일에 대하여 자신과 같은 방식으로 반응할 것이라고 가정하는 것이다. 나는 더운 데 다른 사람이 추워한다고 해서 그 사람이 틀린 것이 아니다. 사람들은 같은 상황에서도 저마다 다른 방식으로 반응한다.

기업 내부에서 의사소통이 제대로 이루어지지 않으면 이에 대한 비용과 불만 사항이 늘어나고 효율성과 서비스의 질이 저하되며 많은 기회와 고객을 잃게 된다. 한 대기업에서 계산한 결과 비효율적인 의사소통으로 일주일에 3.5시간의 손실이 발생했다. 500인이 근무하는 기업의 경우 이를 비용으로 환산하면 연간 수백만 달러의 손실을 보게 된다는 뜻이다.

역지사지의 마음으로 상대의 입장에서 상황을 바라볼 수 있도록 돕는 것이 바로 역할 전환이다. 역할 전환은 아주 중요한 협상 도구로써 이를 통해 상대의 머릿속 그림을 보다 잘 그릴 수 있다.

한 학생이 50여 명의 다른 MBA 졸업생들과 함께 시티뱅크Citibank에서 일자리를 제의받았다. 다른 졸업생들과 마찬가지로 더 많은 연봉을 원했던 그는 내게 조언을 구했다. 나는 그의 목표가 무엇인지 물었다.

"다른 졸업생들과 차별화된 모습을 보여주고 더 인정받아서 빨리 승진하고 싶어요. 제게 일자리를 제안하신 부사장님을 멘토로 삼고 싶고요."

"목표는 하나씩 이루는 게 좋겠네. 그런데 다른 졸업생들과 똑같이 많은 연봉을 요구하는 것은 그들과 차별화된 모습을 보여주겠다는 목표에 어긋나는 것 같군."

그 역시 문제점을 바로 인정했다. 이어 그가 멘토로 삼고 싶다는 부사장에 대해서도 물었다. 그는 여름에 부사장 밑에서 인턴으로 일한 적이 있었다. 당시 부사장은 신입 사원들이 다양한 부서에서 순환 근무를 하는 프로그램을 만들었으며, 이에 대한 첫 공식 발표를 앞두고 긴장하고 있었다. 나는 조언을 이어갔다.

"내가 부사장이라면 지금 도와줄 누군가가 필요할 것 같은데?"

덧붙여 그에게 부사장의 입장이 되어 도울 수 있는 방안을 생각해보라고 말했다. 그는 역할 전환을 통해 해야 할 일을 깨달았고 바로 부사장에게 전화를 걸어 일을 돕고 싶다는 뜻을 밝혔다. 그의 말을 들은 그 부사장은 잠시 후 다시 그에게 전화를 걸어 두 가지 소식을 알렸다. 하나는 그에게 1만 5,000달러의 입사 보너스를 지급한다는 것이었고, 다른 하나는 다음 달에 이사회가 열릴 때 회장과 CEO를 만날 기회를 주겠다는 것이었다. 그것으로 그의 경력은 보장된 셈이나 마찬가지다.

그가 협상을 위해 한 것은 바로 역할 전환이었다. 그리고 이를 통해 세계적인 기업의 경영자를 만날 수 있는 흔치 않은 기회를 얻었다.

상대방의 관점에서 상황을 바라보는 일은 타인의 삶에 대한 중요한 깨달음을 주기도 한다. MBA를 나온 의대생 바버라 트루핀Barbara Troupin은 필라델피아의 빈민가에 있는 병원에서 일하던 중 임신 테스트를 하러 병원을 찾은 한 여성을 만나게 되었다. 그런데 그 여성을 자세히 보니 구타당한 흔적이 보였다. 바버라는 질문 끝에 몇 가지 사실을 알게 됐다. 그녀는 윤락가에서 일을 하고 마약 중독자이며, 콘돔 없이 손님과 잠자리를 가진 적이 있었고 포주에게 자주 구타를 당했다. 만일 임신일 경우 일을 못하게 되어 포주에게 또 맞을까봐 두려워하고 있었으며, 임신 중인 아이의 아버지가 누구인지도 몰라 곤란에 처해 있었다. 제대로 교육받지 못하고 돈도 없는 그녀는 만일 임신이 맞는다면 중절수술을 원하는 상황이었다.

나는 학생들에게 이 상황을 분석해보라고 말했다. 그러자 몇 학생들이 이런 의문점을 가졌다.

"왜 그녀는 집에서도 할 수 있는 임신 테스트를 병원까지 와서 했을까요?"

학생들이 의문을 가진 것처럼 사실 그 여성은 도움을 요청하고 싶어서 일부러 병원을 찾은 것이었고, 의도를 헤아린 바버라는 그녀에게 보호소를 비롯한 몇 가지 대안을 알려주었다. 이 사례에서 알 수 있듯이 상대방이 하는 말 이면의 숨겨진 진실을 파악하려고 노력하는 것이 중요하다. 설령 의도 파악을 잘못했다 해도 상대방은 자신을 이해하려는 노력을 무척 고맙게 생각할 것이다.

당신이 다른 사람들에게 영향을 미치는 결정을 내린다고 가정하자. 레스토랑이나 영화관에 가는 결정일 수도 있고, 새로운 매장이나 공장을 짓는 결정일 수도 있지만, 이때 반드시 관계자들과 상의 하에 결정하는 것을 잊어서는 안 된다. 시간이 촉박할 때는 언제까지 결정을 내려야 할 사안이 있으며 그때까지 회신이 없으면 이대로 진행하는 데 동의하는 것으로 받아들이겠다는 이메일을 보내라. 관계자들의 의견을 반드시 반영할 필요는 없지만 적어도 그들의 의견을 묻는 것은 필요하다.

중요한 결정을 내리기 전에 관계자와 상의하지 않는 것은 외교무대에서도 나쁜 결과를 가져온다. 조지 부시 George W. Bush 전 대통령은 2002년 9월 12일 UN에서 연설하기 전 주요 국가들과 이라크 공격에 대한 사전 협의를 거치지 않았다. 오히려 그는 연설 후, 미국이 위협받을 경우 어디든 일방적 군사 행동에 나서겠다고 엄포를 놓았다. 이러한 태도는 다른 나라 지도자들의 의견을 무시한 것으로 간주되기 충분했고 공분을 불러일으켰다.

가령 그가 이렇게 말했더라면 상황은 달라졌을 것이다.

"지금이 모두에게 어려운 시기라는 걸 잘 알고 있습니다. 특히 중동 국가를 대표하는 분들은 심한 혼란을 느끼실 것입니다. 그러나 우리가 테러라는 공공의 적에 함께 맞서고 있다는 사실을 말씀드리고 싶습니다. 결국 미국을 비롯한 모든 국가는 외교적 수단을 쓸지, 군사 행동을 취할지, 아니면 그 중간을 선택할지 스스로 결단을 내려야 합니다. 그리고 우리는 결단을 내리기 전에 가능한 많은 국가와 상의하려고 합니다."

1분이면 얘기할 수 있는 이 말이 빠지면 전달하려는 메시지가 같다고 해도 듣는 입장에서는 매우 다르게 느껴진다.

항상 상대의 마음을 헤아린 다음 상황을 바라보는 연습을 하라. 그리고 상대방에게도 당신의 입장에서 생각해줄 것을 부탁하라.

상대의 의도를 파악하려면

의사소통과 인식의 차이에서 생기는 문제를 해결하려면 어떻게 해야 할까?

JP모건 체이스JPMorgan Chase의 임원인 조슬린 도냇Jocelyn Donat은 두 살 난 조카를 재우다가 겪었던 일을 소개했다. 그녀는 조카를 재우려고 이야기를 하나 들려줄 참이었다. 그러나 조카는 이야기를 두 개 해달라고 졸랐다. 조슬린은 잠시 실랑이를 벌이다가 그 이유를 물었다.

"왜 오늘은 이야기를 두 개나 해달라고 하니?"

"안 졸려."

결국 두 사람은 긴 이야기를 하나 하는 것으로 합의를 보았다. 두 사람은 이야기의 길이에 대한 인식이 서로 달랐던 것이다.

앞으로 상대방과 갈등이 생기면 다음 사항들을 자문하라.

- 나는 어떻게 인식하는가?
- 상대방은 어떻게 인식하는가?
- 둘 사이에 인식의 차이가 있는가?
- 인식의 차이가 있다면 그 이유는 무엇인가?

다음은 같은 내용을 다르게 표현한 두 문장이다.

1. 저는 뉴욕으로 갑니다. 어디로 가세요?
2. 어디로 가세요? 저는 뉴욕으로 갑니다.

경험에 따르면 상대방의 주의를 환기시키기에 두 번째 문장이 첫 번째 문장보다 훨씬 효과적이다. 먼저 상대방에게 초점을 맞추어야 상대방이 당신의 이야기에 관심을 갖게 된다. 이처럼 문장의 순서만 바꾸어도 보이지 않은 효과가 발생한다.

같은 맥락에서 상대방의 말을 중간에 끊는 것 또한 좋지 않다. 말이 중간에 끊겨 머릿속 테이프는 계속 돌아가게 마련이어서 남의 말이 귀에 들어오지 않는다. 중간에 말이 끊어져서 기분이 상한 경우에는 더욱 그렇다.

협상을 할 때 많은 사람들이 사실부터 제시한다. 가령 집을 살 때 "시장 상황에 따라 20만 달러를 지불하겠습니다"라고 말하는 것처럼 말이다. 그러나 앞서 설명했지만 사실이 합의 여부에 영향을 미치는 비율은 채 10퍼센트도 되지 않는다. 또 어떤 사람들은 합리적인 이해관계를 들어 상대를 설득하기도 한다. 이런 사람들은 "집값이 계속 떨어지고 있으니 지금 파시는 것이 좋습니다"라고 말할 것이다. 그러나 사실과 이해관계는 실질적인 설득력을 발휘하지 못한다. 상대방이 내 말을 들을 준비가 되었는지 확인하는 것이 먼저다. 그러기 위해서는 상대의 인식과 감정을 파악해야 한다.

"집이 정말 좋네요. 얼마나 오래 사셨어요?"

이런 식으로 대화의 물꼬를 트는 게 가장 좋다.

이렇듯 상대방의 인식을 파악하는 가장 좋은 방법은 단순하다. 상대에게 질문을 던지면 된다. 협상에서 질문은 단정적 말보다 훨씬 강력한 힘을 발휘한다. 협상에 있어 말을 할 때는 대부분 질문 형태여야 한다. 그래야 내가 상대방의 진의를 제대로 파악했는지 계속 체크할 수 있다.

국제금융공사의 투자 담당관인 다미안 올리브Damian Olive는 투자한 멕시코 기업에 요청한 회계 정보를 얻지 못했다. 심지어 회신 전화조차 받지 못했다. 다미안은 투자 자금을 빼겠다고 협박하는 대신 걱정스런 말투로 물었다.

"혹시 다른 문제라도 생겼습니까?"

그제야 멕시코 기업의 담당자는 머뭇거리며 그들에게 회계 정보를 취합할 인력과 시간이 없다고 털어놓았다. 멕시코 기업은 무성의한 것이 아니라 창피해서 회신을 미룬 것이었다. 얼마 후 멕시코 기업은 그에게 조금씩 회계 정보를 보내기 시작했다. 다미안의 신중한 대응이 불필요한 갈등을 없애준 것이다.

앞으로 협상을 할 때는 말하는 형식을 단정적 말에서 질문으로 바꾸어라. "이건 공정하지 않습니다!"라고 말하는 대신 "이것이 공정하다고 생각하십니까?"라고 물어라. 아이에게 "당장 방 청소해!"라고 말하는 대신 "방이 왜 깨끗하지 않을까?"라고 물어보라.

잭 더글러스Jack Douglass는 새로 만든 회사의 웹사이트를 통해 주문을 넣도록 고객을 설득하는 데 실패했다. 웹사이트를 이용하면 일주일에 한 번만 주문을 입력하면 되는데도 불구하고 고객은 매일 매장을 방문하는 기존 방식을 고집했다. 잭은 질문을 통해 고객의 머릿속 그림을 그려보기로 했다. 알고 보니 고객은 사람과 직접 접촉하는 것을 좋아했고 인터넷 주문이 늘어나서 매장 직원이 일자리를 잃게 될까 봐 걱정하고 있었다. 잭은 인터넷으로 주문을 해도 상담을 위해 얼마든지 매장을 찾을 수 있으며 인터넷 주문을 하면 재고 관리가 용이해지기 때문에 매장 직원의 부담이 줄어든다고 설명했다. 그 말을 들은 고객은 웹사이트를 이용해 물건을 구매하겠다고 말했다.

질문을 하기 위해 수다스러울 필요는 없다. 내가 좋아하는 방법은 형사 콜롬보처럼 말문을 여는 것이다.

"잠깐만요, 좀 도와주셔야 할 것 같습니다. 제가 약간 혼란스러워서요⋯⋯."

이렇게 상대방의 도움을 구하는 식으로 질문하는 방법은 대단히 효과적이다. 또 하나 효과적인 질문 방법은 틀린 부분이 있으면 지적해달라고 상대에게 직접 요청하는 것이다. 상대가 만약 요청대로 틀린 부분을 지적했을 때는 솔직히 인정하면 그만이다. 협상에서 쓰는 모든 말은 민감하게 작용할 수 있다는 점을 기억하라. 생각을 구체적으로, 그리고 정확하게 전달할수록 오해로 인해 협상을 망칠 위험은 줄어든다.

소통과 제안의 순서

컬럼비아 경영대학원에서 첫 강의를 할 때 학생들과 이런 대화를 나눈 적이 있다.

"여기서 브로드웨이까지 어떻게 가죠?"

"118번가를 쭉 따라가면 돼요."

"118번가는 어떻게 갑니까?"

"북쪽으로 캠퍼스를 가로질러 가세요."

"캠퍼스는 어디죠?"

"이 건물에서 나가면 바로 캠퍼스잖아요."

"그럼 이 건물에서 어떻게 나갑니까?"

"1층까지 엘리베이터를 타세요."

"엘리베이터는 어디에 있죠?"

"강의실 밖에 있어요."

"강의실 밖으로 가려면 여기 두 문 중에서 어디로 나가야 하죠?"

지루한 문답을 계속 유도한 이유는 잘못된 의사소통 때문에 갈등이 생기는 이유를 학생들로 하여금 깨닫게 하려는 것이었다. 우리는 상대방이 내용을 이미 알고 있을 것이라고 멋대로 전제한 후에 이야기를 시작하곤 하는데 사실은 그렇지 않다. 그러므로 처음부터 상대방의 보조에 맞추어 한 걸음씩 나아가야 제대로 된 의사소통이라 할 수 있다.

효율적인 의사소통의 기본적인 요소는 다음과 같다.

- 언제나 대화를 통해 문제에 접근한다.
- 상대의 말을 듣고 난 다음 질문한다.
- 상대방을 비난하지 않고 존중한다.
- 오고 가는 대화 내용을 자주 요약한다.
- 감정을 배제한다.
- 목표를 자세하게 밝힌다.
- 관계를 손상시키지 않는 선에서 확고한 태도를 취한다.
- 작은 신호를 놓치지 않는다.
- 인식 차이를 논의한다.
- 상대방이 약속하는 방식을 이해한다.

- 결정하기 전에 상의한다.
- 내가 통제할 수 있는 부분에 집중한다.
- 누가 옳은지 논쟁하지 않는다.

소통을 할 때 상대방의 말을 먼저 듣고 질문한다는 것은 상대를 존중한다는 뜻이다. 협상에서는 당신의 말보다 상대방의 말이 더 중요하단 사실을 절대 잊어서는 안 된다. 당신이 전달한 의미보다 상대방이 받아들인 의미가 더 중요하다는 뜻이다.

삼촌은 뛰어난 보험 판매원이었다. 그는 잠재 고객을 만나면 몇 가지 질문을 하면서 한 시간 가까이 고객의 말을 주의 깊게 들어주기만 했다. 그렇게 대화가 끝나면 잠재 고객은 대개 "대화를 정말 편안하게 하시네요"라고 말하면서 보험에 가입했다.

몇 년 전 한 경찰서의 인질 협상 담당자가 와튼스쿨에서 교육을 받은 적이 있다. 그는 협상에 실패하여 범인이 여자친구를 살해한 안타까운 사례를 들려주었다. 범인은 여자친구로부터 일방적인 이별 통보를 받고 이성을 잃은 상태였다. 그런데 당시 협상가들은 책에서 배운 대로 공격적인 전술을 쓰다가 그만 비극을 부르고 말았다. 협상가들은 인질범의 감정 상태를 이해하려고 노력해야 했다. 그는 여자친구의 결별 선언에 절망한 상태였다. 때문에 먼저 그의 상처를 이해해주면서 인간적인 소통을 해야 했다.

흔히 강한 모습을 보여야 협상에서 이기기 쉽고, 약한 모습을 보이면 협상에서 질 확률이 크다고 생각하지만 이는 사실과 정반대다.

안타깝지만 전문 협상가들조차 일이 잘 풀리지 않으면 자리를 박차고 나가버리기도 한다. 이러한 행동은 험난한 협상 분위기를 예고할 뿐이다. 하지만 아직도 수많은 사람들이 이것이 파워풀한 전략이라고 생각하고 협상 테이블로 나간다. 많은 협상가들은 협상을 시작하는 조건으로 상대방에게 양보를 요구한다. 이러한 모습은 영화에서나 멋지게 보일 뿐 실제로는 상대방의 반격을 초래할 수 있기 때문에 역효과를 내기 쉽다. 아무런 신뢰도 생기지 않은 협상 초반에 양보란 있을 수 없다. 먼저 양보해야 협상을 하겠다는 태도는 마치 마차를 말 앞에 두는 격이다. 꼭 기억하라. 먼저 소통하고 나중에 제안해야 한다는 사실을.

뛰어난 협상가와 평범한 협상가의 차이점

지난 50년 동안 어린이와 어른을 대상으로 실험한 결과, 비난은 동기와 성과를 저하시키고 칭찬은 반대의 효과를 내는 것으로 나타났다. 앞에서 상대방을 존중하는 것에 대하여 다루었으니 여기서는 의사소통에 관한 부분을 살펴보자.

다음 표는 뛰어난 협상가와 그렇지 않은 협상가의 행동 차이를 보여준다.

평범한 협상가는 뛰어난 협상가에 비해 거슬리는 발언을 네 배나 많이 하는 반면 창의적 선택 사항을 고려하는 경우는 절반에 불과하다. 게다가 상대를 비난하는 경우가 세 배나 많으면서 정보는 훨씬 적게 공유하고, 뛰어난 협상가에 비해 장기적 발전에 대한 발언을 하

협상 시 행동	뛰어난 협상가	평범한 협상가
거슬리는 발언: 자기 자랑, 불공정한 지적	2.3%	10.8%
협상 시 다양한 선택사항 고려	5.1%	2.6%
비난	1.9%	6.3%
정보 공유	12.1%	7.8%
장기적 발전에 대한 발언	8.5%	4.0%
공통 사항에 대한 발언	38.0%	11.0%

는 경우가 절반에 불과하다. 공통 사항을 말하는 경우 역시 뛰어난 협상가의 3분의 1에 불과하다. 결과적으로 부정적인 요소가 많을수록 협상을 성공시킬 확률은 줄어들게 된다.

뛰어난 협상가라면 협상 도중 일정한 간격으로 들은 내용을 요약하여 상대방에게 정리해주어야 한다. 이러한 행동은 상대방을 존중하는 태도를 드러내고 의사소통의 오류를 막아주는 장점이 있다. 말하는 사람이 아무리 명확하게 전달한다고 해도 상대방이 제대로 이해한다는 보장은 없다.

들은 내용을 요약하면 정보를 보다 객관적으로 정리할 수 있어 문제를 선명하게 부각시킬 수 있다. 가령 "제가 이해하기로는 저희 회사의 제품이 더 마음에 들지만 여전히 다른 회사의 제품을 구매하고 계신다는 말씀인데 이게 맞나요?"라거나 "제가 인사고과가 제일 좋은데 보너스를 못 받는다는 뜻이네요"라는 식으로 말이다.

또한 뛰어난 협상가는 절대 목표를 잊어버리지 않는다. 목표는 협상 천에 한 번만 설정하고 마는 것이 아니다. 협상 중에도 자주 점검해야 한다. 상대방과 같은 맥락을 공유하고 있는지, 새로운 사건이나 정보 때문에 목표를 조정할 필요는 없는지, 현재 말과 행동이 목표 달성에 도움이 되는지 계속 확인할 필요가 있다.

차를 몰고 목적지까지 가려면 수없이 핸들을 조정해야 하고, 필요하다면 되돌아가기도 해야 하는 것처럼 협상에서 목표를 달성하는 과정도 마찬가지다.

이메일로도 진정한 소통이 가능할까?

요즘은 이메일이 보편적인 의사소통 수단으로 활용된다. 2009년을 기준으로 사람들이 하루에 주고받는 이메일 수는 무려 340억 통에 이른다. 이는 1998년의 1,500만 통에 비해 2,000배나 늘어난 수치다. 2009년 한 해 동안 전송된 이메일은 10조 통이다. 거기에 스팸까지 포함시키면 수치는 다섯 배까지 늘어난다.

솔직히 말하면 이메일은 형편없는 의사소통 수단이다. 이메일로는 서로의 어조나 감정 상태를 가늠할 수 없다. 수신자의 기분이 위축되어 있다면 발신자가 일반적인 내용을 썼어도 수신자는 이를 공격적으로 받아들일 수도 있다. 가능하다면 전화를 하거나 직접 만나는 편이 더 좋다고 할 수 있다.

이메일을 굳이 사용해야 한다면 다음과 같은 방법으로 잠재적인 문제들을 최소화할 수 있다.

• 이메일 내용의 전체적인 어조를 알려라. '친근한 마음을 담아

메일 드립니다.' '당황스러운 마음으로 메일을 드립니다.' '건설적인 비판을 위해 이 글을 씁니다.' 등 구체적인 발신자의 감정이 드러내야 상대가 알아차리고 글을 읽을 수 있다.

- 상대방의 이메일에 즉각 반응하지 마라. 대부분의 사람들이 이를 잘 알면서도 성급하게 반응한다. 이메일을 받은 지 30분 후 신중하게 작성해서 답신을 보내면 오해를 바로잡느라 들이는 시간을 절약할 수 있다.

- 이메일을 보내기 전에 상대방의 입장에서 다시 검토하라. 사람들은 상대가 의도한 것보다 이메일의 내용을 공격적으로 받아들이는 경향이 있다. 상대방이 가장 기분이 나쁜 상황이라는 가정 하에 내용을 작성하라. 그래야 위험을 줄일 수 있다.

- 첫 부분에 상대방과 관련된 인간적인 내용을 넣어라. '그쪽에 눈이 많이 내렸다고 들었는데 괜찮으신지요?' 같은 내용을 넣으면 보다 인간적인 소통을 하는 느낌을 준다.

- 절대 흥분한 상태에서 이메일을 보내지 마라. 흥분하면 의도하지 않은 내용까지 쓸 수 있다. 쓰더라도 초고로 보관했다가 나중에 다시 수정하라.

- 가능한 한 간결하게 써라. 이메일은 검토하는 데 오랜 시간이 걸리는 복잡한 제안을 전달하기에 적합하지 않다. 보고서를 보내려면 따로 첨부하고 원하는 검토 기한을 적어라.

- 중요한 내용일 경우, 동료나 친구에게 검토를 부탁하라. 신선한 제3자의 시각은 많은 도움이 된다.

- 기분이 나쁠 때 이메일을 보내야 한다면 서두에서 미리 양해를 구하라.
- 유머는 거의 모든 상황에서 긍정적인 효과를 발휘한다. 적절한 유머는 이메일의 분위기를 부드럽게 만든다.
- 상대방의 의사소통 스타일을 감안하여 최대한 비슷하게 써라. 상대방의 어투를 흉내 내라는 것이 아니다. 상대방이 이해하기 쉬운 어조로 쓰라는 것이다.

빌 콜리어니스 Bill Coglianese 는 청첩장 디자이너가 샘플을 보내기로 한 약속을 일주일 넘게 어기는 바람에 속을 끓여야 했다. 게다가 전화조차 되지 않아서 오직 이메일로만 연락을 할 수 있었다. 마침내 디자이너의 어시스턴트가 일주일 더 기다려야 한다는 답신을 보냈고, 빌은 화를 내는 대신 먼저 일을 맡아주어서 고맙다는 내용의 답신을 썼다. 그리고 결혼식 준비의 어려움을 차분한 내용으로 전달하면서 초청장에 대한 결정을 더 이상 미룰 수 없음을 밝혔다.

다음날 빌은 특급 우편으로 샘플을 받을 수 있었다. 빌은 "항의 이메일이라도 함부로 무례한 내용을 써서는 안 됩니다"라고 말했다. 실제로 감정을 배제한 이메일이 디자이너를 더 빨리 움직이게 만든 셈이다.

상대의 말에서 힌트를 찾는 법

상대방의 말을 세심하게 듣고, 몸짓과 표정을 주의깊게 관찰하면 대부분의 경우 설득에 필요한 수단을 얻을 수 있다.

만약 상대방이 "이번에는 그렇게 해드리기가 힘듭니다"라고 말하면 "그러면 언제 가능할까요?"라고 물어야 한다. 또한 상대방이 "그게 표준 계약입니다"라고 말하면 "예외를 둔 적이 한 번도 없었습니까?"라고 말할 수 있다. 그리고 상대방이 "저희는 절대 가격 조정을 하지 않습니다"라고 말하면 "그러면 조정 가능한 다른 조건은 무엇입니까?"라고 되물어라. 모든 말과 말투 그리고 몸짓에 주의를 집중하면 자연스럽게 가장 적합한 대답이 떠오르기 마련이다.

투자 은행인 UBS에서 일했던 파비오 베슬Fabio Vassel은 비자를 제때 발급받지 못해도 회사에서 계약을 그대로 유지해주기를 원했다. 그렇지만 인사 담당자는 "나로서는 방법이 없어요"라는 말만 할 뿐이었다. 파비오는 "그러면 방법을 알고 있는 사람은 누구인가요?"라고 물었다. 결국 그는 책임자를 찾아서 회사와 계약을 유지하는 데 성공했다. 그는 상대방의 말을 주의깊게 듣고 중요한 신호를 포착해냈다. 인사 담당자가 당시 말한 내용의 속뜻은 이것이었다.

"그 일은 다른 사람 소관이에요."

일본 기업들은 대개 협상에 임할 때 상대방을 주의깊게 관찰하기 위해 일부러 회의장에 많은 사람들을 참석시킨다. 그래서 미묘한 표현의 변화나 몸짓, 메모 여부 등을 빠짐없이 살핀 다음 협상 후에 관찰 내용을 종합한다. 실제로 이러한 접근법을 통해 상당히 많은 정보를 확보할 수 있다. 이처럼 중요한 협상에 참석할 때는 다른 사람을 데려가는 것도 좋다.

몇 년 전 와튼스쿨 내 비영리 의료서비스 동아리가 500명 규모의 큰 모임을 개최한 적이 있다. 그런데 그들은 각종 자료를 묶을 바인더를 살 돈이 부족했다. 그래서 그들은 바인더 제조업체와 직접 접촉해 물건을 더 싸게 사려고 했다. 그러나 영업 담당자는 거절의 의사를 표했다.

"제가 여러분께 상품을 직접 판매할 수가 없습니다."

이 말은 세 가지 신호를 담고 있다. 첫 번째 신호는 '제가'라고 말한 부분이다. 영업 담당자가 안 된다면 다른 누군가는 판매를 할 수 있지 않을까? 두 번째 신호는 '여러분께'라고 말한 부분이다. 동아리가 안 된다면 학교 명의로는 살 수 있지 않을까? 세 번째 신호는 '판매'라고 말한 부분이다. 판매가 안 된다면 기증은 가능하지 않을까? 결과는 모두 '그렇다'였다. 결국 동아리는 모임에서 업체 광고를 해주는 대가로 재고 창고에 쌓여 있던 바인더를 공짜로 받을 수 있었다.

1998년에 미국 정부는 불공정거래 혐의로 마이크로소프트Microsoft를 기소했다. 자사의 인터넷 브라우저를 강제로 끼워 팔았다는 것이 미국 정부의 주장이었다. 그런데 소송이 진행되는 동안 미국 정부는 마이크로소프트가 보낸 명확한 신호를 놓치는 바람에 적지 않은 비용을 낭비해야 했다.

1999년과 2000년에 법원의 중재로 열린 협상에서 미국 정부는 윈도우 제품에 넷스케이프 같은 경쟁 브라우저의 코드도 넣으라고 요구했지만, 마이크로소프트는 이 요구를 거절했다. 당시 마이크로소프트를 대변한 설리번 앤 크롬웰Sullivan&Cromwell의 파트너인 스티븐 할리Steven Holley는 당시의 상황에 대해 이렇게 전했다.

"당시 빌 게이츠Bill Gates는 누구도 우리 제품을 어떤 식으로 만들라고 요구할 수 없다고 했습니다."

결국 양측은 다시 19개월 동안 지루한 법정 공방을 벌였고, 그간 들어간 노력과 비용은 실로 엄청났다.

마이크로소프트가 윈도우에 코드 삽입을 거부했을 때, 미국 정부는 충분히 다른 접근법을 찾을 수 있었다. 마이크로소프트에 윈도우가 아닌 다른 상품에 코드 삽입을 제안한다던지, 윈도우에 코드 대신 다른 프로그램을 삽입하는 것을 묻는다든지 하는 방식으로 말이다. 실제로 2001년에 도출된 합의안은 다른 사람이 넷스케이프 코드를 컴퓨터에 삽입하면, 관련 링크가 윈도우 메뉴에 보이게 하는 것이었다. 할리 역시 내 생각과 같았다.

"어쩌면 19개월 전에 같은 합의에 도달할 수 있었을지도 모르죠."

그러나 미국 정부는 쉬운 합의점을 놔두고 비싼 수험료를 치러야만 했다. 이 사례는 타 분야의 뛰어난 능력과 협상 능력은 별개라는 사실을 보여준다.

상대가 무심코 던지는 눈빛과 몸짓, 말 한마디를 놓치지 말고 집중하라. 그리고 그 속에서 단서를 찾아내면 훨씬 유리한 쪽으로 협상을 이끌 수 있다.

지혜로운 갈등 관리의 핵심

어제 일어난 일은 돌이킬 수 없다. 그것은 불가능한 일이다. 과거에 연연하는 태도는 협상에 전혀 도움이 되지 않는다. 이러한 태도는 시간과 비용을 소모시키면서 갈등을 지연시키고 목표 의식을 잃어버리게 만든다.

과거나 미래 중 어디를 바라보아야 하는가? 이것이 바로 협상과 소송의 가장 큰 차이다. 소송은 과거를 놓고 서로 대립하지만 협상은 미래를 위해 서로 협력해야 한다.

석유화학 업계에서 일하는 마크 후드Mark Hood는 과거에 있었던 문제에 대한 보상을 바라는 공급 업체를 상대해야 했다. 공급 업체 담당자는 자신을 부당하게 대한 마크의 전임자에게 앙금이 남아 있었다. 그는 현재 아무 관련 없는 프로젝트를 협상하는 자리에서 생트집을 부렸다. 그래서 마크는 그와 자주 만나면서 신뢰를 쌓는 것이 우선이라고 생각했다. 마크는 그의 불평불만을 모두 들어주었다.

"전임자의 잘못에 대해 제가 진심으로 사과하겠습니다. 그리고 지켜봐주십시오. 전임자 몫까지 잘 하겠습니다."

상대가 협상 도중 갑자기 이성을 잃고 화를 낸다면 우선 그렇게 말하는 이유가 무엇인지 물어봐야 한다. 그 이유를 알아냄으로써 이번 협상이나 다음 협상에 활용할 정보를 얻을 수 있기 때문이다.

1993년에 합성 양모인 폴라텍을 제조하는 몰든 밀스Malden Mills 공장에 대형 화재가 나서 4억 달러에 달하는 피해가 발생했다. CEO인 애런 퓨어스타인Aaron Feuerstein은 공장을 재건하는 2년 동안 직원들에게 급여를 전액 지급했다. 당시는 실업률이 매우 높았다. 그래서 퓨어스타인은 국가적 영웅이 되었고 〈타임〉지 표지까지 장식했다.

그러나 몰든 밀스는 소방법 위반으로 기소될 위기에 처해 있었다. 공장 소방대는 화재가 발생한 후 즉시 도착했지만 진화에 실패했다. 20분 늦게 시 소방대가 도착했을 때 불길은 이미 걷잡을 수 없는 수준이었다. 시 소방대는 공장이 다 탄 후에야 겨우 진화할 수 있었다.

몰던 밀스의 마케팅 디렉터이자 위기 대응 담당자였던 제프 바우먼Jeff Bowman의 말에 따르면, 당시 공장 소방대는 시 소방대에 책임을 전가하려고 했다. 당시 나는 몰든 밀스에 자문을 제공하면서 바우먼을 돕고 있었고, 우리 두 사람은 퓨어스타인에게 시 소방대에 대한 비난을 즉각 중지시키라고 조언했다. 시시비비를 가리는 일은 회사의 목표가 아니었다. 회사의 목표는 거액의 벌금을 피하고 그들의 명성을 지키는 것이었다.

나는 퓨어스타인에게 조언했다.

"거짓말을 하라는 것이 아닙니다. 시 소방대가 20분 늦게 도착했지만 공장이 원체 시에서 멀리 떨어져 있었고 그들이 공장 소방대를 잘 리드한 덕분에 결국 진화에 성공했다는 점을 밝혀야 합니다."

다행히 공장 소방대는 전략적인 발언을 했고, 시 소방대도 회사에 유리한 발언으로 보답했다. 결국 몰든 밀스는 벌금을 물지 않고 소송에서 살아남을 수 있었다.

끝으로 데이비드 린David Lean의 〈인도로 가는 길A Passage to India〉에서 고드볼Godbole 교수가 한 말을 떠올려본다.

"상대방이 들을 준비가 되어 있지 않으면 누구에게 그 어떤 이야기도 할 수 없다."

표준과 프레이밍에 대하여

한 학생이 밤 11시 5분 전에 맥도날드에 가서 감자튀김을 샀다. 그는 감자튀김이 눅눅한 것을 보고 새걸로 바꾸어달라고 말했다. 그러나 점원은 5분 뒤면 문을 닫는다며 거절했다. 학생은 말없이 카운터 한쪽 끝에 있는 광고지를 들고 다시 점원 앞에 섰다. 유인물에는 언제나 신선한 제품을 제공한다는 내용이 적혀 있었다.

"여기 맥도날드 맞죠?"

점원은 고개를 끄덕일 수밖에 없었다.

"이 광고지에 언제나 신선함을 보장한다고 적혀 있네요. 문 닫기 5분 전에는 신선함을 보장하지 않는다는 내용은 없는데요?"

결국 학생은 새 감자튀김을 먹을 수 있었다.

대부분의 사람들은 이 상황에서 눅눅한 감자튀김을 그냥 먹거나 직원에게 화를 내며 항의했을 것이다. 하지만 그 학생은 아주 침착하게 맥도날드가 스스로 정한 표준을 이용했다. 이 방법은 공과 사를 막론하고 크고 작은 협상에서 대단히 강한 설득력을 발휘한다. 상대의 표준을 이용하는 법은 사람들이 잘 모르는 뛰어난 협상 도구다. 여기서 말하는 표준은 객관적인 표준이 아니라 상대가 스스로 정한 표준이다. 사람들은 자신의 말을 어기는 모습을 다른 사람들에게 보이기 싫어한다. 그래서 과거에 한 말이나 약속, 즉 표준에 대해 물어보면 대부분 이를 따르고자 하는 경향이 있다. 또한 이 방법은 상대방을 긴장시켜 그들이 표준을 어기는 일을 줄이는 효과를 낳기도 한다.

NBC 프로그램 〈미트 더 프레스Meet the Press〉의 진행자였던 팀 러서트Tim Russert는 뛰어난 보도로 많은 칭송을 받았다. 그는 정치인들을 인터뷰할 때 그들이 종종 저지르는 말과 행동의 다른 모습을 지적했다. 그러면 정치인들은 당황하여 말을 더듬으며 변명하기에 급급했다. 이 역시 상대방이 스스로 정한 표준을 이용한 전술이다.

30여 년 전, 기자로 일할 당시 이 전술의 위력을 발견한 이후 나는 변호사와 기업가로 일하면서도 이 활용법을 계속 연마했다. 그만큼 '표준'은 효과가 높은 협상 도구다.

표준과 프레이밍의 막강한 힘

표준은 의사 결정에 정당성을 부여하는 관행이나 정책 혹은 참고 사항을 말하며 이는 선언, 약속 혹은 보증의 형태로 구체화된다. 회사의 정책은 근본적으로 따라야 할 규칙들을 담은 표준이다. 하지만 정책 못지않게 정책의 예외 역시 강력한 도구로 삼을 수 있다. 항공권을 변경하는데 항공사에서 100달러의 수수료를 청구한다면, 과거에 한번도 예외를 둔 적이 없는지 물어라. 만약 있다면 예외 조항을 적용시켜달라고 요구할 수 있다. 이 방법을 연습할 때는 통신사, 케이블방송사, 항공사, 카드사, 은행, 호텔 등 서비스 업체를 대상으로 시작하는 것이 좋다. 서비스 업체는 기본적으로 서비스에 대한 표준을 갖고 있으므로 그들의 광고나 서비스 약관을 주의깊게 읽어봐야 한다. 협상 과정에서 직원이 무성의하거나 무례하게 나오면, 광고에서 했던 약속을 상기시켜라. 그러면 대개 원하는 것을 얻을 수 있을 것이다.

와튼스쿨에 다니던 제이슨 클라인Jason Klein은 3년 동안 펜실베이니아 로스쿨에 들어가려고 애썼지만 번번이 고배를 마셨다. 다행히 세 번째로 도전한 해에는 대기자 명단에 오를 수 있었는데, 그는 입학 여부를 바로 알아야 했다. 그래야 와튼스쿨의 2년짜리 프로그램을 계속 이수할지 결정할 수 있었기 때문이다. 문제는 펜실베이니아 로스쿨이 대개 여름이 지나야 입학 여부를 결정을 한다는 것이었다. 적어도 4월 말까지는 입학 여부를 확인해야 했던 그는 학교 측이 예외를 적용해주기를 바랐다.

"정말 방법이 없을까요, 교수님?"

제이슨은 협상론 강의를 듣던 중 내게 조언을 구했다. 나는 그에게 몇 가지 조언을 해주었고, 그는 조언대로 펜실베이니아 로스쿨 입학 자료를 보고 표준을 확인했다. 그리고 책임자에게 편지를 썼다.

"개인 사정으로 예외적인 요청을 드립니다. 예외적인 요청이긴 하지만 제 제안이 입학 자료에 명시된 표준에 어긋나지는 않습니다."

그리고 말미에 자신이 잘못 말한 부분이 있으면 지적해달라고 요청했다. 편지를 보낸 날짜는 4월 28일이었다. 그로부터 일주일이 채 지나기 전 확답이 도착했다. 보통 입학 허가에 대한 통지 기간이 6월이라는 점을 감안하면, 그의 편지가 효력을 발휘한 것이다. 제이슨은 "당시 경험을 통해 중요한 교훈을 얻었어요. 협상 도구를 아는 것과 실제로 활용하는 것은 천지차이입니다"라고 말했다.

사람들이 표준을 따를 수밖에 없는 두 가지 근본적인 이유가 있다. 첫째, 스스로 정한 표준을 따르는 것이 윤리적으로 옳기 때문이다. 자신이 약속을 어기고 있다는 사실을 인정하고 싶은 사람은 거의 없다. 둘째, 표준을 따르지 않으면 매우 중요한 존재인 제3자를 화나게 만들 수 있기 때문이다. 여기서 말하는 제3자란, 표준의 준수를 책임지는 높은 자리의 사람을 뜻한다. 회사의 표준을 어기는 사람은 회사의 이미지를 실추시키기 때문에 심한 경우 해고될 수도 있다.

몇 년 전 동업자와 함께 작은 화물 항공사를 인수한 적이 있다. 당시 나는 소형 항공기로 여러 섬을 돌아다니며 회사의 설비를 점검했다. 어느 쾌청한 오후, 나는 버진 아일랜드의 토르톨라 섬에 내렸다.

공항 도착 라운지에는 아무도 없었고 출입국 관리 사무소 직원만이 덩그러니 앉아 있었다. 그 직원은 지난 몇 년간 자주 본 사이인데도 조종사에게 온갖 양식의 서류를 들이밀었다. 입국장에서 불과 40미터 떨어진 회사 사무실을 둘러보면 되는 것인데도 말이다.

나는 표준을 찾기 위해 주위를 둘러보았다. 다행히 근처 벽에 버진 아일랜드 총리의 인사말이 적힌 포스터가 걸려 있었다.

'입국을 환영합니다. 예의와 존중을 갖춰 여러분을 모실 것을 약속합니다.'

회심의 미소를 지으며 그 직원에게 다가가 말했다.

"실례합니다."

"뭐죠?"

그녀는 짜증스런 표정으로 고개를 들었다. 나는 포스터를 가리켰다.

"저게 정말 총리가 한 말 맞나요?"

그러자 그녀는 조금 주저하며 그렇다고 답했다.

"그렇다면 지금 당신은 저 말대로 하고 있는 겁니까?"

그로부터 5분 만에 우리는 입국장을 빠져나왔다. 하지만 유감스럽게도 그날 이후 그 포스터를 다시 볼 수는 없었다.

협상 절차와 관련된 표준은 협상이 시작되기 전에 미리 설정해두는 것이 좋다. 협상을 하는 도중에 유리한 방향으로 표준을 세우려고 하면 상대방은 자신이 조종당하는 느낌을 받을 것이다.

가령 15분 안에 해결할 수 없는 사안이 있으면 다음으로 넘어가기로 하는 것은 좋은 표준의 예다. 그래야만 원활하게 협상을 진행시킬 수 있기 때문이다. 어려운 사안은 나중에 집중적으로 논의하면 된다. 협상 절차에 관한 표준은 협상을 진행하는 데 있어 일종의 규칙이 된다.

의제 역시 절차와 관련된 표준이다. 대부분의 사람들은 미리 의제를 정하지 않고 목표만 가지고 협상에 임하곤 하는데 이런 태도는 별 도움이 되지 않는다. 나는 언제나 협상을 하기 전에 의제를 정한다. 설령 논의할 주제가 무엇인지 알더라도 다시 한번 이를 상기시킨다. 이는 곁가지로 빠진 논의를 제자리로 돌리는 역할을 한다. 이때 협상에 참여하는 모든 사람이 의제에 동의해야 한다는 사실을 잊지 마라.

상대방의 표준을 모르는 경우는 어떻게 해야 할까? 상대에게 물어보면 된다. 연봉 협상을 한다면 연봉 인상과 보너스 지급의 기준이 무엇인지 물어라. 회사 측이 이에 대해 대답하지 않는다면 회사가 원하는 것을 모르고 일할 수 없다는 점을 정중하게 이야기하라. 이때 회사 측이 가능한 한 구체적으로 표준을 말하도록 하는 것이 좋다. 소비자물가지수를 참고하여 실질 임금이 올랐는지 확인하는 것도 좋은 방법이다.

상대방의 표준을 묻는 것은 상대를 존중한다는 뜻이다. 한번은 카드 대금을 늦게 낸 적이 있다. 카드사는 내가 연체를 했기 때문에 제휴 항공사의 마일리지를 제공할 수 없다고 말했다. 오랜 고객이었던 나로서는 화가 나는 일이었다. 우선 화를 참고 물었다.

"저처럼 마일리지를 안 주면 카드를 해지하겠다고 하는 사람들이 많지 않나요?"

"그런 고객은 바로 카드 해지 담당 부서로 넘깁니다. 제가 처리할 필요가 없어요."

"그럼 카드 대금을 연체한 고객에게 마일리지를 준 적이 단 한 번도 없나요?"

"고객이 사과하고 절대 연체하지 않겠다고 약속하면 마일리지를 주기도 합니다."

나는 그녀가 말한 대로 정중히 사과하고 절대 연체하지 않겠다고 약속했으며, 그녀는 내게 마일리지를 주었다.

표준을 활용할 때 가장 중요한 것이 바로 '프레이밍'이다. 여기서 프레이밍이란 상대에게 정보를 제시하는 방법, 즉 표준을 제시하는 구체적인 방법을 뜻한다. 이때 상대의 마음을 움직일 수 있는 특정한 표현으로 말하는 것이 프레이밍의 핵심이다. 마치 제품의 다양한 특징을 한 줄로 표현한 광고 카피와 같다고 생각하면 쉽다. 예를 들어 버락 오바마는 '변화'라는 단어를 사용했으며 코카콜라는 '상쾌한 이 순간'이라는 광고 문구로 수십억 달러를 벌어들였다.

적절한 프레이밍은 명확한 상황 인식에서 출발한다. 뛰어난 협상가들은 언제나 분명한 사실부터 철저하게 파악하고 넘어간다.

와튼스쿨에 다니던 리나 초우Lina Chou는 아멕스Amex 카드에 가입하라는 권유서를 받았다. 가입 보너스는 금액으로 환산하면 약 250달러에 해당하는 5,000점의 항공사 마일리지였다. 그러나 그녀가 가입하기 위해 전화를 걸자, 상담 직원은 그녀가 이미 아멕스 카드를 소지하고 있기 때문에 혜택을 받을 수 없다고 말했다. 무료 마일리지는 신규 회원들에게만 적용되는 것이었다. 리나는 전화를 끊고 잠시 생각했다. 그리고 다시 전화를 걸어서 책임자에게 상황을 설명한 다음 문제를 제기했다.

"아멕스는 회원들이 특전을 누린다고 광고하지만 비회원들이 회원들보다 더 많은 특전을 누리는군요."

책임자는 그 자리에서 즉시 그녀에게 마일리지를 제공했다.

리나는 프레이밍을 통해 아멕스가 기존 회원보다 신규 회원을 더 우대한다는 점을 지적했다. 그녀의 말이 맞는다면 스스로 내건 표준을 어기는 것이 되기 때문에 아멕스는 마일리지를 제공하는 쪽을 택할 수밖에 없었다.

연구 결과에 따르면 같은 사실이라도 프레이밍에 따라 결과가 판이하게 나타난다. 뛰어난 협상가는 상대방의 머릿속에 다른 그림을 만드는 방식으로 정보를 제시한다. 이 문제와 관련하여 자주 인용되는 연구 결과가 있다. 한 특정 수술에 대하여 어떤 환자들은 생존율이 90퍼센트라는 말을 들었고, 어떤 환자들은 사망률이 10퍼센트라는 말을 들었다. 두 집단은 정확히 같은 정보를 들었지만 생존율이 90퍼센트라는 말을 들은 집단에서 수술을 선택한 사람이 훨씬 많았다.

한 학생이 매장에서 노트북을 샀다. 그러나 한 달 후 노트북이 고장 나고 말았다. 판매 사원은 보증 기간이니 제조업체로 직접 보내라고 말했다. 하지만 그럴 시간도 없거니와 당장 학교에서 쓸 노트북이 필요했던 학생은 그렇게 하고 싶지 않았다. 그래서 그는 매니저를 찾아가 이 매장에서 판매한 제품에 대한 책임을 지는지 물었다. 매니저는 당연히 책임을 진다고 대답했다. 그러자 학생은 곧바로 물었다.

"그런데 왜 제 노트북이 고장 났다는 말을 듣자마자 제조업체로 직접 보내라고 하죠? 저는 학교에서 노트북을 계속 써야 하는데요."

매니저는 이 말을 듣고 그에게 임시로 쓸 노트북을 제공했다.

대부분의 사람들은 이러한 상황에서 한 달밖에 안 된 노트북이 왜 고장이 나는지에 대해 따지거나, 왜 고객이 직접 문제를 해결해야 하냐고 화를 낼 것이다. 그러나 학생은 매장의 고객 서비스 지침을 표준으로 내세워 자신의 니즈와 연결시킨 적절한 프레이밍으로 원하는 것을 얻었다.

세너즈 길Shehnaz Gill은 PNC 은행의 실수로 부당한 수수료를 물어야 할 상황에 직면했다. 그는 매니저에게 "PNC의 실수로 발생한 수수료인데, 고객에게 청구하는 것은 부당하지 않나요?"라고 물었다. 매니저는 대답을 얼버무렸다. 매니저로서 은행의 실수를 인정하는 것은 쉬운 일이 아니었다. 세너즈는 '고객을 위해 해결책을 만든다'라는 PNC의 광고 내용을 언급했다. 그리고 PNC가 어떻게 자신의 문제를 해결해줄 것인지 물었고 결국 수수료를 환불받았다.

상대방에게 요구하는 것보다 스스로 결정을 내리도록 만드는 것이 훨씬 효과적이다. 중요한 것은 프레이밍과 점진적 접근법을 통해 상대방이 원하는 곳으로 가도록 이끌어야 한다는 사실이다. 특히 아이들을 가르칠 때 이 방법은 무척 효과적이다.

타히르 콰지Tahir Qazi에게는 두 살 난 딸 나디아Nadia가 있다. 나디아는 높은 유아용 의자에서 밥 먹는 것을 무척 싫어했다. 그녀는 딸을 야단치는 대신 테이블에 놓인 의자를 하나씩 가리키며 누가 앉는지 물었다. 나디아는 차례로 의자의 주인을 말했고 곧 모든 의자에는 앉을 사람이 있다는 사실을 알게 됐다. 타히르는 나디아에게 앉을 자리가 없다고 말하는 대신 어떻게 해야 할지 물었다. 나디아는 자신이 의자에 앉으면 다른 사람이 앉을 수 없으며, 결국 유아용 의자에 앉아야 한다는 사실을 깨달았다.

상대방의 표준이나 프레이밍을 무조건 받아들일 필요는 없다. 상대방의 프레이밍을 리프레이밍할 수도 있다. 리프레이밍은 상대방의 프레이밍을 다르게 해석하여 새로운 통찰력을 얻도록 돕는다.

프레이밍은 협상에서 종종 힘의 균형을 바꾸기도 한다. 상대방이 아무리 힘이 세다고 해도 마찬가지다. 그래서 프레이밍은 신중하고 긍정적인 방향으로 활용해야 한다. 와튼스쿨에 다니던 한 학생은 세계적인 컨설팅기업인 매킨지McKinsey에서 일자리를 제의받았다. 그녀는 자신의 과거 경력으로 볼 때 3만 달러의 입사 보너스를 받을 자격이 있다고 생각했고 상사도 그녀의 생각에 동의했다. 그러나 회사에서는 모든 MBA 졸업생들을 동등하게 대한다는 정책상 그렇게 하기 어렵다는 입장을 보였다.

그녀는 목적을 달성하기 위해 회사의 표준을 리프레이밍하는 방법을 궁리했다. 그녀는 상사에게 입사 후 신입 사원에게 가장 빨리 보너스를 지급할 수 있는 시기가 언제인지 물었다. 상사는 3개월 후라고 대답했다.

"그렇다면 입사 보너스를 3개월 후에 주시면 안 될까요?"

상사는 그렇게 해주겠다고 대답했다. 그녀는 이 사례를 읽는 데 드는 시간보다 빠른 시간에 협상을 마무리지었다.

존 로시John Roche의 아내 로즈메리Rosemarie는 애완견을 싫어한다. 개를 키우고 싶어 하는 존은 아내와 계속 갈등을 겪었다. 로즈메리는 존이 키우는 후디니Houdini라는 커다란 개를 다른 곳으로 보내고 싶어 했다. 후디니가 천방지축으로 뛰어다니면서 경보 시스템을 자꾸 울리는 바람에 이웃들의 불평을 샀던 것이 결정적인 이유였다.

존은 로즈메리의 이야기를 들어준 다음 후디니가 집을 지키고 아이들의 정서에 도움을 주는 점을 인정하는지 물었다. 로즈메리는 순순히 그 점에 수긍했다. 이어 존은 불편하다는 이유로 후디니를 멀리 보낸다는 말을 아이들에게 할 수 있겠는지 물었고 로즈메리는 쉽게 대답하지 못했다.

사실 후디니가 일으키는 문제는 심각하지 않았다. 경보 시스템을 조정하고 개가 동네를 뛰어다니지 못하도록 하는 것으로 충분히 해결할 수 있었다. 존은 문제를 최소화 하고 아이들과 감성을 활용한 프레이밍으로 아내를 설득할 수 있었다.

사실 프레이밍은 배우기가 아주 어렵다. 이는 무척 인내심을 요하는 협상 도구지만, 이를 참고 잘 배운다면 적절한 프레이밍만큼 협상을 단번에 유리한 방향으로 이끌 수 있는 것도 없다.

표준의 적절한 수준

표준을 활용하는 방법의 장점 중 하나는 상황을 조작하지 않고 공정한 절차를 밟는다는 것이다. 상대방에게 아무것도 숨길 필요가 없으며 상대방이 이 협상법을 익히 알고 있다고 해도 당당하게 그 사실을 밝히면 된다. 당신은 상대방의 표준을 협상의 무기로 삼았을 뿐이다. 누구든지 상대방이 스스로 한 약속을 지키라고 요구할 수 있다.

다만 이 방법이 상대에게 상처를 줄 수 있다는 점은 감안해야 한다. 나아가 상처가 아닌 해를 끼칠 수도 있으니 더욱 주의해야 한다. 한국 전쟁 당시 중공군은 미군 포로를 대상으로 이러한 심리 전술을 썼다. 먼저 심문관이 미군 포로에게 미국은 완벽한지 묻는다. 물론 대부분의 미군 포로는 "어느 나라도 완벽하지는 않다."라고 답한다. 그러면 심문관은 그에게 담배를 한 개비를 건네며 "미국은 완벽하지 않다"라는 문장을 써달라고 요청한다.

몇 주 후 심문관은 다시 미군 포로에게 미국이 왜 완벽하지 않은지 묻는다. 미군 포로들에게 스스로 미국은 완벽하지 않다고 했던 말을 보충하라고 요구하는 것이다. 이번에도 미군 포로들은 담배 한 개비의 혜택을 누리며, 어떤 면에서 미국이 완벽하지 않은지에 대해 적는다. 이렇게 심문이 계속 진행될 때마다 문서에는 구체적인 내용들이 덧붙여진다.

몇 달 후 중공군은 미군들이 쓴 내용을 심리전에 활용한다. 미군 포로들로서는 자신들이 직접 쓴 내용이니 부인할 방법이 없다. 오히려 다수는 그 내용을 적극 옹호하는 지경에까지 이른다. 상대를 세뇌시키는 중공군의 이런 전술은 군인들의 사기를 진작시키려는 미군의 노력에 심리적인 타격을 입혔다.

또 다른 사례를 살펴보자. 펜실베이니아 로스쿨에 다니던 닐 세시Neil Sethi는 친구들과 함께 바에 갔다. 그는 맥주와 저녁식사를 함께 주문했다. 그런데 저녁식사가 나온 지 30분 후에야 맥주가 나왔다. 그는 종업원에게 따지며 물었다.

"맥주가 식사 후에 나오는 게 맞아요?"

종업원은 거듭 사과하면서 다른 테이블과 주문이 섞여서 그런 것 같다며 변명했다.

"그러니까 내가 주문을 잘못한 건 아니죠?"

닐이 이렇게 묻자 종업원은 "물론 아닙니다, 손님"이라고 답했다. 그러자 닐은 태연하게 말했다.

"그럼 이 맥주 다시 가져가요."

종업원은 이미 병뚜껑을 땄고 컴퓨터에 판매 입력을 했기 때문에 곤란하다고 말했다.

"지금까지 청구된 술값을 취소한 적이 한 번도 없어요?"

"그런 적이 있긴 합니다만……"

"그럼 종업원의 실수로 손님이 손해를 보는 게 옳은 일인가요?"

"물론 그것도 아닙니다만……"

"지금 나는 그쪽 실수 때문에 손해를 보고 있잖아요. 술값 청구를 취소한 전례도 있다면서 왜 안 된다는 거죠?"

결국 종업원은 닐이 마신 맥줏값을 받지 않았다.

종업원이 자리를 뜬 후 친구가 닐에게 말했다.

"네가 취소한 술값은 종업원이 메워야 할 거야."

종업원은 닐의 집요한 추궁에 그냥 자신이 손해를 보기로 결정한 것이다. 닐은 그 사실을 알고 미안함과 놀라움을 동시에 느꼈고, 표준을 활용할 때는 신중해야 한다는 사실을 절감했다. 결국 그는 취소했던 술값을 내고 종업원에게 감사의 인사까지 했다.

이렇듯 협상에서 표준을 활용할 때 상대방에게 상처를 줄 수도 있으므로 서로의 마음이 편안하게 느껴지는 수준에서 활용해야 좋다.

어떤 학생은 상대방의 표준을 이용하는 방법을 못 미더워했다. 그래서 나는 그녀에게 어떤 상황이든 우선 시도를 해보라고 권했다. 그녀는 주로 에디 바우어Eddie Bauer에서 옷을 사는데, 에디 바우어에는 '평생 환불 정책'이란 서비스가 있다. 그녀는 지난 5년 동안 에디 바우어에서 산 옷을 모두 꺼내어 들고 매장으로 간 후 이렇게 말했다.

"이 옷들이 더이상 마음에 안 들어요. 환불해주세요."

놀랍게도 점원은 그 자리에서 전액을 환불했다. 그녀는 그 일을 전하면서 평생 그렇게 창피했던 적이 없었다고 털어놓았다.

이 경우, 그 여학생이 너무 멀리 간 것이 문제였다. 그녀는 이 일을 계기로 표준을 이용할 때도 지켜야 할 선이 있다는 것을 알게 되었다.

대만으로 일주일 동안 출장을 갔을 때가 생각난다. 체크아웃을 할 때 호텔 측에서 신용카드로 이용했던 150통의 통화에 대해 150달러를 청구했다. 신용카드로 결제하고 통화한 것에 대한 추가 비용에 나는 어이가 없었다. 게다가 방에는 그 내용을 알리는 안내판도 전혀 없었다. 나는 의사결정자인 매니저를 불러서 협상을 시작했다.

"미리 안내하지도 않은 요금을 부당하게 청구하는 것이 이 호텔

정책입니까?"

우선 이러한 질문으로 상대방에게 대답에 대한 옵션을 주었다. 상대방은 이에 대해 부정 또는 긍정을 할 수 있다. 하지만 상대방이 "네, 저희가 법규를 조금 어겼습니다. 무슨 문제가 있나요?"라고 대답할 가능성은 거의 없다. 법규상 호텔은 요금을 청구하기 전에 고객에게 무조건적으로 고지를 해야 한다. 매니저는 당연히 "아닙니다"라고 대답했다. 그에게 두 번째 질문을 던졌다.

"방에는 신용카드 통화에 수수료를 물린다는 안내문이 없었어요. 그렇죠?"

"네, 하지만 다른 호텔들도 다 요금을 청구합니다."

"당연히 청구하겠죠. 하지만 다른 호텔들은 미리 고지합니다. 그렇지 않습니까?"

매니저는 잠시 생각하더니 내 말이 옳다고 인정했다. 그리고 요금을 75달러만 내면 어떻겠냐고 제안했다. 나는 물러서지 않았다.

"혼란스럽군요. 내 말이 옳다면 요금을 전혀 낼 필요가 없어요. 내말이 틀렸다면 150달러를 다 내야 하는 거고요. 도대체 75달러는 어떤 기준에서 나온 겁니까?"

매니저는 결국 수수료를 전액 면제해주었다.

다만 많은 사람들이 주위에 있을 때 예외를 적용해달라고 요구하면 실패하기 쉽다는 사실을 기억하자. 이 경우 상대방은 더 많은 부담을 감수해야 한다. 주위 사람들도 같은 요구를 할 것이 뻔하기 때문이다.

과유불급의 원칙은 협상의 끝이 상대를 이기는 것이 아니라 원하는 것을 얻는 것이라는 걸 깨닫게 해준다. 상대를 이기는 것에 과도하게 집착하면, 정작 협상의 진정한 목표를 잊어버리기 쉽다. 당신이 야구나 축구 혹은 농구처럼 상대팀과 경쟁하는 스포츠에 출전했다고 상상해보라. 경기가 박빙일 때 당신은 어떤 생각을 하는가? 나의 강의를 듣는 학생들이 가장 많이 한 대답은 승리를 생각한다는 것이었다. 그 비율이 무려 95퍼센트 이상이었다. 그러나 이 대답은 틀렸다. 승리를 생각하면 오히려 지기 쉽다.

　　그렇다면 경기가 박빙일 때 당신은 어디에 집중하는가? 최고의 실력을 발휘하려면 승리가 아니라 공에 집중해야 한다. 공은 승리보다 훨씬 단순한 대상이다. 공에 집중해야 승리할 수 있다.

　　협상의 경우도 마찬가지다. 승패나 지나간 일 혹은 앞으로 일어날 일에 정신이 팔려서는 안 된다. 오직 목표와 전략에 집중해야 한다. 다시 말해서 어떤 표준을 이용할지, 상대방의 니즈는 무엇인지, 공통의 적을 만들 수 있는지, 관계의 비전을 제시할 수 있는지, 진정한 의사결정자는 누구인지 파악하는 일에 최선을 다해야 한다.

점진적으로 접근하라

　　표준을 비롯한 협상 도구들을 활용할 때는 점진적 접근이 필수적이다. 이를 위해 협상 과정을 여러 단계로 나눌 필요가 있다. 협상 경험이 부족한 사람들은 상대방에게 한번에 여러 단계를 뛰어넘으라고 요구한다. 다시 말해서 상대방이 있는 곳에서 자신이 원하는 곳까지 한번에 점프하라고 재촉하는 것이다. 가령 컴퓨터가 고장 났으니 당장 새것을 달라는 것처럼 말이다.

협상은 상대방에게 익숙한 지점에서 출발하여 점진적으로 조금씩 나아가야 한다. 가령 "합의를 하고 싶으세요?"나 "이익을 원하시죠?" 혹은 "고객을 만족시키고 싶으세요?" 같은 질문부터 시작하는 식으로 말이다. 이러한 질문은 협상의 기준점 역할을 한다.

로키 모트와니Rocky Motwani는 벌금을 내러 자동차 관리국에 갔다가 수표는 받지 않는다는 표지판을 보았다. 로키는 현금이 없었기 때문에 협상을 시도해보기로 했다. 먼저 그는 협상에서 제시할 표준을 찾았다. 다행히 벌금 통지서 뒤편에 수표를 보낼 수 있는 주소가 적혀 있었다. 그는 창구로 가서 물었다.

"벌금 통지서에 수표를 보낼 수 있다고 적혀 있네요. 그렇죠?"

직원은 그렇다고 대답했다. 로키는 우편으로 오는 수표를 받는 곳이 어디인지 물었다. 직원은 조금 떨어진 다른 창구를 가리켰다.

"그렇군요. 한 가지 더 물어봐도 될까요? 바로 몇 걸음 떨어진 저 곳에서는 수표를 받는데 여기는 안 되는 이유가 무엇인가요? 수표를 우편 봉투에 넣어서 여기 맡기면 저기로 가는 건가요? 우표까지 붙여서 줄게요."

결국 로키는 수표로 벌금을 낼 수 있었다. 만약 그가 차근차근 단계를 밟지 않고 처음부터 수표로 내겠다고 우겼다면 거부당했을 가능성이 높다. 로키는 현재 JP모건 체이스JPMorgan Chase에서 2억 달러 규모의 자산을 운용하는 일을 한다. 그는 지금도 내 협상 도구들을 적극적으로 활용하고 있다.

컬럼비아 경영대학원에 다니던 크리스 대븐포트Kris Davenport는 레스토랑에서 버진 메리 칵테일을 주문했지만, 그런 메뉴가 없다는 말을 들었다. 크리스는 차분한 목소리로 종업원에게 물었다.

"여기 토마토 주스는 있나요?"

종업원은 있다고 대답했다. 크리스는 이어 버진 메리의 재료인 우스터 소스, 타바스코 소스, 얼음이 있는지 차례로 물었다. 종업원은 모두 있다고 대답했다. 질문이 끝나고 크리스는 버진 메리를 마실 수 있었다.

간혹 어떤 사람들은 뿔이 난 종업원들이 음식에 못된 짓을 할 수도 있다고 생각한다. 그러나 당신의 말투가 거칠지 않다면 단언컨대, 그런 일은 일어나지 않을 것이다.

표준의 여러 가지 활용법

상대의 표준을 지적하는 일에서 한 걸음 더 나아간 것이 상대의 나쁜 행동을 지적하는 일이다. 여기서 나쁜 행동이란 소속된 사회나 단체의 표준을 어기는 것을 말한다. 이때 상대가 어긴 표준의 범위에는 상대방이 중시하는 제3자도 포함된다. 제3자는 그 자리에 있든 없든 상대방에게 큰 영향을 미친다. 중요한 제3자 앞에서 비합리적으로 행동하는 사람은 신뢰를 잃고 비판받거나 심지어 해고당할 수 있다. 앞서 제시한 사례 중에도 제3자의 영향력이 결정적으로 작용한 것들이 있다. 토르톨라 출입국 관리사무소 직원의 경우, 총리의 존재가 협상에서 중요한 역할을 했던 것처럼 말이다.

상대방이 나쁜 행동을 하면 사과의 의미로 대가를 청구할 수 있다. 정비소에서 약속한 날짜에 정비를 마치지 못했다면 무료 오일 교환을 받을 수 있다. 나쁜 행동을 지적하는 방법은 남성 위주의 기업 사회에서 일하는 여성들에게 특히 유용하다. 직접적으로 지적할 수도 있고 유머러스하게 지적할 수도 있다. 지적이라는 방법은 거의 모든 경우에서 매우 효과적이다.

뛰어난 협상가들은 명백한 사실을 있는 그대로 밝힌다. 나쁜 행동을 지적할 때도 직설적으로 "꼭 고함을 질러야 합니까?"라거나 "지금부터 말을 끊지 않도록 노력하겠습니다. 당신도 그렇게 해주시겠습니까?"라고 말하는 것이 좋다. 이러한 방법은 관계를 맺는 일에 관심이 없고 공격 일변도로 나오는 사람을 상대할 때 효과적이다.

나쁜 행동을 지적할 때 반드시 지켜야 할 점이 있다. 절대 감정적으로 반응하지 않아야 한다는 사실이다. 감정적으로 반응하면 원하는 것을 얻을 수가 없다. 당신도 상대와 마찬가지로 비이성적인 행동을 했기 때문이다. 변호사들이 종종 이러한 실수를 저지르곤 한다. 상대방이 거칠게 나올수록 오히려 더욱 차분하게 대응할 필요가 있다.

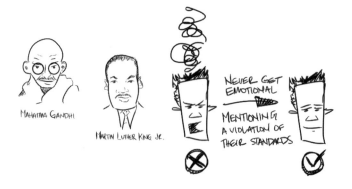

모든 문제의 초점을 상대방에게 맞추어라. 그러면 상대방은 점점 비합리적인 태도를 보이며 절벽을 향해 달려갈 것이다. 이 방법은 상대방을 불리한 궁지로 몰아넣는다. 이를 가장 잘 활용한 사람이 바로 간디Gandhi다. 그는 구호를 외치거나 무기를 들지 않고도 인도 독립에 결정적인 역할을 했다. 영국이 폭력적으로 나올수록 그는 더욱 수동적으로 대응했다. 결국 세계의 비판 여론을 이기지 못한 영국은 인도에서 발을 빼야 했다. 마틴 루터 킹Martin Luther King 목사 역시 비폭력 전략을 통해 비슷한 결과를 이끌어냈다. 인종차별주의자들은 극단적인 행태를 보인 나머지 국민들의 지지를 잃고 말았다. 2008년 미 대선 토론에서도 이 방법의 효과가 드러났다. 존 매케인의 비난에도 오바마는 그를 존중하는 태도를 버리지 않았다. 토론이 끝난 후 매케인이 악수를 거부했을 때도 오바마는 이해심을 보였다. 모든 부정적인 초점은 매케인에게로 향했다. 물론 패배도 그의 몫이었다.

　　아무리 효과가 좋다고 해도 상대방의 나쁜 행동을 지적하는 방식에는 매우 신경 써야 한다. 가능하면 재치 있는 방식이 좋다. 가령 동료가 당신의 아이디어를 훔쳤다고 가정하자. 당신이 먼저 말한 아이디어를 회의 시간에 동료가 마치 자기 것처럼 발표한다면 어떻게 해야 할까? 우선 동료의 아이디어를 진심으로 칭찬하라. 그리고 이렇게 덧붙여라.

　　"아까 제가 말한 내용이 마음에 드셨나봅니다. 제 아이디어에 동의하는 사람이 있어서 좋네요."

　　보다 강하게 나가고 싶다면 이런 방법도 좋다.

"아까 제가 말한 아이디어로 일하는 분이 또 계신 줄 몰랐네요. 그 아이디어로 저는 이런 결론을 냈는데, 어떻게 결론을 내셨나요?"

물론 말투는 친절하고 신사다워야 한다. 이 모든 협상 도구를 보다 잘 활용하는 데 연습만큼 좋은 것도 없다. 표준이 포함된 정보를 적절하게 제시하는 방법을 연습하라. 연습할수록 더욱 능숙해질 것이다.

다시 말하지만 상대방이 자신의 표준을 어기더라도 절대 흥분하지 말아야 한다.

벤 영Ben Young은 캠코더용 대용량 배터리를 사러 전자제품 매장에 갔다. 점원에게 가격을 물어보니 200달러라고 대답했다. 200달러는 일반적인 정상가의 네 배였다. 벤은 화를 내는 대신 정상가보다 비싸다는 사실을 지적하면서 조정을 요구했다. 점원은 점점 가격을 내리더니 가장 싸게 줄 수 있는 가격이 55달러라고 말했다. 벤은 조용히 매니저를 찾아가 물었다.

"다른 게 아니라 원래 이 매장에서는 일반적인 정상가격의 네 배를 부르는지 궁금해서요."

상황을 파악한 매니저는 가격을 50달러로 낮추고 무료 사은품까지 끼워주었다.

반대로 상대가 당신의 실수를 지적하면서 과도한 요구를 할 때는 어떻게 해야 할까? 과도한 요구 역시 나쁜 행동이다. 이러한 경우에는 프레이밍을 활용할 수 있다. 이렇게 말해보는 것은 어떨까?

"한번 실수했다고 해서 그렇게 큰 손해를 감수하게 만드실 겁니까?"

이 말은 상대방이 자신이 한 요구 사항이 과도한지 다시 한번 체크하도록 만들어주는 프레이밍을 활용했다.

테리 존스Terry Jones는 기차표를 잘못 산 줄 모르고 기차를 탔다. 검표원은 그를 비난하면서 비싼 편도 승차권을 끊고 벌금까지 내라고 요구했다. 테리는 농담조로 말했다.

"비싼 편도 요금이라니…… 차라리 저에게 사형선고를 내리시지 그러세요."

그제야 검표원은 웃으며 주의만 주고 그를 보내주었다.

나는 몇 년 전에 유즈마시Yuzhmash라는 우크라이나 대기업의 자금 조달을 위한 협상에서 까다로운 상대를 만났다. 유즈마시는 우크라이나 역사 상 최대 규모인 1억 750만 달러어치의 채권을 발행할 계획이었다. 구소련의 대륙간 탄도 미사일을 만들던 유즈마시는 우크라이나가 독립한 후 핵탄두를 러시아로 보낸 대가로 서방 세계가 지원하는 사업을 따낼 수 있었다. 그 중 하나가 유즈마시가 보잉Boeing과 공동으로 맡은 위성 발사용 로켓 제작이었다. 채권 발행은 로켓 제작에 필요한 재원을 마련하기 위한 것이었다. 나는 유즈마시를 대표하여 협상에 나섰다. 상대는 런던의 JP모건이었다.

이 프로젝트는 우크라이나 재무부가 지급 보증을 해준 1998년에 시작되었다. 우크라이나 재무부는 기꺼이 지급 보증을 해주었다. 문제는 우크라이나의 국가 신용등급이 JP모건의 투자등급에 못 미친다는 것이었다.

나는 어쩔 수 없이 우크라이나 재무부의 지급 보증을 5년 동안이나 묵혀야 했다. 마침내 2003년 3월 우크라이나의 국가 신용등급이 투자등급으로 올라섰다. 나는 JP모건과 법률대행사의 요구에 따라 다시 우크라이나 재무부로 가서 지급 보증을 재확인해달라고 요청했다. 그런데 이번에는 재무부 장관이 보증 조건이 불리하다며 냉담한 반응을 보였다. 당시 쿠치마Kuchma 대통령은 임기 말이어서 큰 영향력을 발휘할 수 없었다.

이 프로젝트를 성사시키면 우크라이나 경제에 큰 도움이 될 것이라고 설명하면서 협조를 요청했지만 아무 소용이 없었다. 결국 나는 표준을 이용하는 전략을 쓸 수밖에 없었다.

나는 유즈마시 간부들과 함께 재무부 장관 및 간부들을 상대로 협상을 개시했다. 5년 전에 재무부에서 발행한 지급 보증서의 사본을 제시하고 '취소 불능'이라는 문구를 가리키면서 물었다.

"이 말이 나중에 얼마든지 취소할 수 있다는 뜻인가요?"

질문을 받은 재무부 인사들의 얼굴에 불편한 기색이 떠올랐다. 나는 다시 '무조건적 보증'이라고 적힌 부분을 가리켰고 마지막으로 보증서의 마지막 장을 펴달라고 요청했다. 거기에는 재무부 장관의 직인과 서명이 있었다.

"해외 채권자들에게 우크라이나 정부는 언제 약속을 파기할지 모른다는 인상을 주고 싶으십니까?"

협상 테이블의 분위기는 별로 좋지 않았다. 한 차관은 흥분한 목소리로 우리가 미국이 아닌 우크라이나에 있음을 상기시키며 위협적인 태도를 보였다. 그러나 장관은 결국 재보증을 해줄 수밖에 없었다. 덕분에 우리는 성공적으로 자금을 조달할 수 있었다.

비록 원하는 것을 얻어내기는 했지만 앙금을 남기는 일이 바람직하지 않다는 생각이 들었던 나는 해외 출장에 재무부 인사를 초청했다. 우리는 런던, 비엔나, 프랑크푸르트에서 투자자들을 만날 계획이었다. 이 출장을 통해 재무부 역시 별도로 서방세계의 자금을 끌어올 기회를 만들 수 있었으므로 반색할 만한 제안이었다. 장관은 차관을 우리와 동행시켰고 출장 도중에 차관과 같이 몇 번 식사를 하면서 인간적인 관계를 쌓았다. 나중에는 그가 먼저 나에게 인사를 하기도 했다. 아주 어려운 협상이었지만 우리는 표준을 이용하여 목적을 달성했고, 나중에는 재무부에도 도움을 줄 수 있었다.

이처럼 상대방의 나쁜 행동을 지적할 때는 먼저 이에 대한 정보를 수집해야 한다. 그래서 부정할 수 없는 사실에 바탕을 두고 문제를 제기해야 효과가 있다.

가치의
교환

"스튜어트! 수백만 달러 규모의 계약을 성사시킨 나의 성공담, 궁금
하지 않나?"

몇 년 전에 제지 업체에서 이사로 일하는 래리 스틸먼Larry Stillman이
어느 날 내게 자랑하듯 말했다. 지지부진하던 협상을 마무리시킨 결
정적 카드는 바로 네 장의 농구경기표였다. NBA 결승전 표라서 약간
비싸기는 했지만 중요한 협상의 대가치고는 매우 약소한 것이었다.
그러나 고객에게 그 표는 큰 의미를 지닌 것이었다. 그 표야말로 기
업이 고객을 만족시키기 위해 노력한다는 증거였기 때문이다.

래리는 이 일을 계기로 가치가 다른 대상을 교환하는 일이 협상에
서 결정적인 효과를 발휘한다는 소중한 교훈을 얻었다. 같은 대상이
라도 사람마다 매기는 가치는 다르다. 양측이 대상에 부여하는 가치
의 차이를 알면 적절한 선에서 교환할 수 있다. 그 결과 서로가 덜 가

치 있게 생각하는 대상을 주고, 더 가치 있게 생각하는 대상을 얻게 되면 양측이 모두 만족스런 협상을 이룬 것이니, 누이 좋고 매부 좋은 셈이다.

이를 위해서는 역시 상대방의 머릿속 그림을 그리는 것이 필요하다. 그 다음 자신의 머릿속 그림을 비교하여 서로 다른 가치를 부여하는 대상을 교환하면 된다. 상대방의 머릿속 그림은 굳이 협상과 직접적인 관련이 없어도 된다. 오히려 대상의 범위를 넓힐수록 상대방이 원하는 것을 찾기가 쉬워진다.

필라델피아에 있는 한 대기업의 CEO가 핵심 고객을 위해 한 가장 중요한 일은 그의 장모를 토요일 밤에 공항에서 픽업하는 것이었다. 이 일은 어떤 협상과도 관계가 없는 것이었지만 이후 모든 협상에 유리한 영향을 미쳤다.

보이지 않는 가치의 발견

지난 2000년, 나는 보안 전문업체 타이코Tyco 소속의 인수합병 전문가 40명을 대상으로 이틀에 걸쳐 협상 워크숍을 진행했다. 당시 타이코는 하루에 평균 하나의 기업을 추가할 정도로 인수합병에 열성적이었다.

인수합병 책임자인 맷 로저스Matt Rogers는 워크숍에서 배운 협상 도구들을 적극적으로 활용했다. 특히 가치가 다른 대상을 교환하는 방법을 통해 자회사의 인수 대금으로 300만 파운드를 요구하던 영국 기업에서 역으로 돈을 받아내는 데 성공했다. 이 협상에서 영국 기업이 내건 주요 조건은 3주 내에 자신들의 자회사를 인수하는 것이었다.

맷은 질문을 통해 자회사가 많은 손실을 내고 있다는 사실을 파악했고 3주라는 짧은 기간 내에 인수하는 대신 돈을 내지 않는다는 조건을 내걸었다. 그러면 타이코는 300만 달러를 아낄 수 있었고, 영국 기업도 자회사를 그냥 파산시키는 쪽보다는 돈을 아낄 수 있었다.

최종적으로 영국 기업은 인수를 위한 부대비용 명목으로 타이코에 6만 파운드를 지급하는 데 동의했다. 맷은 이후에도 가치가 다른 대상을 교환하는 방법을 핵심적인 협상 도구로 삼았다.

때로 작은 가치를 지닌 대상을 큰 가치의 대상과 교환할 수 있다. 나는 종종 워크숍에 참여한 기업인들에게 다음과 같은 질문을 던진다.

"월요일에 고객에게 제품을 배달하고 대금을 받습니다. 그리고 화요일에 다시 같은 제품을 같은 고객에게 배달하지요. 다만 이번에는 결혼을 앞둔 고객에게 카리브 해의 값싸고 좋은 호텔의 이름을 덤으로 알려줍니다. 이럴 경우, 과연 월요일과 화요일에 배달한 가치는 같은 것일까요?"

물론 정답은 '아니오'다. 화요일에 더 많은 가치를 배달했기 때문이다. 그 차이는 크지 않지만 치열한 경쟁 사회에서 작은 차이가 종종 결정적인 역할을 하기도 한다. 내게 협상 컨설팅을 받으러 오는 일부 고객들은 내가 대학교수라는 사실을 반기는 경우가 많다. 특히 수험생 자녀를 둔 고객들은 내가 제공하는 입학 관련 정보들을 대단히 고맙게 생각한다.

상대를 존중하거나 작은 도움을 주는 것처럼 협상과 직접적인 관련이 없거나 혹은 별 도움이 되지 않는 사소한 것까지 모두 교환 대상에 포함된다. 만약 내가 집을 사는 데 필요한 돈을 대출할 때 은행이 금리를 낮추어주었다면, 나는 고마움의 표시로 은행 직원들의 야유회에서 특별 요리를 해줄 수 있다. 이처럼 당신이 가진 모든 것을 협상에 활용할 수 있다. 협상 주제에 대해서도 구애받을 필요가 없다. 내 협상법은 우리 주위에 찾아보면 활용할 곳이 무궁무진하다. 사람들은 언제 어디서든 이왕이면 더 많은 것을 원한다. 상대방이 원하는 것을 더 많이 찾아낼수록 거래 대상은 늘어나는 법이다.

프라샨트 데사이Prashant Desai는 마음에 드는 보모를 고용하려고 했지만, 이미 다른 사람이 그녀에게 자신이 제안한 금액의 두 배의 급료를 제안했다는 사실을 들었다. 프라샨트는 그 보모를 놓치고 싶지 않았기 때문에 집으로 불러서 그녀와 대화를 나누었다.

그는 대화를 통해 보모가 백혈병에서 회복 중인 아들을 혼자 키우고 있다는 사실을 알았다.

"아내와 아버지가 의사라서 작으나마 도움을 줄 수 있을 거예요. 우리는 지금까지 보모를 한 가족으로 여겼으니까요."

덧붙여 자신이 주는 급료가 결코 일반적인 수준에 비해 낮지 않다는 사실을 얘기했다. 결국 그녀는 프라샨트의 제안을 받아들이기로 결정했다. 프라샨트는 매우 기뻐하며 내게 말했다.

"그녀에 대해 더 많이 알게 된 것이 협상에 성공한 열쇠였습니다. 협상론을 배우지 않았다면 결코 성공하지 못했을 거예요."

샌프란시스코의 항공기 대여 업체인 GATX에서 일하는 재니스 브루Janice Brue는 에어 캐나다Air Canada와의 협상에서 좀처럼 돌파구를 찾지 못했다. 문제는 에어 캐나다의 관료주의적인 태도였다. 재니스는 고민 끝에 추가로 교환할 대상을 찾았다. 그것은 그녀는 쉽게 예약할 수 있는 반면 에어 캐나다의 간부들은 예약하기 힘든 페블 비치Pebble Beach 골프장에서의 라운딩이었다.

가치가 다른 대상을 교환하는 방법은 아이들을 다룰 때 멋진 효과를 발휘한다. 아이들은 언제나 보이지 않는 가치를 교환한다. 그래서 야구 카드와 구슬을, 인형과 장난감을 교환한다. 또한 특정한 대상에 대한 애착은 때로 정량화도 가능하다. 가령 당신이 과자를 산다고 가정하자. 일반적인 과자라면 당신은 3달러를 지불할 것이다. 그러나 옛날에 할머니가 구워주던 것과 같은 오트밀 쿠키라면 5달러라도 기꺼이 지불할 것이다. 즉 오트밀 쿠키가 지닌 보이지 않는 가치가 2달러인 셈이다.

보험사 부회장인 데비 시몬치니-로젠펠드Debbie Simoncini-Rosenfeld는 잠잘 시간을 지키지 않고 속을 썩이는 여덟 살 난 딸 제시카Jessica를 다루는 데 애를 먹었다. 제시카는 잠잘 시간이 지났는데도 계속 책을 읽겠다고 고집을 부렸다. 그래서 데비는 잠잘 시간을 한 시간 늦추는 대신 학교에서 짧은 셔츠를 입지 않고, 길에서 자전거를 타지 않는다는 조건을 내걸었다. 그러자 제시카는 선뜻 동의했다. 데비에게는 잠잘 시간보다 딸의 몸가짐과 안전이 더 중요했고, 제시카에게는 짧은 셔츠와 자전거보다 책 읽을 자유가 더 중요했기 때문이다.

노부코 아오키Nobuko Aoki는 미국 기업과 일본 기업의 합작 사업을 중개하는 일을 했다. 문제는 두 기업 모두 51퍼센트의 지분을 원한다는 것이었다. 노부코는 교착 상태를 풀기 위해 두 기업에게 보다 심도 깊은 질문을 던졌다. 점진적으로 양측에 접근하여 알아본 결과 일본 기업은 일본인 직원들의 고용을 유지한다면 49퍼센트의 지분을 수용할 의사가 있다는 사실을 알았다.

물론 보이지 않는 가치를 제공하는 것이 도덕적이지 않은 경우도 있다. 제약 회사가 의사들에게 선물을 주거나 공무원들에게 특혜를 주는 경우가 그렇다. 부도덕한 행동은 절대 용납되지 않는다는 점을 명심하라. 협상에 도움이 되는 정당한 무형의 가치를 찾아내야 한다. 무형의 가치는 너무나 많기 때문에 어렵지 않게 찾을 수 있다. 가령 대기업의 한 컴퓨터 전문가는 고객의 딸에게 컴퓨터를 사는 일을 도와준 덕분에 새 거래선을 확보할 수 있었다. 또한 어떤 기술 기업의 네트워크 매니저는 케이블 공급 업체의 자금 조달을 도와주는 대가로 재고를 싼 가격에 구매하여 회사에 수억 달러의 이득을 안겼다.

상대방의 머릿속 그림을 최대한 폭넓게 보고 이에 창의적으로 대응하라. 협상에 포함되지 않은 상대의 니즈를 폭넓게 파악할수록 목표에 대한 파이를 더 크게 키울 수 있다. 많은 협상가들이 협상 시 언을 수 있는 이익을 강조하지만, 그 이익의 정확한 의미를 파악하기란 쉽지 않다. 이익은 목표와 어떻게 다른가? 목표는 협상을 통해 얻고자 하는 것이다. 표면적인 이익 속에 숨겨진 진짜 목표를 찾아라. 대부분의 협상에서 내가 갖는 목표는 한 가지다. 그러나 그 목표를 만족시키기 위해 필요한 조건들은 여러 가지다.

예를 들어 급여 인상을 원했지만 회사에서 이를 거절했다고 가정하자. 표면적 이익은 인상된 급여지만 진정한 목표는 더 나은 삶을 위한 금전적인 여유다. 따라서 회사는 급여 인상 대신, 더 좋은 집을 사는 데 필요한 대출의 보증을 서주거나 좋은 집을 살 수 있는 방법을 찾도록 휴가를 늘려주거나 혹은 휴가 비용을 일부 부담하는 방편을 제공할 수 있다. 결국 회사가 목표를 위해 필요한 잠재적인 조건들을 많이 알수록 그것을 충족시킬 수 있는 방법도 늘어난다.

진정한 무형의 가치를 발견하기 위해서는 상대방의 감정적이고 비합리적인 니즈까지 파악해야 한다. 만일 상대방이 여행광이라는 사실을 알게 되었다면, 여행을 소재 삼아 대화를 이끌거나 도움이 되는 정보를 제공하라. 유능한 신입사원에게 고소 공포증이 있다면 1층에 있는 사무실을 내주어라. 요점은 상대의 머릿속 그림에 대해 많이 알수록 설득력을 높일 수 있다는 사실이다. 그러면 가치가 다른 대상을 교환하고, 다른 선택지를 찾고, 목표에 대한 파이를 키워 결국엔 원하는 것을 얻을 수 있다.

이처럼 많은 비즈니스 협상에서 돈이 가장 중요한 사안은 아니라는 점을 명심하라. 물론 양측이 수용할 만한 합리적인 수준에서 돈 문제가 결정되어야 하는 것은 맞지만, 최종적으로 협상을 성공시키려면 돈보다 훨씬 많은 것들이 필요하다.

펜실베이니아 로스쿨에 다니던 로즈메리 포드Rosemary Ford는 다섯 살난 딸 코델리아Cordelia에게 백화점 패션 카탈로그를 주었다. 하지만 나중에 카탈로그 표지를 복사할 일이 있어서 잠시 돌려달라고 말했더니 코델리아는 싫다고 고집을 부리고 아예 숨겨버렸다.

"엄마가 나한테 준 거니까. 이제 내 거야."

로즈메리는 화를 내는 대신 딸이 카탈로그를 원하는 이유를 물었다.

"안에 예쁜 사진들이 많잖아. 매일 볼 거란 말이야."

그래서 로즈메리는 엄마에겐 표지만 주고, 안에 있는 예쁜 사진들은 그대로 가져도 된다고 말했다. 그제야 코델리아는 조심스럽게 표지를 찢어 엄마에게 주었다. 로즈메리는 이 경험을 딸에게 가치가 다른 대상을 교환하는 원칙을 설명하는 기회로 삼았다.

파 이 를 키 우 는 법

상대방에 대한 정보는 목표 달성에 큰 도움을 준다. 상대방의 니즈나 관심에 대해 알면 상대가 아무리 까다롭게 굴어도 효과적으로 대응할 수 있다. 가령 협상 외적인 요소를 끌어들여서 파이를 키우는 방법을 알아냈다고 치자. 상대방이 계속 가격만 물고 늘어진다면 이렇게 말할 수 있다.

"훨씬 큰 이득을 얻는 방법에 대해 이야기하고 싶지 않으십니까? 만일 그럴 마음이 없으시다면 이득에 관심 있는 다른 사람과 이야기할 수 있을까요?"

그러면 상대방은 더 이상 논의를 거부하지 못할 것이다. 상사가 그 사실을 알면 당장 해고당할 수도 있기 때문이다. 이때부터 본격적으로 협상의 주도권을 쥘 수 있다.

한번은 상대방이 내게 단도직입적으로 10만 달러를 원한다고 말한 적이 있다. 나는 상대방에게 "20만 달러, 30만 달러는 어떻습니까?"라고 응수했다. 당연히 상대방은 어리둥절한 표정을 지었다.

"아직 우리는 협상할 대상을 전부 이야기하지도 않았습니다. 제가 더 많은 이익을 줄 수도 있지 않겠습니까? 그러자면 그쪽의 관심과 니즈에 대해 전부 알아야 제안을 할 수 있겠지요."

상대방이 가치가 다른 대상을 교환하여 파이를 키우는 절차에 대해 더 많이 알수록 협상이 수월해질 것이다. 영리한 사람들은 나의 협상론 워크숍에 아예 고객을 데리고 온다. 그러면 대개 양쪽이 훨씬 좋은 결과를 얻는다.

과일 음료 판매 업체인 선디아Sundia의 CEO 브래드 오버웨이저Brad Oberwager는 파이를 키우는 방법을 통해 큰 성공을 거두었다. 15년 전에 나의 협상론 강의를 들은 브래드는 가치가 다른 대상을 교환하는 방법을 거의 예술의 경지로 끌어올린 장본인이다. 그는 대형 수박 재배 업체들을 찾아가 매장에서 판매하는 수박에 선디아 스티커를 붙여주기만 하면 구매 계약을 맺겠다고 제안했다. 재배 업체들은 아무 비용을 들일 필요가 없었기 때문에 선뜻 동의했다. 그 결과 유통 업체들은 과일에 붙어 있는 선디아 스티커를 보면서 브랜드를 인식하게 되었고, 2년을 기다린 브래드는 유통 업체들을 대상으로 본격적인 영업에 나섰다. 그는 다른 경쟁자들보다 차별화된 서비스를 제공하겠다고 제안했다. 그 결과 단기간에 선디아의 시장 점유율은 32퍼센트까지 치솟았다.

브래드는 자신의 사업 전략에 대해 이렇게 설명했다.

"간단합니다. 상대방은 비용을 들이지 않고 원하는 것을 얻고, 나 역시 비용을 들이지 않고 상대방이 원하는 것을 주는 방법을 찾는 것이죠."

그래서 그는 협상에 임할 때 충분히 준비하고 상대방에게 많은 정보를 공개하며 미리 자신의 계획을 알려준다.

중요한 회의가 있다면 상대의 머릿속 그림에 대해 가능한 한 많은 것을 알아내라. 만나기 전에 주위 사람들에게 묻고 정보를 수집하라. 나는 학생들에게 면접하기 전에 면접관과 기업에 대해 알아보라고 말한다. 면접을 제안했다는 것은 일정한 자격 요건을 갖추었다고 인정했음을 뜻한다. 나머지는 인상, 동기, 충성심, 관심 같은 무형의 가치에 달렸다.

한 학생이 투자 은행에 입사하기 위한 최종 면접을 앞두고 면접관에 대한 조사를 했다. 그러나 면접 당일 일정 문제로 면접관이 바뀌고 말았다. 학생은 비서가 자리를 정리하는 틈을 타 재빨리 사무실을 둘러보았다. 면접관의 책상 위에는 요트 앞에서 두 아이와 함께 찍은 사진 액자가 놓여 있었다. 학생은 그 사진을 가리키며 항해에 대한 이야기를 나누었다. 사실 학생은 항해에 대해 아는 것이 별로 없었지만 면접관에게 항해를 많이 하는지, 경주에도 참가하는지, 어떻게 항해를 배우는지 등 일반적인 화제로 대화를 이어갔다.

두 사람은 항해를 시작으로 스포츠, 여행, 음식에 대해 40분 동안 대화를 나누었다. 대화가 끝난 후 면접관은 일자리를 제안했다. 두 사람이 일과 직접적으로 관계된 이야기를 나누지도 않았는데 어떻게 그런 결과가 나왔을까? 면접관은 40분 동안 대화를 나누면서 학생이 이야기를 잘 듣고, 호기심이 왕성하며, 이해력이 좋다는 사실을 파악한 것이다.

IDENTIFY THE INTANGIBLE NEEDS

THE {EMOTIONAL}? IRRATIONAL NEEDS BEHIND THEIR VISIBLE INTERESTS

협상과 직접적으로 연관되지 않은 대상들을 연결시키는 것, 즉 협상 범위 안에 있을 수도 있고 밖에 있을 수도 있는 것들을 이어보면 협상에서의 교환 범위가 훨씬 넓어진다. 연계점은 사안이나 시간 혹은 다른 매개 변수들을 통해서 얼마든지 만들 수 있다. 예를 들어 가족끼리 올해 휴가 갈 곳을 놓고 의견이 분분할 수는 있겠지만, 그렇다고 다툴 이유는 없다. 올해가 지나면 가족들이 모두 뿔뿔이 흩어져 다시는 함께 모일 수 없는 게 아니라면 말이다. 가족에게는 언제나 내년이란 시간이 있지 않은가. 올해 휴가의 경우, 휴가지뿐 아니라 가서 할 일, 교통수단, 먹을거리, 휴가 비용 등을 놓고 협상할 수 있다. 게다가 휴가 이외의 대상도 협상을 통해 결정할 수 있다. 교환 대상의 범위를 넓히면 어려운 상황도 쉽게 풀린다. 가령 남편이 꼭 새 차를 사야겠다면, 아내도 원하는 것을 얻어야 한다. 또한 남편이 집 안일을 도와주었다면, 주말에 남편이 TV앞에서 하루 종일 축구를 보는 것에 대해 아내가 불평해서는 안 된다.

나는 현재 동업자와 함께 카리브 해 지역에서 작은 화물 항공사를 운영하고 있다. 한번은 아이비포트IvyPort라는 회사에서 장비들을 우리 회사 소유지에 몇 달 동안 둔 적이 있다. 직원들이 몇 번이나 치워달라고 요청을 했지만 아무 소용이 없었다. 나는 여덟 달이 지난 후 직원들에게 그냥 필요할 때 그 장비를 쓰라고 말했다. 그러자 불과 두어 시간 만에 아이비포트의 사장인 알폰소 페르난데스 주니어Alfonso Fernandez Jr.가 화난 목소리로 전화를 걸어 버럭 소리쳤다.

"왜 허락도 없이 남의 장비를 갖다 쓰는 거요? 당장 경찰을 부르겠소. 당신은 푸에르토리코 법도 모르겠지. 이것 봐요, 당신 제대로 걸렸어. 난 변호사란 말이오!"

나는 전혀 목소리를 높이지 않고 차분하게 응수했다.

"변호사라니 잘됐네요. 저도 변호사거든요. 실례지만 어느 로스쿨 출신입니까?"

"컬럼비아 출신이오."

"좋은 학교지요. 저는 근처에 있는 하버드를 나왔습니다. 학교 다닐 때 이웃에 살았던 셈이군요."

"나는 MBA도 마쳤기 때문에 비즈니스에 대해서도 잘 알아요. 당신이 한 행동은 사업가답지 못하단 말이오."

나는 다시 어느 MBA를 나왔는지 물었다. 공교롭게도 그는 나와 같은 와튼스쿨 출신이었다. 이처럼 감정적으로 반응하지 않고 상대방에 대해 더 많이 알아낸 결과 서로에 대해 더 많은 것을 얻을 수 있었다. 나는 아이비포트가 무상으로 우리 땅에 장비를 두도록 허락했고, 그 사장 역시 그 장비들을 무상으로 이용할 수 있게 했다. 뿐만 아니라 그 후 몇 달 동안 알폰소는 우리 회사에 10만 달러 규모의 일감을 소개해주었다. 우리는 개인적으로도 친구가 되었다.

긍정의 힘이 만드는 시너지

뛰어난 협상가가 되려면 태도부터 바꾸어야 한다. 다시 말해서 부정적인 생각보다 긍정적인 생각을 더 많이 해야 한다는 뜻이다. 문제 안에 숨겨진 기회를 찾는 데 많은 시간이 걸리는 것은 아니다. 다만 기회를 찾으려는 태도가 필요하다. 문제를 장애물로 보지 말고 이제껏 발견하지 못한 기회로 생각하라.

상대방과 문제가 생길 때마다 무형의 가치를 교환할 수 있는지, 파이를 키울 수 있는지부터 생각하라. 이렇게 문제를 기회로 바꾸려는 노력이 쌓이면 분명히 원하는 것을 얻을 수 있다. 원하는 것을 얻으려면 기본적으로 상대방을 행복하게 만들어야 하고 그러기 위해서는 긍정적인 마인드를 가져야 한다.

여러 협상 도구 중 가치가 다른 대상을 교환하는 데 가장 큰 도움을 주는 건 프레이밍이다. 상대방의 니즈를 목적 달성에 유리한 방식으로 제시하라. 앞서 소개한 던 맥라렌은 청각 장애가 생겼는데도 보청기를 쓰지 않겠다 고집을 피우는 66세의 아버지를 설득해야 했다.

"아버지, 아이들 목소리를 듣고 싶지 않으세요?"

그날 그녀의 아버지는 바로 보청기를 샀다. 보청기에 대한 아버지의 니즈를 자신의 목적 달성에 유리한 방식으로 제시한 프레이밍이 톡톡히 효과를 본 것이다.

흔히 협상 테이블에 오른 사안들이 많을수록 협상이 어려워진다고 생각하는데, 이는 잘못된 상식 중 하나다. 사실은 그 반대다. 그만큼 교환할 대상이 늘어나기 때문에 훨씬 유리하다. 그래서 나 역시 가능한 한 많은 사안을 협상 테이블에 올리려고 한다.

한 학생이 6년 동안 해결되지 않은 문제에 대해 도움을 요청했다. 부부가 함께 소유한 소프트웨어 기업에 관련된 문제였다. 남편은 60퍼센트, 아내는 40퍼센트의 지분을 보유하고 있었다. 두 사람이 소유한 회사는 자금이 없었는데, 한 주식회사가 선뜻 합병할 뜻을 내비쳤다. 문제는 부부가 별거를 하게 되었고, 아내가 두 기업 간 합병에 반대한다는 것이었다. 합병하지 않으면 파산할 것이 뻔했고 그녀는 돈도 필요한 상황이었는데도 막무가내였다.

남편의 요청에 따라 그의 아내를 만났고 진정으로 무엇을 원하는지 물었다.

"우리 아이들에 대한 단독 양육권이요. 생활비가 필요한 건 사실이지만, 그렇다고 해서 저보다 남편이 더 많은 돈을 갖는 꼴은 보고 싶지 않아요."

나는 그녀에게 좋은 시절은 이제 끝났으며 원하는 대로 남편에게 상처를 줄 방법도 없다고 단호하게 말했다. 또한 곧 대학에 입학할 자녀에 대한 단독 양육권을 놓고 남편과 다투면서 인생을 낭비할 필요가 없다며 그녀를 설득했다.

마침내 그녀는 자신의 행동이 목표 달성에 전혀 도움이 되지 않는다는 사실을 깨닫고 합병에 동의했다. 남편에게도 같은 방법을 썼다. 그도 나름대로 불만이 있었고, 역시 단독 양육권을 원했다. 내가 모든 사안을 차분하게 설명하자, 그는 아내가 편안한 여생을 보내도록 돕지 않으면 자신의 목표 역시 달성할 수 없다는 사실을 깨달았다. 물론 엄마가 자녀를 보지 못하게 하는 것도 바람직한 일이 아니었다. 결국 그도 조건에 동의했다.

언뜻 보면 복잡해 보이지만 실은 전혀 복잡한 문제가 아니다. 단지 상대방의 니즈와 목표를 묻고 중요한 무형의 가치를 파악한 다음, 긍정적인 문제 해결에 초점을 맞추면 된다.

다음은 내가 힘겹게 겪은 경험에 대한 이야기다. 아직도 생각하면 긴장감에 심장이 뛴다.

2001년 1월, 나는 두 번의 심장발작을 일으켰다. 처음 실려간 병원에서 계속 몸에 맞지 않는 약을 처방했기 때문에 다른 병원을 찾아보기로 했다. 내가 찾아낸 사람은 심장 수술의 세계적인 권위자인 웨인 O. 아이솜 Wayne O. Isom 박사였다. 이미 그는 몇 달 동안 수술 일정이 빽빽하게 잡혀 있는 상태였다. 게다가 그와 개인적인 친분도, 그를 소개시켜줄 인맥도 없었다. 유일하게 그에게 연락할 수 있는 수단은 이메일뿐이었다. 나는 병상에 누운 채 아이솜 박사에 대한 조사에 들어갔다. 그리고 그가 어떤 사람인지, 어떤 관심사를 지녔는지, 어떻게 시간을 보내는지 파악했다.

마침 아이솜 박사는 그때 소동맥의 콜레스테롤 축적을 집중적으로 연구하고 있었다. 내 심장에 문제를 일으킨 부위가 바로 소동맥이었다. 나는 이메일을 써서 병력을 소개하면서 수술을 해줄 수 있는지 물었다. 물론 그가 무척 바쁘다는 사실을 알고 있으며, 사정상 불가하다고 해도 이해한다는 말을 덧붙였다. 나는 급하게 연락한 것이 아니라 그에 대해 충분한 조사를 했다는 인상을 주고자 몇 가지 구체적인 질문을 했다.

그동안 가족들은 뉴욕에서 심장 수술을 받았던 지인들에게 연락하여 아이솜 박사와 같이 근무했던 의사를 아는지 물었다. 다행히 심장전문의인 마이클 볼크Michael Wolk 박사와 연줄이 닿았다. 그는 나를 위해 아이솜 박사에게 전화를 걸어주었다. 아이솜 박사는 휴가를 하루 줄이는 손해를 감수하고 기꺼이 나를 수술해주었고 결과는 더할 나위 없이 좋았다.

나중에 친분이 쌓인 후 그에게 물었다.

"박사님, 왜 일부러 휴가를 반납하고 제 심장 수술을 하셨는지 궁금합니다."

"하하, 물론 볼크 박사가 전화를 한 것도 있지만 결정적인 이유는 내 연구 분야에 대해 질문한 것 때문이었소."

빌 클린턴Bill Clinton 전 대통령도 아이솜 박사에게 수술받기를 원했지만 보좌진은 아이솝 박사에게 수술을 원하는 VIP가 누군지 밝히지 않았다. 결국 아이솝 박사는 다른 의사를 추천했는데, 나중에 이 사실을 알고 아쉬워했다.

"인간적으로 이야기할 기회가 있었다면 다른 의사에게 보내지 않았을 겁니다."

아이솝 박사는 인간적 소통의 중요성을 아는 사람이었다. 그래서 돈이 없는 환자들도 기꺼이 수술하곤 한다. 한번은 그에게 수술 받은 한 가난한 여성이 50달러를 그의 연구 활동에 기부한 적이 있었다. 그의 연구 기금의 규모는 무려 500만 달러에 이르지만 그녀가 건넨 50달러는 그에게 있어 큰 의미를 지닌 돈이었다.

지금까지 소개한 협상 도구들은 다양한 목적으로 아주 유용하게 쓰인다. 나는 수술을 받기 전에 며칠 동안 입원을 하여 검사를 받아야 했다. 그래서 병실을 찾는 간호사들에게 내가 대학에서 협상을 가르친다는 사실을 알리고 언제든 상담을 요청하라고 말했다. 그들은 연이어 나를 찾아와 도움을 요청했다. 물론 그동안 최고의 간호를 받았음은 말할 것도 없거니와, 더 좋은 병실로 옮겨주기까지 했다. 간호사들은 내게 항상 필요한 것이 없는지 물었다.

가치가 다른 대상을 교환하라. 분명히 삶의 질이 월등히 높아질 것이다.

감정의
새로운 정의

컬럼비아 경영대학원에 다니던 리사 스티븐스Lisa Stephens의 다섯 살 난 딸 오브리Aubree가 어느 날 아침 주방에서 넘어져 날카로운 탁자 모서리에 머리를 부딪쳤다. 이마에서 피가 나자 아이는 말할 것도 없고 아이 아버지와 할아버지까지 모두 이성을 잃고 말았다. 그런데 오브리는 한사코 병원에 가지 않겠다고 했다. 리사 역시 이성을 잃으려는 찰나, 가까스로 정신을 차리고 협상론 강의에서 배운 내용을 떠올렸다. 그녀는 오브리에게 다가갔다.

"엄마가 우리 오브리를 진심으로 사랑하는 거 알지?"

오브리는 다소 진정된 모습으로 고개를 끄덕였다.

리사는 "훌륭한 사람이 되려면 때로 하기 싫은 일도 해야 하는 거지?"라고 물었고, 오브리는 다시 고개를 끄덕였다. 그리고 오브리에게 자신과 남편 그리고 할아버지도 어렸을 때 다친 적이 있다는 걸

이야기해주고, 병원에 가서 꿰맨 상처를 보여주었다. 잠시 후 오브리는 스스로 병원에 가겠다며 차에 탔다.

오브리가 병원에 가지 않겠다고 고집을 부린 것은 비합리적인 행동이다. 하지만 사람들은 오브리처럼 합리적으로 생각하지 않는 경우가 많다. 리사는 어린 딸의 머릿속 그림인 엄마의 사랑을 재확인시켜주었다. 그녀는 딸의 머릿속 그림을 그려보고 질문을 통해 점진적 접근을 하여 딸이 스스로 병원에 가도록 했다.

또 하나 재미있는 사례를 소개하겠다. 와튼스쿨에 다니던 크레이그 실버먼Craig Silverman은 수업 시간에 위에서 얘기한 리사의 사례를 들었던 학생이다. 크레이그가 정기적인 혈액 검사를 위해 병원을 찾았을 때였다. 간호사가 채혈하는 동안 옆자리에서 다섯 살 정도 된 여자아이가 마치 고문이라도 당하는 듯 비명을 질러대고 있었다. 결국 엄마와 간호사들이 억지로 꼼짝하지 못하게 붙들고 있어야 했다. 옆에서 지켜보기 참으로 딱한 장면이었다. 협상 수업에서 리사의 사례를 떠올린 크레이그는 아이를 도와주어야겠다고 생각했다. 그는 아이의 엄마에게 허락을 받은 다음 아이에게 "엄마가 널 사랑하는 거 알지?"라고 물었다. 여자아이는 고개를 끄덕였다. 크레이그는 다시 "엄마가 너에게 안 좋은 일을 할 거라고 생각해?"라고 물었다. 여자아이는 "아니요"라고 대답했다. 크레이그는 리사가 했던 말을 거의 비슷하게 되풀이했다. 그제야 여자아이는 안정을 되찾았다. 크레이그는 다정한 목소리로 덧붙였다.

"검사를 하지 않으면 의사 선생님과 엄마가 널 도와줄 수 없단다."

그 말에 여자 아이는 순순히 채혈에 응했다. 크레이그의 말에 따르면 엄마와 간호사들은 마치 마술쇼를 보는 듯한 황홀한 표정을 지었다고 한다.

상대방의 감정을 헤아리는 일은 사과나 위로, 양보, 경청의 형태로 표현될 수 있다. 상대방의 감정을 받아들이는 태도는 흥분을 가라앉히고 이야기를 듣게 만들어 결국 상대의 합리적인 판단을 끌어낼 것이다.

감정과 공감의 차이점

감정적 행동은 효율적인 협상의 걸림돌이자 뛰어난 협상의 적이다. 감정적으로 변한 사람들은 남의 말을 듣지 않는다. 또한 목표 의식을 잃어버리고 예측할 수 없는 행동을 하기도 한다. 반면 공감은 상대방의 감정에 초점을 맞추어 인간적으로 이해하는 것이므로 협상에 도움이 된다. 결론적으로 나에게 집중하는 감정은 협상에 방해가 되며, 상대에게 집중하는 공감은 협상에 도움이 된다.

내 협상법은 관계를 개선하기 위한 목적으로 감정을 활용한다. 내가 앞으로 설명하고자 하는 감정 활용법에는 다음과 같은 전제가 필요하다. 올바르게 협상에 임하는 사람이란, 감정을 절제하는 동시에 충분히 인간적이라는 사실 말이다.

골드만 삭스Goldman Sachs의 부사장을 지낸 엄버 아마드Umber Ahmad는 월 스트리트의 유망한 여성 기업인들을 다룬 다큐멘터리를 보고난 뒤 감정을 절제함으로써 성공적인 협상을 이끌어내는 과정을 배웠다고 말했다. 그리고 내 협상법의 도구들이 감정을 절제하는 데 특히 유용하다고 덧붙였다.

협상시 상대방이 다음과 같은 행동을 할 때 보통 감정적으로 변하기 쉽다.

- 거짓말을 하거나 모함할 때
- 약속을 깨거나 거부할 때
- 권위나 신뢰성에 의문을 제기하면서 공격적으로 나올 때
- 이기적인 태도로 과도한 요구를 하거나 일방적인 혜택만 누리려 할 때
- 원칙 없이 굴면서 자제력을 잃을 때
- 기대에 어긋난 모습을 보일 때

1990년 이후, 협상에서 감정이 미치는 영향에 대한 관심이 높아졌고 여러 연구를 통해 협상을 할 때 상대의 이성적인 면뿐만 아니라

감정적인 면에도 대응해야 한다는 사실이 밝혀졌다. 하지만 이러한 추세가 오히려 역효과를 내기도 했다. 일부러 화가 난 연기를 하는 것처럼 과도한 감정적 대응으로 상대방의 흥분을 유도해야 한다고 믿기 시작한 것이다. 이 전술은 '전략적 감정' '거짓 긍정 피드백' '인상 관리' '감정 조작' 등으로 불리는데, 이는 경찰들이 자주 쓰는 '좋은 경찰, 나쁜 경찰' 전술이 변형된 것으로, 경찰은 이 전술을 쓰면서 용의자의 감정을 지속적으로 자극하여 실수를 유도한다. 감정을 조작하는 협상법을 악용하는 극단적인 사례가 바로 테러 단체다. 단원들의 복수심을 자극하여 자폭 테러를 하게 만들기 때문이다.

그렇다면 긍정적인 감정은 협상에 도움이 될까? 긍정적인 감정은 창의성을 향상시켜 합의에 이를 가능성을 높여주지만, 이 역시 상황을 불안정하게 만들기는 마찬가지다. 열정적인 성격의 사람들이 사이가 좋던 사람에게 갑자기 등을 돌리는 경우를 생각해보라. 불안정한 감정 곡선은 여러모로 협상에 도움이 되지 않는다. 협상은 차분하고 안정된 분위기에서 진행되어야 한다.

의도적으로 감정을 활용하는 전략이 지닌 또 다른 문제는 이를 자주 활용할수록 효과가 떨어진다는 것이다. 일 년에 한 번 목청을 높이면 아주 효과적일 수 있다. 그러나 툭하면 고함을 지르는 사람은 '매번 소리만 지르는 사람'으로 인식되어 오히려 신뢰를 잃게 된다. 협상 테이블을 박차고 나가는 전략도 마찬가지다.

말투를 바꾸는 방법 역시 적절하게 활용해야 한다. 평상시에 조용히 말하는 사람은 가끔 목소리를 높이는 게 효과가 좋고, 평상시에 크게 말하는 사람은 가끔 목소리를 낮추는 게 효과가 좋다. 다만 이 전술도 경우에 따라 횟수를 조절해가며 신중하게 구사할 필요가 있다.

많은 사람들이 상대를 위협하는 것을 하나의 협상 도구로 사용하곤 한다. 그러나 위협은 가장 효과가 약한 협상 도구다. 상대가 격한 감정에 휩싸이면 어떤 무리한 행동도 서슴지 않게 된다. 다시 말해서 감정적으로 변한 상대방은 더 이상 당신의 위협을 신경 쓰지 않게 된다는 뜻이다.

절이 싫으면 중이 떠나라는 흔한 말 역시 매우 비효율적인 협상 도구다. 이 말은 상대방을 흥분시킬 뿐 합의에 전혀 도움이 되지 않는다. 결국 상대방은 절에 남아 있는 것이 더 이득임에도 불구하고, 홧김에 떠나버려 아무런 이득을 취하지 못하고 감정만 상하게 된다. 그리고 이는 양측의 관계만 망칠뿐, 원하는 것은 전혀 얻지 못한다. 이를 입증하는 실험 결과도 있다. 연구자는 한 명의 피실험자에게 10달러를 주었다. 대신 이 돈을 무조건 다른 사람과 나누어야 하는 조건이 붙었다. 만약 그 돈을 다른 사람과 나누지 않으면 아무 것도 얻지 못한다. 피실험자는 다른 사람과 돈을 나누려고 했다. 하지만 그가 다른 사람에게 1달러를 주겠다고 하니 거절당하는 비율이 무려 75퍼센트에 달했다. 사실 1달러라도 그냥 주겠다고 하면 받는 게 이득이다. 그러나 사람들은 자신이 1달러를 받는 것에 대한 생각보다, 상대방이 9달러를 갖는 것에 대한 생각이 크기 때문에 이 거래가 불공정하다고 생각하기 쉽다.

액수를 늘려 3달러를 주겠다고 제안을 해도 60퍼센트가 넘는 사람들이 거절한 반면 돈을 반씩 나누자는 제안에는 95퍼센트가 동의했다. 이처럼 우리는 실질적인 이득을 생각하기보다 상대방과 비교를 하면서 비합리적인 판단을 할 때가 많다. 때문에 협상을 할 때는 이러한 상대의 비이성적인 측면도 충분히 고려해야 한다. 이럴 때는 우선 감정적 지불을 하면서 서서히 태도를 이성적으로 이끄는 것이 좋다.

협상에서 위협이란 방법을 굳이 쓰고자 한다면 방식을 바꿔라. 가령 당신이 상대에게 가격을 낮추지 않으면 다른 업체와 거래를 하겠다고 말하는 상황을 생각해보자. 상대방은 대개 감정적으로 대응하게 되어 "그렇게 하세요, 그럼!"이라고 퉁명스럽게 대답할 수도 있다. 사실 상대방의 입장에서는 가격을 낮추더라도 고객인 당신을 붙잡는 것이 이득이지만, 당신의 강압적인 태도로 인해 그 이득을 밀쳐내고 말았다. 이럴 때는 "더 좋은 가격을 제안한 곳이 있습니다. 하지만 거래처를 바꾸고 싶지 않습니다. 어떻게 하면 좋겠습니까?"라는 식으로 말하는 것이 더 효과적이다.

같은 내용을 우회적으로 표현한 것이기는 하지만 말투는 완전히 달라서 이는 상대에게 정중하게 도움을 요청하는 느낌을 준다. 때문에 상대에게 문제에 대한 폭넓은 해결책을 마련할 여지를 제공한다. 이처럼 선택의 주도권을 넘기면 상대의 감정적 반응을 최소화하여 원하는 것을 얻을 수 있다. 이 경우 당신의 요구는 함께 풀어야 할 문제가 된다.

감정 공유의 중요성

어떻게 해야 협상에서 감정을 다스릴 수 있을까? 그러기 위해서는 자신과 상대방의 감정을 객관적으로 파악할 필요가 있다. 먼저 나 자신의 감정에 대해 살펴보자.

앞서 말한 대로 감정에 휘둘리면 아무런 도움이 되지 않는다. 그러니 협상 도중 감정이 격해지면 휴식을 취하면서 평정심을 되찾아라. 그래도 감정을 다스리기 힘들다면 차라리 다른 사람의 도움을 구하라. 미리 감정이 격해졌음을 알리고 양해를 구하는 것도 한 가지 방법이다. 이를 상대방이 이해해준다면 말이다.

무엇보다 중요한 것은 상대방에 대한 기대치를 낮추어야 한다는 사실이다. 그러면 상대방이 무례하거나 불공정한 태도를 보여도 쉽게 흥분하지 않게 된다. 반대로 상대방이 기대치를 뛰어넘는 모습을 보이면 상대적으로 기분이 좋아져서 협상이 훨씬 부드럽게 진행된다.

'복수는 냉정할 때 해야 제 맛.'

감정에 휘말릴 때는 이 말을 기억하라. 상대방이 화났을 때 덩달아 화내는 것은 도움이 되지 않는다. 이성적이고 냉정함을 유지해야 조금이라도 더 이득을 취할 수 있다. 상대방의 감정에 휩쓸리지 마라. 협상에서 분노의 표출은 자살 행위와 같다.

한번은 법정 밖에서 두 변호사가 다투는 모습을 보았다. 한 변호사가 다른 변호사에게 마구 고함을 질렀다. 그는 상대의 고함을 묵묵히 듣고만 있다가 짧게 한마디했다.

"고생하십니다."

상대방을 완전히 무력화시키는 똑똑한 대응이다. 누구나 노력하면 자신의 감정은 통제할 수 있지만 상대방의 감정에 대응하는 일은 쉽지 않다. 다음은 감정적인 사람을 상대하는 방법이다.

1. 상대방이 감정적으로 변하는 순간을 포착하라.
2. 상대방의 감정과 인식을 이해하려고 노력하라.
3. 상대방의 감정과 목표의 근원을 파악하라.
4. 자신의 협상 스타일이 상대방을 자극하는지 살펴라.
5. 사과, 양보, 공감을 통해 상대방의 감정에 호응하라.
6. 신뢰를 쌓기 위해 노력하라.
7. 극단적인 발언을 삼가라.
8. 제3자의 도움을 받아라.
9. 잘못된 사실이 있으면 즉시 바로잡아라.

가장 먼저 할 일은 상대방이 감정적으로 변하는 순간을 포착하는 것이다. 그 순간이 항상 명확하게 드러나는 것은 아니다. 그리고 이 또한 상황별로 사람별로 모두 다르다. 가령 이탈리아인은 영국인보다 더 적극적으로 감정을 표현하며, 어떤 사람은 기질적으로 속에서 불이 활활 타올라도 겉으로는 차분하게 보이기도 한다.

상대가 감정적으로 변하는 순간, 대개는 진정하라고 말할수록 상대방은 더욱 흥분하게 마련이다. 진정하라는 말은 자칫 상대가 부당하게 화를 내고 있다는 뜻이 될 수 있다. 일단은 상대의 감정에 공감하고 흥분하는 이유를 이해하려고 노력하라. 이때 논리나 이성을 내세우는 것은 별로 도움이 되지 않는다.

여자들은 종종 남자친구에게 "문제를 해결해달라는 게 아냐. 그냥 내 말을 들어달라고!"라고 말한다. 자신의 감정에 호응해달라는 뜻이다. 칭찬, 어깨 두드리기, 경청 등 호응의 형태는 사람마다 다를 수 있다. 어떤 것이든 상대방의 감정을 이해하는 태도를 보여주는 행동이라면 모두 좋다.

나는 약 20년 전 하버드 협상 프로젝트에 참여했을 때 감정적 호응의 효과를 처음 발견했다. 당시 사람들은 대개 합리적 해결점을 중심으로 전략을 논의했다. 그러나 내 주위에는 합리적이라고 할 수 없는 요소들로 협상에서의 결정이 좌우되는 상황이 숱하게 많았다. 비합리적인 태도를 가진 사람들을 대응하는 방법에 대해 계속 묻는 학생과 고객도 늘어만 갔다. 그래서 나는 기존 협상론이 현실과 거리가 멀다는 사실을 깨닫게 되었고, 그때부터 감정을 중시하는 도구와 전략을 개발하기 시작했다.

그로부터 얼마 후 뉴욕에서 유명 인사의 이혼을 중재하는 일을 맡게 되었다. 남편은 많은 돈을 주고 남성 변호사를 고용했고, 아내는 무료로 여성 변호사를 고용했다. 이혼 협의가 늘어지는 사이 부부의 자산은 투자 손실과 법률 비용으로 계속 줄어들고 있는 상황이었다. 내가 이 일에 투입되었을 때 이들에게 남은 자산은 약 40만 달러였고 남편은 위자료로 이 돈을 다 줄 용의가 있었지만 아내는 달랐다. 그녀는 너무 화가 난 나머지 금전적 손해를 보더라도 법정에서 남편에게 창피를 주어야겠다는 생각뿐이었다. 그녀는 감정에 휘둘려서 자신이 취할 수 있는 이익에 반대되는 일을 하고 있었다. 감정적 호응을 통해 그녀의 생각을 바꿀 방법을 생각한 나는 조속히 합의를 하면 남편의 모든 돈을 뺏는 셈이라고 말했다. 그녀는 잠시 생각하더니 내게 물었다.

"그 인간의 돈을 모조리 뺏을 수 있다는 말인가요?"

"물론입니다."

그러자 그녀는 바로 합의를 받아들였다. 그녀에게 중요한 사안은 돈이 아니라 남편에게 고통을 주는 것이었다.

상대방의 감정에 호응하려면 상대의 생각에 초점을 맞추어야 한다. 그들은 어떻게 세상을 보는가? 그들의 니즈는 무엇인가? 그들은 상황을 어떻게 인식하는가? 그들은 어떤 프레이밍을 원하는가? 양보를 바라는가? 그렇다면 어떤 종류의 양보인가? 단순한 사과인가, 자세한 사과인가? 아니면 사과보다 작은 성의 표시를 더 좋아하는가?

펜실베이니아 로스쿨에 다니던 스펜서 롬니Spencer Romney는 치과의사인 아내 리사Lisa와 통화를 했다. 리사는 스펜서에게 그날 힘들었던 일들을 털어놓았지만 친구들과 함께 있던 그는 제대로 말을 듣지 않았다. 결국 리사는 화를 내며 전화를 끊어버렸고, 스펜서가 전화를 걸어도 받지 않았다. 스펜서는 집에 가자마자 아무 말도 하지 않고 리사에게 발마사지를 해주면서 하루가 어땠는지 물었다. 작은 행동이었지만 리사의 화는 말끔하게 풀렸다.

짐 오툴Jim O'Toole은 아내와 말다툼을 벌였다. 그가 가족들과 보내는 시간이 너무 적다는 것이 이유였다. 짐 역시 직장에 다니면서 석사 과정을 밟고 있었던 까닭에 나름 할 말이 많았다. 그러나 현명한 짐은 아내가 불만을 전부 털어놓도록 내버려두었고 그 과정에서 아내는 스스로 평정심을 되찾았다. 덕분에 직장에서의 일과 석사 과정을 밟는 과정이 앞으로 가족 모두의 행복을 위한 일이라는 사실을 차분하게 설명할 수 있었다. 그 후로 아내는 전보다 더 그를 많이 이해하게 되었다.

최근에 의사들이 자신의 실수를 환자에게 솔직하게 사과하는 것이 의료 소송을 피하는 데 큰 도움이 된다는 사실을 깨닫고 있다. 과거에는 의사의 사과가 의료적 책임을 인정하는 것으로 받아들여져 금기시되었던 것에 비하면 상당히 큰 변화다. 설령 의료적 책임이 있다고 해도 의사가 정중하게 사과하면 환자가 강경한 대응을 할 가능성이 줄어든다.

USC 경영대학원에 다니던 마크 로빈슨Mark Robinson은 아내와 함께 보수를 맡긴 약혼반지를 찾으러 시내 중심가에 위치한 보석상에 갔다. 근처에 주차할 곳을 찾지 못한 마크는 때마침 길가에 곧 나갈 것 같은 차를 발견했다. 그런데 그 앞에서 기다렸던 마크 대신 다른 차가 냉큼 그 자리를 차지해버렸다. 차에 거친 인상의 남자 둘이 타고 있는 것을 본 그의 아내는 마크가 협상에 나서려고 하는 것을 만류했다. 그러나 마크는 상대방 운전자가 먼저 기다리고 있던 자신을 보지 못했을 수도 있다고 생각했다.

마크는 침착하게 걸어가 웃으며 운전자에게 인사했다. 운전자는 유리창을 내리며 말했다.

"무슨 일입니까?"

마크는 최대한 친근한 말투로 자기가 먼저 대기 중이었으니, 자리를 비켜줄 수 있는지 물었다. 그리고 아내를 가리키며 덧붙였다.

"아내가 복잡한 문제에 휘말리는 걸 원치 않아서요. 물론 선생님께서 결정하실 일이지만 말이죠."

차에 탄 두 남자는 서로를 쳐다보았다. 마크는 전혀 위협적인 태도를 보이지 않았고, 그들을 비난하지도 않았다. 단지 두 남자가 관대한 모습을 보일 수 있도록 침착하게 기다렸다.

"알았습니다."

마크는 운전자와 악수를 나누었다. 몇 마디 말로 원하는 것을 얻은 마크가 대단하게 보이는가? 마크는 그들에게 몇 마디 말만 한 것이 아니라 충분한 감정적 지불을 했다. 두 남자는 복잡한 시내에서 주차를 양보한 자신들의 관대한 행동을 자랑할 것이다.

와튼스쿨에 다니던 한 학생은 필라델피아의 뒷골목에서 강도를 만난 적이 있다. 그는 총을 든 강도에게 지갑을 건네며 침착하게 말했다.

"총을 쏘면 큰 소리가 날 텐데요. 어떻게 하실 건지……"

강도는 그에게 운전면허증과 학생증을 돌려주었다. 어차피 그에게는 쓸모없는 것들이었다. 학생은 그에게 고맙다는 말까지 했다.

"관공서에서 이런 걸로 사람을 얼마나 피곤하게 하는지 아시죠? 감사합니다."

공공의 적을 내세워 조금이라도 분위기를 부드럽게 만들려고 한 말이었다. 학생의 의도가 제대로 통했는지 강도는 조용히 사라졌다.

감정을 통제했음에도 불구하고, 상대방과의 소통에 실패했다면 그 다음에는 어떻게 해야 할까? 그럴 때는 상대방이 신뢰하는 제3자를 찾아라. 친구나 동료 혹은 고객 등 상대방을 진정시킬 수 있는 사람이면 된다. 공공의 적을 내세우는 것도 한 가지 방법이다.

반대로 상대방이 내 감정을 이용하려고 할 때는 이에 쉽게 넘어가지 말고 적절하게 대응해야 한다. 나는 빈말 섞인 칭찬을 신뢰하지 않는다. "교수님은 정말 훌륭하십니다"라는 칭찬은 의례적인 말에 불과하다. 진정한 칭찬은 구체적이어야 한다. 내가 훌륭한 교수라면, 나에게서 구체적으로 어떤 면을 배우고 싶은지 말해야 한다.

일부 협상가들은 처음에 강하게 밀어붙여야 상대가 양보할 여지가 생긴다고 말하곤 한다. 처음에 극단적인 요구를 하면 상대방은 우선 'No'라고 얘기할 테니, 그때 한발 물러서는 척하면서 원하는 요구를 하라는 것이다. 하지만 이것 역시 상대방을 조종하려는 전술이다. 이러한 전술은 신뢰를 무너뜨리고 합의를 이끌어낼 가능성을 낮춘다.

식사와 선물을 협상에 활용하는 경우도 많다. 고급 레스토랑에서의 식사는 상대방의 태도를 부드럽게 만들고 신세 졌다는 생각을 하게 한다. 일정한 선을 넘지 않으면 이러한 방법도 나쁘지 않다. 그러나 선물을 빌미로 나중에 양보를 요구해서는 안 된다.

까다로운 흥정꾼들은 종종 상대방을 조작하려는 전술을 쓴다. 타이슨푸드Tyson Foods는 러시아 고객이 가장 큰 비중을 차지하는 거대 식품 회사다. 나는 러시아 측의 요청으로 그들과 협상을 하고자 아칸소주의 스프링데일에 간 적이 있다. 당시 타이슨푸드의 임원들은 친절하기는커녕 오히려 적대적이었다. 그들은 견학 명목으로 나를 닭고기 가공 공장으로 데려갔다. 그런데 공교롭게도 그전에 한 임원이 다른 임원에게 "차라리 도축장을 보여줄까?"라고 하자 다른 임원이 맞장구를 치는 대화를 듣게 됐다. 도축장에서 내가 본 것들을 자세하게 설명하지는 않겠다. 그들은 견학이 끝난 후 나를 도축장에 있는 회의실로 데려가 점심을 대접했다. 물론 메뉴는 프라이드치킨이었다. 나는 메슥거리는 속을 참으며 말했다.

"무지 맛있어 보이네요. 잘 먹겠습니다."

그리고 억지로 다른 누구보다 아주 맛있게, 그것도 많은 양의 치킨을 먹었다. 타이슨푸드의 이러한 얕은 전술이 미숙한 협상가는 손쉽게 다룰 수 있었을지는 몰라도 능숙한 협상가에게는 통하지 않는다. 상대방의 나쁜 행동에 대응하려면 지금까지 나온 협상 도구들을 적극 활용하라. 어떤 방법도 통하지 않는다면 차라리 자리를 피하라. 의도적으로 해를 입히려고 하는 상대방 앞에서 샌드백이 될 필요는 없다.

내 스타일의 장단점은 무엇인가?

유쾌한 태도는 대화를 시작하는 좋은 시작점이다. 사람들은 대개 유쾌한 사람에게 잘 양보하는 경향이 있다. 그래서 협상에 임하는 개인의 성향이 끼치는 영향도 고려할 필요가 있다. 성격이 잘 맞는 사람들이 만나면 협상이 순조롭게 흘러간다. 그래서 경우에 따라 가장 무능해 보이는 직원이 협상의 적임자가 될 수도 있다.

대부분의 기업은 가장 직급이 높은 사람을 협상에 내세운다. 하지만 연구 결과 협상에 참가하는 사람의 권한이 강할수록 상대방의 니즈에 주의를 덜 기울이는 것으로 나타났다. 이 말은 파이를 키울 가능성이 그만큼 줄어든다는 것을 의미한다. 사실은 가장 직급이 낮은 사람이 적임자일 수 있다. 참으로 아이러니한 일이 아닐 수 없다.

예전에 플로리다에서 동업자와 함께 의료서비스 회사를 세운 적이 있다. 우리는 남부의 투자자들로부터 수백만 달러를 끌어 모았다. 협상에 대해 가장 잘 아는 전문가는 나였지만, 투자자와의 협상에는 일절 나서지 않았다. 무슨 말을 하던 간에 상대방은 나에 대해 공격적인 뉴요커라는 선입견을 가질 게 뻔했다. 이러한 선입견이 마음에 들지 않았지만 현실을 부정할 수는 없었기에 남부 출신 직원을 협상에 대신 내보내고 뒤에서 조언하는 역할을 맡았다. 물론 투자자들의 잘못된 인식을 바꿔놓고 싶은 마음도 컸지만, 협상에서 중요한 목표는 내 욕심이 아니라 회사의 자금 확보였다.

협상 능력을 개선하는 방법 중 하나는 내가 상대방에게 어떤 인상을 주는지 파악하는 것이다. 때문에 자신과 상대방을 심도 있게 평가

해보는 것은 협상 능력 향상에 도움이 된다. 이를 위해 회사에서 실시하는 인성 평가와 같은 것을 활용해도 좋다. 인성 평가는 당사자의 기분을 상하게 만들려는 것이 아니라 객관적인 정보를 통해 더 좋은 협상가가 되도록 돕기 위한 것이다. 자신에 대한 정보가 많을수록 목표를 달성하는 데 필요한 변화를 효율적으로 이룰 수 있다.

한번은 존슨 앤드 존슨 Johnson&Johnson 본부에서 일하는 160여 명의 임직원을 대상으로 인성 평가를 한 적이 있다. 그 결과 법률 자문이 특히 호전적인 태도를 가진 것으로 나타났다. 우리는 평가 결과를 그대로 공개했다. 얼마 후 법률 자문이 내게 전화를 걸어서 사적인 정보를 공개하는 바람에 자기 이름에 먹칠을 했다고 항의했다. 나는 이미 회사로부터 공개해도 좋다는 허락을 받은 상태였다. 이 사실을 전하자 다른 임원들은 웃으며 말했다.

"그럴 줄 알았어요. 이제 사실이 밝혀졌으니 본인도 깨닫는 게 있을 겁니다."

그들은 법률 자문이 자신의 호전적인 태도를 깨닫기를 바라고 있었다.

이런 경우도 있다. 한 미국 여성이 브라질인 남편과의 이혼 소송 끝에 두 자녀에 대한 양육권을 얻었다. 그러나 남편은 아이들을 납치하다시피 브라질로 데려가버렸다. 미국 여성은 브라질에서 변호사를 구할 돈이 없었으므로 방법은 남편과의 대화를 통한 해결뿐이었다.

나는 우선 그녀에게 자신과 남편의 협상 스타일을 분석해보라고 말했다. 그녀의 평가에 따르면 자신은 순응적이지만 남편은 공격적이었다. 그래서 나는 남편과 직접 상대하지 말라고 조언하고, 그녀와 좋은 관계에 있던 남편 가족과 협상하라고 말했다. 그녀가 남편의 가족들에게 내세울 표준은 아이들은 엄마와 있는 것이 좋다는 점, 법원의 판결을 존중해야 한다는 점, 그리고 갑자기 아이들을 일방적으로 데려가는 것은 나쁜 행동이라는 점이었다. 남편의 가족들은 이 말에 동의했고 결국 아이들을 엄마 곁으로 돌려보내도록 만들었다.

개인적 스타일뿐만 아니라 기업의 스타일을 아는 것도 중요하다. 1997년에 나는 한국 기업인 대우의 중간 간부들을 대상으로 협상 워크숍을 진행했다. 당시 대우는 600억 달러가 넘는 자산에 자동차에서 가전제품까지 다양한 제품을 만드는 대기업이었다. 당시 대우 간부들은 지나치게 순응적이었고, 쉽게 손해를 감수하는 성향이 짙었다. 나는 김우중 회장에게 회사를 키운 창업자의 열정이 간부들에게 전수되지 않은 것 같다는 의견을 전달했다.

김우중 회장은 나의 지적에 경각심을 느끼고 간부들의 협상 능력을 개선하기 위한 교육 프로그램을 시작했다. 그러나 이미 때는 늦었고, 대우는 내리막길을 걷게 됐다. 회사를 움직이는 것은 사람이다. 구성원의 협상 능력이 부족하면 회사가 어려움에 처할 수밖에 없다.

미국에서는 협상 스타일 면에서 성별의 차이가 거의 없다. 여성이 조금 더 협조적이고, 남성이 조금 더 회피적일 뿐이다. 또한 다년간의 연구와 경험을 통해 호전적인 사람은 상대방이 대단히 순응적이지 않는 이상 합의에 이르는 경우가 적다는 사실을 발견했다.

개인적 스타일을 반영하면 각 개인의 개성을 활용하여 뛰어난 협상 팀을 꾸릴 수 있다. 아래 설명을 보고 해당 정도에 따라 상, 중, 하로 자신과 상대방을 평가해보자.

공격적 성향

• 특징 : 상대방을 이용하여 목표를 달성하려 한다. 협상에서 강하게 밀어붙이려는 사람들이 이런 성향에 속한다.

• 주의할 점 : 한발 물러서는 법을 배워야 한다. 핵심은 상대방의 니즈를 감안하면서 자신의 목표를 달성하는 것이다. 상대방의 말에 귀를 기울이고 그들의 가치를 인정하라.

협조적 성향

• 특징 : 보다 창의적인 방식으로 공동의 이익을 추구하여 파이를 키운다. 교환할 수 있는 대상을 찾아서 문제를 해결하며 모든 문제를 잠재적인 기회로 본다.

• 주의할 점 : 신뢰할 수 없는 사람을 상대할 때는 무조건적으로 협조하기보다 점진적으로 접근할 필요가 있다.

절충적 성향

- 특징 : 더 적게 얻는 경우가 많다. 목표에 미달하더라도 만족하기 때문이다. 일이 어떻게 해결되는지가 아니라 일이 얼마나 빠르게 해결되는가에 초점을 맞추고 있으므로 의견 차이가 생기면 절충을 시도한다. 바쁜 사람들이 대개 이러한 경향을 보인다. 협상 과정 중에 가장 먼저 제시된 합리적인 옵션을 선택하고 다음 단계로 넘어가기를 선호한다.

- 주의할 점 : 처음부터 절충하려 하지 말고 모든 수단을 동원한 후에도 여전히 의견 차이가 좁혀지지 않을 때 절충이라는 마지막 카드를 내도록 하라.

회피적 성향

- 특징 : 대개 아무런 목표도 달성하지 못한다. 협상에 적극적으로 참여하지 않고, 갈등을 꺼리기 때문에 더 많이 얻는 것은 고사하고 아무것도 얻지 못할 때가 많다.

- 주의할 점 : 다른 사람과 적극적으로 커뮤니케이션 해야 원하는 것을 더 많이 얻을 수 있다. 상대에게 점진적으로 접근하며 대화하는 것부터 연습하라. 예를 들어 매장에서 무조건 할인을 요구하기보다 혹시 세일을 하는지 물으며 원하는 것을 완곡하게 요구하라.

순응적 성향

- 특징 : 남의 말을 잘 들어준다. 그러나 이런 태도가 지나치면 손

해를 감수하면서 합의를 이루려고 한다.

• 주의할 점 : 표준과 약속에 초점을 맞추고 제3자를 이용해야 한 다. 반대로 순응적이지 않은 사람은 반대로 상대에 대한 기본적 인 정보를 많이 확보해야 효율적인 협상을 할 수 있다. 상대방 에 대하여 정보를 얻지 못하면 목표를 달성하기가 어려워진다.

내 협상법을 배우고 연습할수록 위에서 말한 성향이 극단적으로 나타날 가능성이 줄어든다. 감정적으로 변하는 것 같으면 스스로에 게 핵심적인 질문을 던지며 진정하라. 목표는 무엇인가? 상대방은 어 떤 사람인가? 그들을 설득하는 데 필요한 것은 무엇인가?

윤리적 판단시 주의할 점

윤리는 감정적인 주제다. 협상과 관련된 대부분의 문제가 그렇듯 이 윤리 역시 대개 그때그때 상황의 영향을 받는다. 물론 절대적인 부분도 있지만 생각보다 많지는 않다.

먼저 윤리라는 개념을 정의하고 넘어가자. 윤리는 상대방을 공정 하게 대하기 위한 행동 체계지만, 사실 공정이라는 개념에는 개인의 판단 요소가 개입한다. 또한 윤리의 기준은 문화와 인식에 따라 달라 진다. 법이 일정한 지침 역할을 하지만 대부분의 윤리적 사안은 법이 개입할 수준까지 이르지 않는다. 사람들은 상대방의 행동이 공정하 지 않다고 인식하는 순간 감정적으로 변하고 순식간에 정보를 처리하 는 능력이 감소한다. 그래서 상황이 원래 생각했던 것보다 훨씬 복잡하고 민감하다는 사실을 깨닫지 못한다. 이 경우 아무리 좋은 조건의 협상이라도 실패하기 쉽다.

이스라엘 한 경제 자문은 카자흐스탄의 윤리적 기준이 너무 낮다고 불평했다. 그는 한 예로 1990년대 초 카자흐스탄 지역 공무원들이 뇌물을 요구하는 바람에 이스라엘 정부가 500만 달러를 투자하려던 계획을 철회한 일을 들었다. 그는 단호하게 말했다.

"이스라엘에서 뇌물이란 있을 수 없는 일입니다."

500만 달러는 카자흐스탄 같은 개발도상국에게는 대단히 큰 금액이다. 나는 뇌물을 요구한 12명의 지역 공무원들이 주무부서 소속이었는지 물었다. 그의 대답에 따르면 공무원들은 주무부서에 영향을 끼칠 수 있는 연관부서 소속이었다. 그들이 요구한 뇌물은 6개월에 600달러였다. 전체 투자액에 비하면 거의 1만분의 1에 불과한 금액이었지만 이스라엘 경제 자문에게 원칙은 원칙이었다. 나는 다시 카자흐스탄에서 공무원들이 한 달에 얼마를 버는지 물었다. 그는 12달러라고 대답했다. 결과적으로 12명의 공무원들은 6개월 동안 한 달에 1인당 8달러를 더 벌려고 했던 것이다. 8달러는 월급의 3분의 2에 해당하는 거액이었다. 끝으로 나는 공무원들의 생활수준에 대해 물었다. 경제 자문의 말에 따르면 그들은 근근이 끼니를 이어가는 정도였다.

미국에서도 기업들이 공무원을 임시로 고용하여 허가 절차를 앞당기는 일이 있다. 이는 해외 투자를 유치하는 나라들이 일반적으로 활용하는 합법적인 관행이다. 나는 이스라엘 경제 자문에게 카자흐스탄 공무원들이 뇌물을 요구한 이유는 정당한 일거리를 요구하는 방법을 몰랐기 때문이라고 설명했다. 그는 당황하는 모습을 보이며 자신과 이스라엘 정부가 실수를 저질렀음을 인정했다.

윤리와 관련하여 보다 일반적인 사례를 살펴보자. 면접을 보는 자리에서, 다른 곳에서 일자리 제의를 받았느냐는 면접관의 질문을 받는다. 없다고 대답하면 실력이 없어 보여 일자리 제의를 받지 못할까봐 거짓말을 하고 싶은 충동을 느낄 것이다. 하지만 그럴 필요가 없다. "적극적으로 찾으면 기회는 많은 것 같습니다"라고 말하면 되니까. 이 말은 거짓이 아니다. 면접관의 질문이 보다 구체적이면 어떻게 해야 할까? 가령 면접관이 "지난 여름에 모건 스탠리Morgen Stanley에서 인턴으로 일할 때 일자리 제의를 받았습니까?"라고 물었다고 가정하자. 제의를 받지 않았다면 미리 대답할 말을 준비하라. 이때 적절한 프레이밍이 필요하다. 일자리 제의를 받지 못한 이유가 실력이 부족해서였는가? 아니면 다른 이유가 있는가? 모건 스탠리가 성향상 맞지 않았을 수도 있다. 그러면 당신이 면접을 보는 회사와 더 잘 맞는다는 식으로 그를 설득해야 한다. 혹은 모건 스탠리의 기준과 당신이 면접을 보는 회사의 기준이 다르다는 점을 설명할 수도 있다. 이처럼 불리한 내용이라고 해도 거짓으로 둘러대지 않고 얼마든지 효과적으로 설득할 수 있다.

문화적
차이

미국으로 이민 온 지 얼마 안 된 중국계 초등학생이 팔에 피를 흘리며 등교했다. 상처를 본 간호사는 아동학대를 당했다는 생각에 서둘러 경찰을 불렀다. 그러나 그것은 그녀의 오해였다. 중국에서는 아이들이 감기에 걸리면 팔에 상처를 내서 악귀를 쫓아내야 한다고 믿기 때문이다. 하지만 미국에서 사는 한 이러한 오해가 생기지 않도록 하는 것이 필요하고 이를 그 부모에게 잘 설명해야만 한다. 그리고 이를 부모가 납득하려면 두 나라의 문화에 대해 잘 알면서 중국계 사회에서 존경받는 사람이 설명하는 것이 좋다. 이를테면 미국에서 오래 산 중국계 의사 같은 사람 말이다. 그런 사람이라면 두 나라의 문화적 차이를 잘 설명하고 보다 효과가 탁월한 방법을 권할 수 있을 것이다.

이 사례는 다른 문화권에서 온 사람을 상대할 때 생길 수 있는 문제점과 적절한 대응법이 무엇인지에 대해 시사하고 있다. 현대 사회에서 다른 문화권에서 온 사람 혹은 자신과 다른 사람을 상대하는 능력은 성공의 중요한 요소가 되었다. 세상은 점점 작아지고 있으며, 서로 다른 환경에서 자란 사람들이 만나는 일은 더이상 낯선 풍경이 아니다. 그러나 많은 사람들이 여전히 '차이'의 진정한 의미가 무엇이며, 이로 인해 문제가 발생했을 때 어떻게 대응해야 할지 잘 모르고 있다. 그래서 좋은 여건에서 시작된 협상이 종국에는 실패하고, 개인과 국가가 갈등을 빚는 일이 매일같이 벌어지고 있는 것이다. 이 문제를 해결하려면 먼저 차이와 다양성 그리고 문화의 진정한 의미를 이해해야 한다.

다양성에 관한 숱한 오해들

같은 회사에서 일하는 흑인 직원과 백인 직원, 혹은 라이벌 갱단에 속한 두 백인 소년 중 어느 쪽이 서로 간의 차이를 더 느낄까? 겉으로 봐서는 흑인 직원과 백인 직원 사이에 간극이 더 커 보이지만, 실은 라이벌 갱단에 속한 두 백인 소년 사이의 간극이 더 크다. 이들은 호시탐탐 서로를 죽이려 들기 때문이다. 다시 말해서 인종은 우리가 일반적으로 생각하는 것처럼 차이를 결정짓는 중요한 요소가 아니라는 뜻이다.

그렇다면 이스라엘의 중산층 유대인 가족과 이집트의 중산층 아랍인 가족, 혹은 이스라엘의 중산층 유대인 가족과 이스라엘 총리를 살해한 극우파 유대인 중에 어느 쪽이 서로 간의 차이를 크게 느낄까? 당연히 전자보다 후자가 정서적인 면에서 차이를 훨씬 크게 느낀다. 즉 종교 역시 우리의 일반적인 생각처럼 차이를 낳는 중요한 요소는 아니다. 다양성은 인종, 종교, 언어, 음식, 의복, 음악, 성별, 국적, 나이, 직업 같은 외적 요소의 차이에서 오는 것이 아니라 자신의 정체성에 기인한다. 물론 외적인 요소에 의해 정체성이 형성되기도 하지만 그런 경우는 생각보다 많지 않다. 다양성을 다룬 책이 많지만 그중 다수는 대부분 틀렸다고 해도 과언이 아니다. 정작 사람들은 그 책에서 말하는 것과 전혀 다르게 살아가고 있다. 때문에 협상에서 상대방을 설득하려면 외적 요소의 동질성보다 심리적 연대감을 이루는 게 훨씬 중요하다.

내가 말하는 문화란, 사람들이 자신의 정체성을 구현하는 토대가 되는 연대감이다. 한 기업에 속해 있다고 해도 생산 부서와 마케팅 부서는 완전히 다른 문화 속에서 일하고 있다고 볼 수 있다. 뉴욕 출신과 LA출신, 석유 에너지 지지자와 태양 에너지 지지자, 회계사와

엔지니어, 클럽 회원과 비회원도 마찬가지다. 이런 문화적 차이는 서로에 대한 인식과 서로를 대하는 방식에 커다란 영향을 미친다.

따라서 협상을 할 때는 먼저 상대방이 어느 문화에 소속감을 갖고 있는지 파악해야 한다. 가령 1920~1940년대 유럽에서 살았던 사람들은 영어, 독일어, 이탈리아어, 프랑스어 등 각각 다른 언어를 썼지만 지금의 뉴욕 시민들보다 더 많은 공통점을 가지고 있었다.

다음은 미국의 한 유력 신문의 헤드라인이다.

'남미 출신들의 로비 활동이 여전히 부진하다.'

이 문장은 명백한 오류다. 마치 남미 출신인 미국 이민자 수천만 명이 모두 같은 문화권에 속한 것처럼 말하고 있지 않은가. 현실은 영 다른데 말이다. 남미 출신 이민자 중에는 의사, 변호사, 회계사, 엔지니어, 스페인어 사용자, 프랑스어 사용자, 민주당 지지자, 공화당 지지자 등이 모두 포함된다. 출신지도 제각각이다. 그러나 앞서 말한 신문은 이들을 남미 출신이라는 단일 집단으로 치부하고 있다. 바로 이러한 시각이 편견과 차별을 낳게 된다. 설령 헤드라인이 '남미 출신들의 로비 활동이 활발하다'는 긍정적인 의미였어도, 여전히 이 문장은 오류다.

모든 이슬람교도가 같은 문화권에 속한다는 생각 역시 잘못된 생각이다. 이슬람교도들은 다양한 종파와 국적을 가지고 있다. 그래서 이라크의 시아파와 수니파처럼 그들끼리 서로 전쟁을 벌이기도 하며, 미국을 좋아하는 사람들도 있고 싫어하는 사람들도 있다.

반복건대 문화적 차이는 서로의 의식이 가지는 차이다. 그래서 인종이나 종교 혹은 성별보다 고유의 가치관 즉 지금까지 살아오면서 받은 영향, 세계관, 희망사항 혹은 우려 등과 더 깊은 관계가 있다. 따라서 상대방의 머릿속 그림을 알기 전에는 진정한 차이를 알 수 없다.

컨설턴트인 타티아나 폴리에프토바Tatiana Polievktova는 내 협상 워크숍에 참여한 적 있는 러시아인이다. 그녀는 아들이 숙제를 하지 않으려고 해 고민이 많았다. 마침 당시 참석했던 내 협상 워크숍에서 배운 내용을 참고하여, 아들에게 숙제를 다 마치면 상을 주겠다고 했다. 그러나 그러기 위해서는 먼저 아들이 원하는 것을 파악한 후, 큰 단계에서 세부 단계로 점진적으로 접근해야 했다. 결과적으로 두 사람은 서로가 만족하는 합의를 이끌어냈다.

타티아나가 직면했던 문제는 아이를 키우는 부모라면 누구나 한 번쯤 겪는 보편적인 것이며, 그녀는 다른 나라의 부모와 같은 방식으로 문제를 해결했다. 그녀가 러시아에 살고 있으며 영어를 못한다고 해서 미국에 사는 여느 부모들과 문제 해결 방식이 달랐던 게 아니다. 그런 의미에서 그녀는 자녀를 둔 세계의 모든 부모와 강한 문화적 연대감을 갖고 있다고 말할 수 있다. 즉 그녀가 러시아인이라는 사실은 그녀의 정체성을 구성하는 핵심 요소가 아닐 수도 있다는 뜻이다. 그러니 만약 그녀와 협상을 하게 된다면 이러한 부분을 먼저 고려해야 한다.

상대방을 잘 알지도 못하면서 지연이나 학연만 앞세우는 사람들이 있다. 같은 지역이나 학교 출신이라고 해서 공통점이 늘어나는 것은 아니다. 협상에서 피상적 공통점에 의존해서는 안 된다. 진정한 공통점을 찾아내려면 실로 많은 노력이 필요하다. 단순하게 지연이나 학연에 의존하는 것은 쉽게 성과를 얻으려는 안일한 태도다.

이러한 문화의 개념을 확장시키면 다양화된 현대 사회에 적응하는 데 도움이 된다. 한 예로 세바스찬 루벤스 이 로호_{Sebastian Rubens y Rojo}는 집에서 파티를 열 때마다 시끄러워 못 견디겠다며 항의하는 이웃 남자와 갈등을 겪었다. 결국 세바스찬은 이 문제를 직접 그와 해결하기로 마음먹었다. 이웃은 성실하고 조용한 중년 신사였다. 그러니 시끌벅적한 파티를 즐기는 학생인 세바스찬과 입장이 다를 수밖에 없었다. 세바스찬은 서로의 문화가 다르다는 점을 설명하고 정중하게 이해를 구했고 결국 두 사람은 몇 가지 규칙을 정하는 것으로 원만하게 합의를 보았다. 덕분에 세바스찬은 계속 파티를 열고 탱고를 출 수 있었다.

세상에는 미국인을 싫어하는 사람들이 있다. 하지만 그들이 3억 명의 미국인 전부를 싫어하는 것은 아니다. 미국인이라고 해서 모두 똑같지 않기 때문이다. 미국에 사는 사람들 중에는 자신의 정체성을 미국인이 아닌, 채식주의자나 환경주의자로 규정하는 사람들도 많다.

상대방이 속한 문화에 대한 일반론은 문제 해결의 출발점이 될 수 있지만 구체적인 협상에 대한 답을 주지는 못한다. 상대방의 머릿속 그림을 이해하지 못하면 여전히 미궁 속을 헤맬 뿐이다. 일반론에 근거한 예상은 완전히 잘못된 접근법으로 이어질 수 있으므로 위험할 수 있다.

다음 표는 9·11테러 이후 와튼스쿨에 다니는 열일곱 명의 임원을 대상으로 실시한 설문 결과다.

모든 항목에 '그렇다'라고 대답한 사람도 있었다. 굵직한 대기업을 다니는 중역 임원들도 편견과 고정관념에서 자유롭지 못하단 뜻이다. 나는 '그렇다'라고 대답한 사람들에게 질문했다.

"어떤 점에서 그러한지, 구체적인 증거를 댈 수 있습니까? 실례된 질문일지 모르겠지만, 혹시 특정 문화권에 속한 분과 잠자리를 해본 후 얻은 결론이신지요?"

그는 아무 대답도 하지 못했다.

다음 항목은 유효한가?	YES	NO
특정 인종은 스포츠에 뛰어나다	9	8
특정 인종은 유별난 체취를 지닌다	5	12
특정 문화는 춤을 잘 춘다	4	13
특정 문화는 잠자리에 더 능숙하다	4	13
특정 문화는 신뢰성이 부족하다	7	10
정통 유대인은 목욕을 잘 하지 않는다	1	16
대부분의 무슬림은 미국에 대한 복수심을 갖고 있다	2	15

한번은 백인우월주의자들과 대화한 적이 있었다. 그들에게 백인과 흑인 사이에 진정한 문화적 차이가 있는지 아니면 단지 피부색의 차이만 있는지 표준에 대한 질문을 이어갔다. 당연히 그들은 흑인과 진정한 문화적 차이가 있다고 말했다. 나는 다시 그들에게 재즈를 좋아하는지 물었고 모두 좋아한다고 말했다.

"재즈는 흑인 문화에서 나온 음악입니다. 그러면 여러분도 흑인들과 같은 문화적 취향을 지닌 건가요?"

"절대 아닙니다."

그들은 강하게 부정했다.

"그렇다면 단지 그들과 피부색만 다른 겁니까?"

"······"

말문이 막힌 그들은 그것은 단순한 사례일 뿐이라며 부정했다.

"좋습니다. 그러면 여러분은 옥수수죽을 좋아하시나요?"

"물론 좋아합니다."

"이것 참 유감이군요. 옥수수죽은 흑인 노예들이 먹던 전통적인 음식인데, 그럼 흑인들 문화와 아주 가까운 셈이네요. 제 눈엔 여러분이 흑인과 아주 공통점이 많아 보입니다."

결국 그들은 아무 말도 하지 못했다.

고정관념의 뿌리

문화적 고정관념은 어디서 나온 것일까? 그 뿌리는 단순한 무지일 수도 있고, 일종의 두려움일 수도 있다. 사실 고정관념은 인류의 역사가 시작되었을 때부터 존재해왔다. 먼 옛날에는 가족과 부락의 보호가 생존의 절대적인 요소였다. 그래서 나와 비슷한 사람들은 안전하고 낯선 사람들은 위험하다는 인식이 생겨난 것이다. 생김새는 물론 언어 그리고 행동이 다른 사람들은 적으로 간주되었다. 정작 중요한 머릿속 그림은 전혀 고려되지 않은 것이다. 오히려 같은 혈족 내에서 나와 완전히 다른 생각을 가진 이들이 존재할지도 모르는데 말이다.

먼저 '그들'이라고 지칭하는 사람들에 대한 일반론은 틀렸다는 원칙에서 출발하라. 저마다 다른 인식을 가진 '사람'이 있을 뿐이다. 협상은 다양한 인식과 관점의 바다에서 대어를 낚는 일이다. 상대방의 입장이 되어보는 것도 고정관념을 극복하는 데 도움이 된다. 가령 마케팅 부서와 생산 부서에 속한 사람들, 혹은 간부와 사원들이 며칠 동안 서로 역할을 바꾸어볼 수 있다. 일부 현명한 기업들은 실제로 이와 같은 역할 전환을 실시한다. 그러면 불신과 의사소통 문제를 해소하고 팀워크와 생산성을 높일 수 있다. 종종 역할 전환을 통해 다른 부서의 사람들끼리 문화가 얼마나 다른지 실감하게 되는 경우가 많다.

미국 기업인과 페루 기업인이 리마에서 한 시간 동안 점심을 함께 먹는다고 가정하자. 페루 기업인은 55분 동안 미국 기업인에게 가족과 친구 그리고 취미에 대해 묻는다. 미국 기업인은 사업 이야기는 꺼내지도 않는 페루 기업인을 이상하게 생각한다. 그러나 페루 기업인에게는 개인적인 대화 역시 비즈니스의 일환이다. 자신과 가족의 인생이 걸린 사업을 상대방의 손에 맡기기 전에, 과연 그가 신뢰할 수 있는 사람인지 알아야 하기 때문이다. 신뢰성 여부는 대부분의 국가에서 대단히 중요한 의미를 지닌다. 반면 대부분의 미국인들은 개인적인 질문 자체를 꺼리며 인간관계보다 계약에 집중한다. 이러한 성향은 다른 나라 사람들과 협상하는 과정에서 종종 문제를 일으키기도 한다. 심지어 이 문제에 대한 연구 결과도 있다. 미국 기업인들은 종종 '바로 본론으로 들어갑시다.'라는 표현을 쓰는데, 이런 태도는 다른 문화권에 속한 사람들에게 무례하게 보이기 십상이다.

메트라이프MetLife 역시 한국 자회사와의 관계에서 비슷한 경험을 했다. 자회사 직원들은 본사가 제시한 새로운 업무 플랫폼을 받아들이지 않으려 했다. 본사 담당자인 존 라오John Rao는 그들이 비용 절감이나 효율성보다 신뢰를 더 중시한다는 사실을 깨달았다. 그들은 누군가 이 문제에 대해 상세하게 설명해주고 업무에 있어 일정한 자율권을 부여해주기를 원했다.

바스프BASF 미국 지사에서 일하는 마이크 갤러거Mike Gallagher는 상품 배송을 나흘이나 지연시킨 독일 공장 담당자와 크게 다투었다. 이미 고객이 주문을 취소했음에도 불구하고, 공장에서는 반품조차 받으려 하지 않았기 때문이다. 그러나 알고 보니 독일 공장 담당자의 심기가 불편해진 1차적 원인은, 미국에서 예정에 없던 주문을 넣어서 그들의 생산 일정에 차질을 빚은 것이었다. 독일인들은 미국인들이 체계 없이 주먹구구식으로 일한다고 생각했던 것이다. 예정에 없던 주문을 받은 것만으로도 그들 입장에선 한발 양보한 것이라고 생각하고 있었는데 미국 측에서 비난을 하니 발끈한 것이다. 결국 마이크는 문제의 근원이 전체 프로세스와 의사소통에 있다는 사실을 깨달았다.

NYU에서 내 협상론 강의를 들은 이고르오 예렐리브Igor Ojereliev는 "세상이 갈수록 작아지면서, 다른 문화권에 속한 사람들과 협상하는 일이 잦아지고 있습니다. 그럴수록 문화에 따라 공정성과 적절성에 대한 기준이 다르다는 사실을 명심해야 합니다."라고 했다. 그는 협상론 강의를 통해 중국 노점상에게 물건을 살 때는 꼭 가격을 흥정해야 하며, 이집트에서는 느긋하게 보여야 택시 기사들이 터무니없이 비싼 요금을 부르지 않는다는 사실을 배웠다.

차 이 가 낳 는 성 공 의 열 쇠

문화적 차이를 좁히는 첫 번째 단계는 효율적인 의사소통이다. 그러기 위해서는 상대방이 보내는 신호를 제대로 이해해야 한다. 특히 상대방이 다른 문화권으로부터 건너왔을 때는 더욱 그렇다. 상대방이 관계와 관련된 신호를 보내는 것은 당신이 신뢰할 수 있는 사람인지 알고 싶다는 뜻이다. 상대방이 비즈니스와 관계없는 대화를 시도하는 것은 당신을 개인적으로 알기 위해 노력하는 것이다.

제약회사인 워너 램버트Warner Lambert에서 일하는 크리스틴 파너Christine Farner는 2억 7,500만 달러를 투입하는 공장 건설 문제를 협의하기 위해 아일랜드의 카운티 코크로 갔다. 그녀가 막 도착했을 때, 지역 위원회의 반응은 냉담했다. 크리스틴은 협상론 강의에서 배운 내용을 떠올리고, 위원들과 함께 저녁식사를 하며 서로에 대해 알아가는 시간을 가졌다. 그 결과 그녀의 기대대로 저녁식사가 끝날 무렵 모두가 공장 건설을 위해 노력하기로 의기투합했다.

두 번째 단계는 차이를 공개적으로 인정하는 것이다. 사람들은 솔직한 사람을 좋아하기 마련이다. 설령 여전히 모르는 부분이 있어도 이를 솔직히 인정하고 지금부터 배우겠다고 말하는 것이 중요하다. 차이를 인정했다면 작은 일에서부터 공감대 형성을 시도하라. 레스토랑에서 어디에 앉을지, 어떤 음료를 주문할지 같은 지극히 사소한 문제라도 상관없다. 상대방의 문화에 대한 호기심을 갖고 진지하게 대화를 나누어라.

아서 앤더슨Arthur Anderson에서 일한 도나 패럴Donna Farrell은 자신이 젊은 여성이라는 이유로 고객들에게 무시당하는 경우가 종종 생긴다는 사실을 깨달았다. 고객들은 가끔 그녀의 능력을 과소평가하면서 더 경험이 많은 컨설턴트로 교체해달라고 회사에 요구하기도 했다. 도나는 그들이 남성 컨설턴트를 원할지도 모른다고 생각했다. 정면대응을 선택한 그녀는 유머를 섞어서 성별과 나이에 대한 고객의 인식을 인정하고 넘어갔다.

"제가 여자라서 무게감이 없어 보일 수도 있습니다. 경험도 부족하고 나이도 어리지만 여러분께 잘 보이고 싶네요. 그래서 요즘엔 나이든 남자처럼 지하철에서 다리도 벌리고 앉는답니다."

결국 고객들은 그녀의 노력을 인정하고 그녀와 인간적인 관계를 맺기 시작했다.

도나의 사례는 다음과 같은 중요한 문제를 제기한다.

• 사람들은 정말 자신과 비슷한 사람을 원하는가?
• 로마에 갔으면 로마인처럼 행동해야 하는가?

위 질문에 대한 올바른 대답은 모두 'No'다. 사람들이 기대하는 건 사람들이 자신과 비슷해지는 게 아니다. 그들 역시 사람들이 자신과는 다르다는 사실을 안다. 그들이 기대하는 것은 겸손한 태도다. 여기에는 작지만 매우 중요한 차이가 있다.

나는 중국에 가도 원숭이 뇌를 먹지 않는다. 오히려 나만의 특별한 식단을 요구한다. 대부분 상대방은 이런 내 요구를 기분나빠 하지 않고 기꺼이 들어준다. 식사 대접은 원래 손님을 만족시키기 위한 것이라는 걸 그들도 잘 알고 있기 때문이다.

문화적 피로Cultural Fatigue는 사회학적인 의미뿐만 아니라 의학적 의미도 함께 내포하고 있다. 문화적 피로란 다른 문화권에 적응하려 할 때 생기는 피로를 말한다. 장시간 현지인과 동화되려고 노력하다보면 누구나 정신적으로나 육체적으로 지치기 마련이다. 문화적 피로는 정부와 기업의 중요한 해외 파견이 실패하는 주요 원인이 되기도 한다. 그렇다면 이 문제를 해결하는 방법은 뭘까? 그것은 현지에 적응을 더 잘하도록 노력하는 것이 아니라 반대로 자신의 본래 모습을 잃지 않는 것이다. 자신의 모습을 유지하면서도 얼마든지 외국어를 배우고 마음에 드는 풍습을 받아들일 수 있다. 억지로 현지 사람들과 비슷해지려고 하면 역효과만 부를 뿐이다. 차이에는 다 나름의 의미가 있다. 차이는 도리어 더 큰 가치를 더해준다.

나는 상대방이 짜증 섞인 말투로 "우리는 서로 다르군요."라고 말하면 오히려 반색하며 이렇게 응수한다.

"정말인가요? 그거 참 잘 된 일입니다."

동질성보다 차이가 더 많은 혜택을 가져다준다. 의견이 달라야 더 큰 가치를 얻을 수 있다. 비록 초반에는 서로 감정이 상하고 시행착오를 겪더라도 새로운 것을 시험하는 산만한 과정, 격렬한 의견 대립, 다양한 아이디어의 조합은 결국 뛰어난 결과로 이어지는 경우가 많다.

따라서 상대방이 나와 다른 인식과 해결책을 가지는 것은 나쁜 게 아니다. 그들과 논의를 통해 목표를 설정하고, 약속을 받아내고, 서

① EFFECTIVE COMMUNICATION
② ADMITTING OPENLY THE DIFFERENCES

로의 가치를 발견하는 일에 집중하면 원하는 것을 얻을 수 있다. 연구 결과도 이러한 사실을 뒷받침한다. 미국의 대표적인 대도시인 뉴욕, LA, 샌프란시스코는 문화적 다양성이 가장 풍부한 곳이다. 연구 결과 다양성이 10퍼센트 향상될 때, 기존 인구의 순수입이 15퍼센트 늘어나는 것으로 나타났다. 실리콘 밸리가 다양성을 받아들이는 문화가 발달된 샌프란시스코 외곽에 형성된 것은 결코 우연이 아니다.

다양성이 효과를 발휘하려면 환경의 뒷받침이 필요하다. 차이를 적극적으로 받아들일수록 경제적 혜택도 커진다. 반대로 차이를 제대로 활용하지 못하면 경제적 비용이 발생한다. 연구 결과에 따르면, 구성원들의 아이디어와 인식의 다양성을 수용하지 못하는 기업은 이직률이 높고 생산성과 수익이 낮은 걸로 나왔다. 임직원이 2천 명인 기업의 높은 이직률에 따른 손실 비용은 연간 500만 달러로 나타났다. 그만큼 차이를 인정하지 않으면 치러야 할 대가가 크다는 얘기다.

창의성은 서로 다른 인식과 경험의 충돌에서 나온다. 창의적인 사람들은 다양한 경험과 능력을 십분 활용하여 반짝이는 아이디어를 만들어낸다. 다양한 인식을 가진 사람들이 모인 집단이 비슷한 인식을 가진 사람들이 모인 집단보다 세 배나 많은 해결책을 제시한다는 연구 결과도 있다.

중요한 것은 인식의 다양성이다. 많은 기업들이 단지 피상적으로 조건이 다른 구성원들을 모집해놓고, 다양성을 추구하는 기업이라고 자신들을 추켜세운다. 하지만 구성원들 각자의 인식이 다르지 않다면, 실제로는 동일한 사고 집단에 불과하다.

다양성의 힘이 얼마나 큰지를 보여주는 사례를 하나 살펴보자. 일을 하면서 내게 가장 큰 보람을 안겨준 경험이었다.

1990년 3천 명의 볼리비아 농부들을 설득하여 그들이 재배해오던 코카인의 원료인 코카 대신 바나나를 재배하게 한 적이 있다. 이 프로젝트는 당시 마약 퇴치 운동을 지원하던 볼리비아의 미국 대사인 도나 히낙Donna Hrinak의 요청으로 시작되었다. 우리는 남미의 농업 시장을 분석한 후, 고급 바나나의 공급이 충분하지 않다는 사실을 파악했다. 그리고 농부들이 코카가 아닌 바나나를 재배하면 더 많은 돈을 벌 것이라는 결론을 내렸다.

우리는 우선 100명의 농부들을 설득하는 일부터 시작했다. 처음 협상을 할 때는 한창 더운 1월의 밤이었다. 우리는 정글 한복판에 있는 마을 공터에서 만났다. 컴퓨터 화면의 불빛 외에는 사방이 어둠에 잠겨 있는 시각이었고 어디선가 짐승들이 울어대는 소리도 들렸다. 영어를 쓰는 사람은 오직 나와 통역사뿐이었으며, 지역 방언을 쓰는 농부들은 모두 누더기를 걸친 채 우리를 마치 외계인 바라보듯 쳐다보고 있었다. 그 중에는 마치 영양실조에 걸린 것처럼 퀭한 모습을 보이는 이들도 많았다. 그들의 아이들은 오두막 2층에서 이 광경을 내려다보고 있었다.

나는 의도적으로 말끔한 정장을 갖춰 입고 통역을 거쳐 이렇게 말했다.

"보시다시피, 저는 여러분과 많이 다릅니다. 여러분과 다른 옷을 입고, 다른 말을 쓰며 생김새도 다르지요. 이곳까지 오는 데 든 비행기 값은 아마 여러분이 일 년 동안 버는 돈보다도 많을 겁니다. 하지만 우리는 공통점도 가지고 있습니다. 우리는 모두 가족이 더 나은 삶을 살기를 바라는 가장들이지요. 여러분에게는 땅과 노동력이 있고 저희에게는 자본과 기술이 있습니다. 우리가 함께 노력한다면 분명히 지금보다 훨씬 더 나은 삶을 살 수 있습니다."

곧 농부들은 정부에 대해 가진 불만과 의료 및 교육에 대한 관심을 털어놓았다. 나는 이러한 꿈을 이루려면 모든 사람의 약속이 필요하다고 힘주어 말했다.

그날 밤 나는 농부들과 함께 오랜 시간 동안 계약 조건을 협상했다. 통역사는 내가 정리한 합의 내용을 모두 스페인어로 옮겼다. 그곳에 있던 많은 농부들은 글을 읽지는 못했지만 결코 바보가 아니었다. 그들은 합의 내용에 대해 중요한 질문을 던졌고 구체적인 조건을 꼼꼼히 따졌다. 계약은 뉴욕 주 법을 따랐으며, 우리는 각 항목을 세심하게 검토했다. 우리는 농기구, 운송, 마케팅, 기술, 농약에 대한 투자를 약속했고 농부들은 판매 가격을 보장받는 대신 정해진 생산량을 달성해야 했다. 그들은 얼마 후 내가 데려올 전문가들의 도움을 받아 세계적인 품질의 바나나를 재배하겠다고 약속했다.

나는 처음 몇 주 동안은 코카를 기를 때보다 수입이 적겠지만, 장기적으로는 더 많은 돈을 벌게 될 것이라고 강조했다. 그리고 다시 한번 약속을 지켜달라고 요청했다. 협상은 새벽이 되어서야 끝났다. 마을에는 계약서를 출력할 수단이 없었다. 그래서 스페인어를 아는 두 명의 농부가 나와 같이 350킬로미터 떨어진 산타크루즈까지 가서 계약서에 서명을 했다.

그 후 수년 동안 우리의 계약은 시간과 거리의 한계를 이겨내며 굳건히 지켜졌다. 사전에 서로의 차이를 인정한 후 충분히 논의하고 협력할 방법을 찾은 덕분이었다. 그들과 우리의 문화는 완전히 달랐지만, 목표는 똑같았다. 우리의 계약은 인간적인 약속의 바탕 위에 굳건하게 맺어진 것이었다.

이처럼 출발은 좋았지만, 장기적으로 이어가기에는 뭔가 충분하지 않았다. 그래서 나는 자주 볼리비아로 가서 농부들이 사는 모습을 관찰했다. 바나나 재배 프로젝트를 후원한 미국 정부와 볼리비아 정부는 농부들이 수익금을 은행에 저축하기를 원했다. 코카를 재배할 때, 마약 경제의 특성상 현금에만 의존하던 그들의 습관을 고쳐주기 위한 것이었다. 그래서 나는 대행사를 통해 산타크루즈의 은행에 농부들을 위한 계좌를 만들었다. 그리고 농부들에게 더 많은 혜택을 주고 싶었고, 볼리비아에서 제일 좋은 은행인 시티뱅크에 기업용 계좌를 열 수 있도록 내가 아는 인맥을 총동원했다. 그들은 난생처음 호화로운 은행의 카펫을 밟았으며, 분명 마을로 돌아가 그 경험에 대해 사람들에게 자랑스럽게 얘기했을 것이다.

시간이 지날수록 프로젝트에 참여하는 농부들이 빠르게 늘어났다. 6개월 후에는 정글 전역에서 무려 3천 명의 농부들이 참여했다. 프로젝트는 전국적인 유명세를 탔다. 일부 코카 재배자들의 항의는 바나나 재배로 전향하는 농부들의 숫자에 금세 묻혀버렸다.

그런데 가장 큰 문제가 있었으니, 그것은 바로 상품인 바나나였다. 마을에 심은 바나나는 잎을 검게 만드는 진균류에 약했다. 진균류 때문에 잎이 늘어지면 직사광선을 받게 되고, 직사광선을 받은 바나나는 결국 팔 수 없는 상태가 된다. 매일 농약을 뿌려야 했지만, 350킬로미터나 떨어진 산타크루즈에서 농약을 뿌리는 소형 비행기를 가져올 비용을 감당할 수 없었다. 결국 바나나 프로젝트는 초반부터 난관에 부딪히고 말았다.

다행히 마을 근처에는 작은 군사용 공항이 하나 있었다. 그 공항을 이용할 수 있다면 비용을 크게 줄일 수 있었다. 공항은 미군과 볼리비아군의 공동 소유였다. 지난 20년 동안 그들은 공항을 이용하게 해달라는 농부들의 요청을 줄곧 거절해왔다.

나는 내가 가진 협상 도구를 총동원해서라도 꼭 그들과 담판을 짓겠다고 굳게 결심했고 가장 먼저 마약 문제를 다루는 국무부, 법무부, 재무부에 편지를 썼다. 편지에는 마약 거래를 근절시킨다는 목표에 부합하는 구체적인 행동을 보여달라고 요청했다. 이 요청은 그들의 표준을 활용한 것이었다. 덧붙여 이렇게 썼다.

'농부들이 공항을 이용하는 것에 협조하지 않는 것은 미국 정부가 그들의 마약 거래를 지원하는 것과 같습니다. 우리가 마약 퇴치를 위해 노력한다는 것을 말이 아닌 행동으로 보여주려면 기꺼이 농부들을

도와야 하지 않겠습니까?'

볼리비아 정부에도 적임자를 거쳐 같은 요청의 편지를 전달했다.

한편, 미국 측 마케팅 컨설턴트인 알렉사 선드버그Alexa Sundberg와 볼리비아 경제학자인 안드레스 주다Andres Judah는 나와 함께 정치계와 언론계에 도움을 요청했다.

이러한 다각적인 노력 덕분에 마침내 공항이 농부들에게 개방되었다. 미국 정부와 볼리비아 정부는 따로 10만 달러를 들여서 전용 활주로까지 만들어주었다. 우리는 에콰도르에서 더 좋은 품종의 바나나를 도입하고 새로운 냉동 설비와 세척 설비도 갖추게 되었으며 안데안 골드Andean Gold라는 브랜드로 아르헨티나의 식품 매장에 자리를 잡고 세계적인 브랜드와 경쟁하며 높은 가격에 팔려나갔다.

한번은 프로젝트를 시작한 지 몇 개월 후 일시적으로 바나나 가격이 하락한 적이 있었다. 나는 그 달은 적자를 면할 길이 없겠다며 낙담하고 있었다. 그런데 회계 보고서를 보니 여전히 흑자 상태였다. 놀란 나는 볼리비아의 회계 담당에게 전화를 걸어서 어찌된 일인지 물었다.

"농부들이 적자를 피하려고 주도적으로 판매가를 낮췄답니다."

외관상으로 볼 때 나와 농부들 사이에는 아무런 공통점이 없다. 나는 그들의 언어를 전혀 몰랐고, 그들의 풍습에 여전히 낯설다. 하지만 우리는 시간과 공간 그리고 문화의 벽을 뛰어넘어 인간적인 연대를 가진 관계가 됐고 서로가 원하는 것을 얻을 수 있었다.

편견을 역이용하는 법

차이를 더 큰 가치로 키우는 핵심은 다른 문화권에서 온 사람들과 의사소통하는 방식에 있다. 그들의 행동을 이해하는 방식, 그들의 인식에 대해 질문하는 방식이 중요하다. 다른 사람들이 모두 나와 똑같이 세상을 인식할 것이라는 생각은 갈등을 초래하는 주범이다.

이 문제와 관련하여 흥미로운 연구가 진행된 적이 있다. 대학 캠퍼스에서 진행된 이 연구는 웃음에 대한 인식의 차이를 살피기 위한 것이었다. 관찰 결과, 미국인 학생들은 복도에서 마주쳤을 때 서로 모르는 사이라 해도 미소를 지었다. 그러나 한국인 학생들은 미소를 짓지 않았다. 한국인 학생들은 낯선 사람에게도 미소를 짓는 미국인 학생들의 태도를 가식적으로 여겼다. 반면 미국인 학생들은 한국인 학생들이 무뚝뚝하다고 생각했다. 한편 아랍계 학생들은 낯선 사람의 미소를 불쾌하게 받아들였다. 그들은 자신을 보고 비웃는다고 생각한 것인데, 실제로 아랍 문화에서는 낯선 사람의 웃음을 부정적으로 해석했다. 그래서 아랍계 학생들은 누군가 자신을 보고 미소를 지으면, 급히 화장실로 가서 얼굴에 뭐가 묻었는지 살핀다고 했다.

작은 미소 하나도 이렇게 많은 오해를 불러일으키는 세상인데, 복잡하고 감정적인 협상에서 오가는 말들 속에 얼마나 많은 오해가 도사리고 있겠는가. 여러 문화 사이에 발생하는 문제를 해결하는 열쇠는 상대방의 머릿속 그림에서 출발한다. 아무리 그 그림이 형이상학적이고 복잡하더라도 말이다.

나와 상대와의 머나먼 문화적 차이를 거쳐 상대방을 내 편으로 끌어들이려면 서로를 이해하는 분명한 시각적 인식이 필요하다. 그들로 하여금 눈과 마음을 활짝 열어 내 머릿속 그림을 생생하게 볼 수 있도록 배려하라. 경험하지 않으면 인식을 바꾸기 어렵다. 그래서 역할 전환을 강조하는 것이다. 대부분의 사람들은 상황을 직접 경험해 보고 낭패를 본 후에서야 생각을 바꾼다. 상대방이 어떤 사람을 싫어한다면 그 사람과 같이 시간을 보내게 하라. 상대방이 어떤 문화를 싫어한다면 그 문화를 통해 좋은 경험을 할 수 있게 하라. 데이터를 보여주거나, 논쟁을 벌이거나, 혜택을 더 주는 것은 별로 효과가 없다. 그들에게, 머릿속 그림을 보여주고, 상상력에 불을 지피게 하라. 그들과 공명할 수 있는 코드를 연주하라.

문화적 전형에서 오는 편견을 극복하기란 대단히 어렵다. 그러나 제3자, 표준, 프레이밍을 활용하고 상대방의 머릿속 그림을 이해하면 충분히 가능한 일이다. 미국인인 카터 메이필드Carter Mayfield는 이란 출신의 여자친구인 실라Sheila의 집에 초대를 받았다. 실라의 집에는 이미 많은 손님들이 와 있었다. 실라의 아버지는 카터에게 방을 양보하고 소파에서 잘 생각이었다. 이란 문화에서는 손님에게 안방을 양보하는 게 당연한 일이었다.

그런데 카터는 그날 밤에 꼭 보고 싶은 TV프로그램이 있었고 텔레비전은 거실에만 있었다. 그래서 실라를 시켜서 실라의 아버지에게 의사를 전달했다. 실라는 아버지에게 손님이 원하는 일을 거절하는 것은 예의에 어긋나는 행동이라는 미국 문화의 표준을 상기시켰다. 그래서 결국 실라 아버지가 방에서 자고 카터가 소파에서 자게 됐다. 이 일은 사소해보여도 카터와 실라에게 의미있는 계기가 됐고 이후 카터는 실라와 결혼하여 행복한 가정을 꾸렸다.

지금도 90퍼센트 이상이 중매결혼인 인도에서 현명한 방법으로 연애결혼에 성공한 인도 여학생들이 많다. 그녀들은 모두 이 협상 코스를 듣고 적극적으로 협상 도구를 활용했다. 인도 여학생인 데나_{Dena}의 부모는 그녀가 같은 종파의 남자와 결혼하기를 원했다. 4세기부터 이어진 전통을 따랐으면 했던 것이다.

그러나 데나는 다른 종파의 남자를 사랑했다. 아버지는 충분히 설득할 수 있었지만 어머니는 친척들 앞에서 고개를 들 수 없다며 한사코 반대했다. 실제로 데나의 사촌은 집안에서 정한 남자와 결혼하지 않겠다고 버티다가 부모와 의절하기도 했다.

데나는 어머니를 설득할 방법을 찾기 위해 강의 시간에 배운 역할 전환을 시도했다. 그 결과 어머니와 다툴 것이 아니라 그녀의 감정을 인정해야 한다는 사실을 깨달았다. 어머니는 딸이 잘되기를 바라는 마음에 그렇게 행동하는 것이었다.

데나는 먼저 한결 유연한 태도를 가진 아버지와 외국인과 결혼하여 행복하게 사는 친구의 도움을 요청했다. 제3자의 지지는 어머니를 설득하는 데 큰 도움이 될 수 있으리라는 믿음 때문이었다. 뒤이어 할 일은 애인을 부모에게 소개하는 것이었다. 정식 상견례가 아니라 서로 인사만 나누는 편한 자리를 마련하여, 자신이 가족의 입장을 최대한 배려한다는 사실을 보여주었다. 데나는 애인에게 부모님과의 첫 만남이 얼마나 중요한지 말하지 않기로 했다. 그래야 애인이 자연스럽게 행동할 수 있기 때문이었다. 그녀의 판단은 옳았다. 그렇게 데나는 어머니를 만나기 전에 충분한 준비와 연습을 반복했다.

데나는 인도로 가서 몇 주에 걸쳐 준비한 전략을 실행했다. 그녀는 때로 어머니와 단 둘이 혹은 아버지와 함께 차분한 대화를 이어갔다. 그 결과 그녀의 부모는 기꺼이 애인과의 결혼을 축하해주었다.

데나는 당시의 일을 떠올리며 이렇게 말했다.

"가장 중요한 일은 협상 도구를 체계적인 방식으로 활용하는 것이었어요. 이론을 아는 것과 실제로 적용하는 것은 완전히 다른 문제죠. 그래서 철저한 준비가 필요합니다. 물론 처음부터 끝까지 감정은 배제해야 하고요."

결혼을 계기로 그녀와 어머니의 관계는 한층 깊어졌다. 현재 남편과 함께 캘리포니아에서 행복하게 살고 있는 그녀는 성공적으로 문화적 간극을 메웠다. 데나는 수백만 명의 인도 여성들이 간절히 원했지만, 협상 기술이 부족하여 하지 못했던 일을 이루어냈다. 협상을 통해 평생 동안의 행복을 얻은 것이다.

해결하기에 보다 까다로운 예를 들어보자. 1970년대나 1980년대 이스라엘 여성이 이라크 남성과 결혼하고 싶어하는 경우를 생각해보자. 두 사람은 아마 바그다드나 예루살렘보다 문화의 다양성이 허용되는 뉴욕에서 살기를 원할 것이다.

이제 어떤 일이 일어날까? 이스라엘 여성의 어머니는 분명히 이 결혼은 절대 성사될 리 없다며 완강하게 반대할 것이다. 그러나 어머니의 이런 대답은 오히려 이스라엘 여성에게 도움이 된다. 왜 그럴까? 어머니가 표준을 제시했기 때문이다. 이제 이스라엘 여성은 어머니의 표준에 맞추어 이스라엘 사람과 이라크 사람이 결혼하여 성공한 사례가 없는지 물을 수 있다. 당연히 성공한 사례가 있을 것이다. 실제로 우리 집안에만 해도 그런 사례가 있으니 말이다.

이제 협상 과정을 상상해보자. 이스라엘 여성은 표준을 활용하여 어머니를 설득하는 일을 시작할 것이다. 그러나 어머니는 쉽게 물러서지 않는다. 그녀는 설령 예외가 있다고 해도 0.1퍼센트 정도만 성공했을 것이라고 잘라 말할 것이다. 어머니 역시 표준을 활용한 것이다. 그렇다면 이런 식으로 말하면 된다.

"하지만 엄마는 내가 무슨 일에서든 최고라고 했잖아요. 그러니 성공할 확률이 0.1퍼센트라도 난 할 수 있어요."

물론 이 정도 설득으로는 민감한 상황을 해결하기에 충분하지 않다. 그래서 이스라엘 여성은 다시 역사에서 표준을 어긴 예를 찾는다.

"엄마, 구약 성경에도 이민족 사이에 결혼한 경우가 나와요."

즉 비유대인과의 결혼이 반드시 전통에 어긋난 것은 아니라고 강조한 것이다. 실제로 모세, 사라, 이스마엘, 솔로몬 모두 비유대인과 결혼했고, 아브라함은 비유대인 여성을 통해 아들을 얻었다. 이러한 역사 속 전례는 표준을 내세우는 상대방을 설득하는 데 큰 도움이 된다.

상대의 머릿속 그림을 그려라. 그리고 협상 도구를 적절하게 대응하면 아무리 큰 문화적 간극도 메울 수 있다.

상대와의 간극을 적극 활용하려면

내 학생들이 자주 겪었던 비즈니스와 관련된 사례를 살펴보자. 이 사례는 문화적 간극을 메우기 위한 점진적 접근과 역할 전환이 얼마나 중요한지 말해준다.

한 미국 여성이 경영대학원을 졸업하고 세계적인 컨설팅 기업의 일본 지사에서 일하게 되었다. 근무 기간은 2년이다. 일본을 자주 여행했고, 일본어를 능숙하게 구사할 줄 아는 그녀는 일본의 한 제조 기업을 고객으로 맡게 되었다. 그런데 이 기업의 경영진은 모두 보수적인 남성들이다. 그들은 그녀를 마치 비서처럼 취급하면서 계속 남자 상사만을 찾는다.

2010년 세계경제포럼 보고서를 보면 일본 기업의 여성 비율은 24퍼센트에 불과하다. 이는 조사 대상인 27개국 가운데 23퍼센트를 기록한 인도 다음으로 낮은 수치다. 또한 임원직까지 올라가는 여성의 수도 대단히 적다. 이 정도로 보수적인 일본이지만 그녀가 적절한 협상 도구를 활용한다면 적어도 6개월 후에 고객으로부터 존중받는 진정한 컨설턴트가 될 수 있을 것이다.

우선 일본의 전통적인 경영진들이 자신들과 동등한 위치에서 컨설팅을 할 젊은 외국 여성을 어떻게 볼 것인가에 대해 생각해봐야 한다. 가장 먼저 떠오르는 말은 유감스럽게도 '위협'이다. 그들에게 젊은 여성 컨설턴트는 수천 년에 걸쳐 형성된 사회적 전통과 질서를 위협하는 존재다. 따라서 그들의 머릿속 그림을 그리는 일이 대단히 중요하다.

이 때 중요한 두 가지 협상 도구는 그들의 니즈와 영향력 있는 제3자다. 일단 그들의 니즈를 정리하라. 그들은 인재를 확보하고, 수익을 내며, 혁신을 이루고, 사회적 의식과 국제적 감각 그리고 경쟁력을 갖추며, 장기적 목표에 초점을 맞추고, 협력을 중시한다는 기업의 이미지를 원하고 있다. 또한 그들에게 영향을 미치는 제3자에는 주주, 직원, 고객, 정부, 미국 협력사, 일반 대중, 경쟁사, 이사회, 언론, 동료 등이 있다.

이러한 작업을 하고 나면 상황을 재설정할 수 있다. 젊은 여성 컨설턴트는 위협적인 존재가 아니라 회사의 수익과 미래 그리고 경쟁력을 키우는데 필수불가결한 존재가 될 수 있다. 그녀는 신세대 기업인 중에서도 가장 똑똑한 집단에 속하며, 또한 미국인 컨설턴트와 일한다는 사실은 기업의 국제적인 이미지를 높일 수 있다. 또한 일본에서 앞으로 기업의 이미지와 실적을 개선시킨 여성 경영인이 늘어날 것이라는 선례를 만들어낼 수 있다.

이제 일본 경영진이 중요하게 생각하는 니즈와 인맥을 활용할 차례다. 그래서 여성 컨설턴트를 배제하는 행동이 회사의 니즈에 어긋난다는 점을 일깨워줘야 한다. 만약 그들이 전통을 지키는 일도 중요하다고 말한다면 다른 많은 기업들 역시 변화를 추구하고 있다는 점을 지적할 수 있다.

하지만 이러한 주장을 여성 컨설턴트가 직접 나서서 하는 것은 적절하지 않다. 총대를 멜 사람으로는 일본 기업과 함께 일한 경험이 있는 남자 동료가 가장 적임자다. 물론 동시에 그녀가 능력을 증명하여 일본 경영진의 신임을 얻는 일은 필수다.

이 상황에서 남자 상사의 역할도 매우 중요하다. 그는 양쪽의 문화를 알고 양쪽의 신임을 받는 사람으로서 두 문화 사이의 상호작용을 중재해야 한다. 양쪽이 노력해도 문화적 간극을 좁히지 못할 때는 중재자가 결정적인 역할을 할 수 있다.

언어의 차이만 문화적 간극을 만드는 것은 아니다. 오히려 외국어를 능통하게 하는 것이 역효과를 낼 수도 있다. 언어 외 깊은 문화적 개념들도 잘 알고 있을 것이라는 오해를 심어줄 수 있기 때문이다. 언어를 모르는 사람이라면 이해하고 넘어갈 실수가 심각한 갈등으로 이어질 수 있다.

한번은 UN을 위한 무역 협상에 참여한 적이 있었다. 나는 일본 제약회사의 부사장과 회의를 할 예정이었다. 당시 일본 문화나 제약 산업에 대해 아는 것이 별로 없었다. 다행히 제약회사 부사장이 영어에 능통했기 때문에 통역은 필요 없었다. 필요한 것은 문화적인 차이에 대해 알려줄 사람이었다. 그래서 와튼스쿨 출신의 일본인 컨설턴트를 찾아서 우리의 중재자로 삼았다.

회의실로 들어갔을 때 부사장은 아직 도착하지 않은 상태였다. 나는 문 바로 옆자리에 앉았다. 미국에서는 안쪽 자리가 상석이었기 때문이다. 그러나 자리에 앉기 무섭게 컨설턴트가 나를 일으켜 세웠다. 그리고 문 건너편 자리에 나를 앉히면서 말했다.

"미국에서는 주인이 상석에 앉지만 일본에서는 손님이 상석에 앉아요."

잠시 후 들어온 부사장은 내가 적절한 자리에 앉았다는 사실과 내가 적절한 자리가 어디인지 알려고 노력했다는 사실, 그리고 일종의 문화 통역자를 대동하여 서로 간에 생길 수 있는 오해를 방지했다는 사실을 알게 됐다. 물론 회의는 원활하게 진행됐다.

이러한 전략은 문화적 차이와 관련된 모든 상황에서 효과를 발휘한다. 나는 우크라이나에 가기 전에 회의할 때마다 보드카를 1인당 한 병씩 마셔야 한다는 이야기를 들었다. 거기서 마시는 보드카는 미국에서 파는 것과 비교가 안 될 정도로 아주 독하다. 얼마나 독하면 라이터 연료로 쓸 정도겠는가. 원래 술을 마시지 않는 나는 라이터 연료를 마시고 싶은 생각은 추호도 없었지만 우크라이나 사람과는 꼭 협상에 성공해야 했다.

그래서 주량이라면 누구에게도 뒤지지 않는 아일랜드인 투자 은행가를 대동했다. 일종의 술상무인 셈이었다. 상대방은 그 점을 이해해주었다. 평생을 살면서 두 사람이 그렇게 많은 보드카를 마시는 모습을 여태껏 보지 못했다. 어쨌거나 협상은 잘 마무리되었다. 문화적 차이를 메우는 방법을 찾은 덕분이었다.

문화적 차이를 극복하는 열일곱 가지 법칙

사람들은 종종 상대방의 외모만을 보고 특정한 문화권과 연관짓는 실수를 한다. 중국인이라고 무조건 중국 문화를 따르는 것은 아니다.

뉴욕 주립 대학의 하난 셀번Hanan Selvan 교수는 시야가 점점 좁아지다가 결국 실명에 이르는 색소성 망막염이라는 병을 앓았다. 하지만 그는 곧 실명할 위기에 처한 상황에서도 지팡이 하나에 의존하여 기차

여행을 할 만큼 적극적인 삶을 살았다.

그에게 색소성 망막염 환우회에 가입했는지 물은 적이 있는데, 그는 버럭 화를 냈다.

"그 사람들은 학자가 아니에요. 나와 그 사람들의 공통점은 같은 병을 가졌다는 것뿐입니다."

그의 말은 지금까지 내게 강한 인상으로 남아 있다. 다른 사람들이 보기에는 가장 두드러진 특징이라 할 수 있는 부분이 그에게는 지극히 사소한 부분에 불과했던 것이다. 이처럼 상대방이 어떤 문화에 소속감을 느끼는지 파악하려면 상대의 머릿속 그림에 대해 보다 깊이 파고들어야 한다.

다음은 나와 다른 점이 많은 사람에게 효과적으로 대응하는 방법을 정리한 것이다. 이 목록은 서로 다른 사람들이 협상을 통해 원하는 것을 얻을 수 있도록 도와준다.

1. 목표를 설정하라. 공통의 목표와 적을 찾아라.
2. 최악의 상황을 검토하라. 현상 유지에 따른 위험을 제시하라.
3. 역할 전환을 하라. 상대방은 어떤 사람인가? 상대방이 바라는 것과 우려하는 점을 파악하라. 선입견을 재고하라.
4. 말과 행동으로 전달되는 신호를 포착하라.
5. 동질성을 방해하는 여러 요인들을 파악하라.
6. 진정한 차이를 분명하게 드러내고 존중하라.
7. 표준을 찾아라.

8. 나쁜 행동은 지적하고 자신의 약점을 파악하라.

9. 모든 시각을 뒷받침하는 증거를 요구하라.

10. 모든 제안을 점진적으로 제시하라. 컨트롤할 수 있는 요소에 집중하라.

11. 결정하기 전에 상의하라. 상대방을 결정 과정에 끌어들이고 조언을 구하라.

12. 제안한 내용이 효과를 발휘한 모델을 찾아라.

13. 창의적인 옵션을 찾아라.

14. 숨겨진 의제를 찾아라. 숨겨진 의제로 변경할 때의 인센티브를 설정하라.

15. 상대방이 속한 조직의 가치관에 호소하라.

16. 미래의 비전을 만들고 논의하라.

17. 변화를 지향하는 새로운 문화를 만들어라.

가장 먼저 할 일은 당연히 목표를 세우는 것이다. 앞으로 계획하는 행동은 목표 달성에 도움이 되는가? 상대의 머릿속 그림을 고려한다면 목표 달성이 가능한가?

때에 따라서는 최악의 상황을 검토하는 것도 중요하다. 한번은 이스라엘 기업인과 요르단 기업인들의 협상을 중재한 적이 있다.

"중동 문제를 이렇게 해결하면 어떨까요? 이기는 쪽이 상대방을 모조리 죽이는 겁니다. 남녀노소 가리지 않고 말이죠."

당연히 참가자들은 말도 안 된다는 반응을 보였다.

"하지만 그것이 여러분이 할 일 아닙니까? 여러분은 상대방을 남김없이 죽여야 한다고 생각하시지 않습니까? 한 명이라도 살아남으면 전쟁이 끝나지 않으니까요. 지나가버린 일을 두고 누군가는 계속 상대방을 죽이려고 할 겁니다."

이렇게까지 극단적인 발언을 서슴지 않은 이유는 그들로 하여금 더 나은 선택 사항을 고려하도록 만들게 하기 위함이었다. 그제야 그들은 내가 제시한 최악의 상황이 서로에게 전혀 도움이 되지 않는다는 사실을 깨달았다.

다음으로 변화를 원하는 사람들끼리의 연대를 구축하는 것도 필요하다. 주위의 조언을 구하라. 그들이 어려운 변화를 시도하는 것에 대해서 인센티브를 제공하라.

2007년 5월, 나는 사우디아라비아의 리야드에서 기업인, 교육자, 공무원들을 대상으로 이틀 동안 협상 워크숍을 진행했다. 리야드는 매우 보수적인 성향의 도시다. 우리는 우리의 공통점에 초점을 맞추었다. 협상 과정을 개선하고 더 나은 결과를 얻고 싶어 한다는 점에서 우리는 같은 문화를 공유하고 있었다. 덕분에 정통 의상을 걸친 45명의 참가자들은 다양한 협상 도구들을 성공적으로 익힐 수 있었다. 나는 워크숍 마지막 날에 문화적 선입견을 버리라는 뜻으로 그들에게 이렇게 말했다.

"모든 이스라엘인이 여러분의 적은 아닙니다. 마찬가지로 모든 사우디아라비아인이 여러분의 친구가 아닙니다. 어떤 이스라엘인은 여러분에게 이득을 줄 것이고, 어떤 사우디아라비아인은 여러분에게 손해를 끼칠 것입니다."

그들은 내 말에 수긍하며 고개를 끄덕였다. 그들 중에는 리야드 상공회의소 소장, 대기업 회장, 대학 총장 등 사회적 지도층이 다수 포함되어 있었다.

아무리 다른 점이 많다고 해도 효율적으로 대응하면 지속적인 가치를 얻을 수 있다. 중요한 일은 머릿속으로만 생각하지 말고 일단 시도하는 것이다.

원하는 것을 얻는
협상 모델

구글Google에서 법무 담당으로 일하는 에릭 홀크Eric Holck는 협상 워크숍에서 영업팀과 법무팀 사이에서 겪었던 갈등에 대해 이야기한 적이 있다. 두 팀은 다른 기업과 협상하면서 제시할 이익, 떠안아야 할 위험, 양보할 지점, 진행 방식 등을 놓고 이견을 드러냈다. 보통 법무팀은 위험으로부터 회사를 보호하는 데 주력하고, 영업팀은 위험을 무릅쓰고서라도 돈을 버는 데 주력한다. 또한 법무팀은 계약 조건을 세세하게 따지려 들고, 영업팀은 세밀한 부분은 나중에 조정하고 일단 계약부터 맺고 싶어한다. 회사 내에서 두 팀이 대립하는 건 어찌 보면 당연한 일이지만, 문제는 이 대립이 격화되면 일이 지연되고 고객의 불평을 살 수 있다는 것이다. 이에 구글은 해결책을 찾기 위해 고심했고 내 협상 워크숍에 참석한 모두가 문제 해결 모델을 적극적으로 받아들였다.

먼저 법무팀의 에릭은 역할 전환을 통해 영업 담당자의 입장이 되어보았다. 그는 이를 통해 갈등의 근본 원인이 상호 간의 신뢰 결여와 의사소통 부족, 표준에 대한 입장 차이 그리고 공통적으로 함께 해야 할 준비가 소홀했던 것에 있다는 걸 깨달았다. 그러자 자신도 놀랄 정도로 큰 변화가 일어났다. 그때까지 법무팀의 입장에서 한 치의 양보도 없었던 그가, 도리어 법무팀의 다른 팀원과 논쟁을 하기 시작한 것이다. 워크숍 이후, 에릭은 완전히 변해 있었다.

"이전보다 영업팀과 일하는 게 훨씬 더 수월해졌어요."

법무팀은 협상에 들어가기 전, 협상 대상자들에게 특정한 요건을 제시하는 이유에 대해 영업팀에게 충실하게 설명했다. 또한 협상이 진행되는 동안 영업팀의 의견을 적극적으로 반영하여, 그들에게 도움을 주려고 노력했다.

나는 지난 20년 동안 거의 모든 협상에서 사용할 수 있는 보편적이고 포괄적인 문제 해결 모델을 개발했다. 내가 가르치고 있는 전 세계 수만 명의 학생들이 실제 회사 생활에서 이 모델을 사용하고 있다.

아래에 나오는 표는 '원하는 것을 얻는 협상 모델'로, 협상에 필요한 열두 가지 전략과 각종 도구를 한눈에 보기 쉽게 정리한 것이다. www.gettingmore.com 에서도 다운로드할 수 있다.

내 강의를 들었던 케네스 오도규Kenneth Odogwu 는 원하는 것을 얻는 협상 모델을 사용한 후 이렇게 말했다.

"원하는 것을 얻는 협상 모델은 제가 접한 협상 도구 중에서 가장 효과가 강력했죠. 이 모델은 거의 모든 상황에 유용하다는 게 큰 장점입니다."

그는 이 모델을 활용하여 아프리카 시장에 진출할 화장품 사업을 놓고 스위스, 이스라엘, 나이지리아 기업들과 진행된 협상에서 성공적인 성과를 거두었다.

원하는 것을 얻는 협상 모델

1분면 – 문제 파악과 목표 수립

1 목표: 장단기 목표를 세워라
2 문제점: 목표 달성의 걸림돌이 무엇인가?
3 관련된 사람들: 의사결정자, 상대방, 제3자의 명단을 작성하라
4 최악의 시나리오: 협상 결렬 시의 상황을 대비하라
5 준비: 상대방에 대해 준비하고 소요 시간을 설정하라, 정보의 우위를 점해라

2분면 – 상황 분석

6 인식: 양측의 머릿속 그림은? 상대의 입장, 문화, 갈등, 신뢰, 관계, 감정을 다 고려하라
7 의사소통: 상대의 의사소통 스타일, 빈도, 수단을 파악하라
8 표준: 상대방의 표준과 사회에 통용되는 표준을 확인하라
9 니즈와 무형의 가치: 이성적/감성적, 공통되는/충돌되는 니즈 그리고 서로 다르게 평가하는 가치를 찾아라
10 목표 재검토: 목표가 바뀌면 1~9단계를 다시 설정하라

3분면 – 다른 선택안과 리스크 관리

11 브레인스톰: 교환하거나 연관 지을 수 있는 것들, 목표와 니즈를 충족하는 모든 선택지를 고려하라
12 점진적 접근: 위험을 제거할 수 있는 방법을 순서대로 만들어라
13 제3의 존재: 공통의 적이나 상대에게 영향을 주는 인물을 파악하라
14 프레이밍: 다른 각도에서 보게 하는 질문들을 만들어라
15 대안: 필요시 상대와 거래할 수 있는 대안이 있는지 파악하라

4분면 – 행동

16 최선의 선택: 상대의 우선순위, 협상결렬의 요소, 상대에게 줄 수 있는 것들을 고려하라
17 협상의 주체: 누구에게, 어떻게 이야기할 것인가?
18 협상의 과정: 협상 주제, 최종기한, 시간 분배를 설정하라
19 약속: 상대만을 위한 특별 인센티브를 약속해라
20 다음 단계: 누가, 무엇을 진행할 것인가?

원하는 것을 얻는 협상 모델을 위한 열두 가지 전략

1. 목표에 집중하라.

2. 상대의 머릿속 그림을 그려라.

3. 감정에 신경 써라.

4. 모든 상황은 제각기 다르다는 것을 인식하라.

5. 점진적으로 접근하라.

6. 가치가 다른 대상을 교환하라.

7. 상대방이 따르는 표준을 활용하라.

8. 절대 거짓말하지 마라.

9. 의사소통에 만전을 기하라.

10. 숨겨진 걸림돌을 찾아라.

11. 차이를 인정하라.

12. 협상에 필요한 모든 것을 목록으로 만들어라.

언제 어디서나 유용한 협상 모델 사용법

이제 원하는 것을 얻는 협상 모델의 각 분면에 있는 단계를 하나씩 살펴보자. 1분면의 1단계와 2단계는 협상의 성공을 결정짓는 데 절반의 비중을 차지할 만큼 중요한 과정이다. 목표는 협상을 통해 얻고자 하는 것이며, 문제는 목표를 달성하는 데 방해가 되는 것이다. 가령 '면접을 보기 위해 시카고로 가는 것'이 목표라면, '폭설로 항공기 운항이 정지된 것'은 목표를 방해하는 문제다. 하지만 원하는 것을 얻는 협상 모델을 공부했다면, 진짜 목표와 진짜 문제는 이게 아니라는 사실을 알 수 있다. 즉 진짜 목표는 '일자리를 얻는 것'이고 진짜 문제는 '일자리를 얻기 위해 인사 담당자에게 나를 잘 알리는 것'이 된다. 이렇게 진짜 목표와 문제를 파악해야 보다 창의적인 방식의 해결점을 찾을 수 있다. 폭설로 직접 갈 수 없다면, 전화 면접을 제안하거나 보다 상세한 이력서를 우편으로 보내거나 혹은 회사가 원하는 정보를 다른 방식으로 전달할 수 있다. 또 이렇게 맞닥뜨린 문제를 창의적으로 해결할 수 있는 능력을 갖추었음을 증명하는 것도 인사 담당자에게 강력한 인상을 남길 수 있으니, 오히려 더 좋은 기회가 될 수 있다.

오래전 미국에서 최고라 손꼽히는 컬럼비아 언론대학원으로부터 입학 허가를 받았다. 그런데 바로 그 다음날, 미국 유수의 신문인 〈뉴스데이〉로부터 입사 합격 통보를 받았다. 두 곳 모두 내가 꿈꾸던 곳이라 한곳을 선택을 하는 게 쉽지 않았다. 컬럼비아 언론대학원 학장에게 전화를 걸어 어떻게 해야 할지 물었다. 그의 답변은 아주 명쾌했다.

"자네가 우리 학교에 오는 이유는 〈뉴스데이〉 같은 곳에서 일하기 위해서가 아닌가?"

나는 바로 〈뉴스데이〉에 입사했다. 그는 나의 진짜 목표가 무엇인지, 정확히 꿰뚫어보고 있었던 것이다.

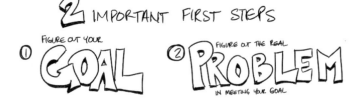

협상 전, 눈에 보이지 않는 진짜 목표가 무엇인지부터 파악하라. 가령 출근길에 차가 고장 난 것은 근본적인 문제가 아니다. 진짜 문제는 당장 출근할 때 타고 갈 차가 없다는 사실이다. 단지 고장 난 차가 문제라면 수리가 목표가 되겠지만, 출근 수단이 문제라는 사실을 알게 되면 더 다양한 해결책이 생긴다. 즉 대중교통을 선택할 수도 있고, 친구 차를 빌릴 수도 있다. 이처럼 근본적인 문제를 명확하게 파악하는 일은 문제를 해결하는 데 적절한 여러 가지 선택 사항들을 생각할 수 있게 만들어준다.

3단계는 협상의 핵심 관계자들을 파악하는 일이다. 일단 의사결정자와 의사결정자에게 직접적인 영향을 끼치는 제3자가 누구인지 알아야 한다. 중요한 관계자의 의견을 물어보지 않으면 반발을 부를 수 있으므로, 숨겨진 관계자가 없는지 잘 살펴야 한다.

4단계는 합의에 실패할 경우에 대비하는 과정이다. 이때 가장 좋은 방법은 최선부터 최악까지 모든 대안을 살피는 것이다.

5단계는 협상 준비에 해당한다. 협상을 충실하게 준비하지 않는 것은 아마추어 레이서가 인디500(미국 인디애나폴리스에서 열리는 프로 레이싱 대회)에 출전하는 것과 다름없다. 충돌 사고를 낼 확률만 높아지는 셈이다. 마찬가지로 상대방 역시 덜 준비가 된 상태라면, 협상 시 문제에 감정적으로 대응하고 목표에 덜 집중할 것이다. 이럴 때는 상대방이 협상에 제대로 집중할 수 있도록 도와주어야 한다. 원하는 것을 얻는 협상 모델을 상대에게 꽁꽁 숨길 필요는 없다. 상대방에게도 이 방법을 알려주어라. 양측에서 가치가 다른 대상을 교환하는 방법을 안다면, 모두가 원하는 것을 얻을 수 있다.

이처럼 원하는 것을 얻는 협상 모델의 1분면은 협상에 필요한 기본적인 정보를 파악하여 협상의 토대를 마련하기 위한 것들이다. 하지만 이보다 더 중요한 부분은 2분면에 있다. 2분면은 참가자들의 머릿속 그림을 파악하는 데 집중하는 방법이다. 2분면은 정보를 모으는 가장 중요한 분면이다.

2분면의 첫 단계인 6단계는 원하는 것을 얻는 협상 모델을 특별히 강력하게 만들어주는 아주 중요한 부분이다. 이 단계에선 양측이, 특별히 상대편이, 이 세상을 어떻게 인식하고 있는가 파악한다. 상대방의 입장에서 생각해보는 역할 전환을 사용하여 그들에 대해서 더 정확하게 파악하자. 그들은 무엇을 생각하고 느끼고 있는가? 관계를 어떻게 인식하는가? 감정적이거나 화가 나 있지는 않은가? 그들의 문화는 당신의 문화와 무엇이 다른가? 그들이 지금 무엇에서 갈등을 느끼고 있는지, 혹시 저평가되었거나 무시당하고 있다고 느끼지는 않는지 생각하라.

7단계는 6단계에서 파악한 인식이, 아니, 사실은 총체적 상황이 당신과 상대방의 대화 속에서 어떻게 드러나는지 파악하는 단계이다. 그들의 의사소통 스타일은 어떠한가? 당신이 효과적으로 대화하는 데에 상대방의 인식이 영향을 미치고 있지는 않은가? 문화적, 감정적 차이를 고려했을 때 당신이 상대방의 말을 제대로 이해하고 있는지, 또한 상대방이 당신의 말을 당신의 의도대로 받아들이고 있는지 확인해야 한다.

그다음 단계인 8단계는 표준에 관한 것이다. 상대방이 내세운 표준은 무엇인지, 그들이 받아들일 만한 다른 표준은 무엇인지 파악 하라. 양적인 표준뿐 아니라 질적인 표준도 있지는 않은가?

9단계는 니즈와 무형의 가치를 파악하는 과정이다. 목표가 원하는 대상이라면, 니즈는 원하는 이유다. 당신이 명절을 가족과 보내고 싶지만 그날 일을 해야만 한다고 가정 해보자. 이때 당신의 니즈는 아이들을 행복하게 해주고, 배우자와 특별한 시간을 갖는 것이다. 가족의 니즈 역시 당신과 같다면 이를 충족시키기 위해, 명절이 지난 후 특별한 시간을 갖는 등의 다양한 선택 사항들이 생길 수 있다. 당신이 자신과 상대방의 니즈를 더 많이 파악할수록, 더 많은 것들을 교환할 수 있다. 바로 이 단계에서 당신은 가치를 더하고, 창의적인 협상 결론을 만들어갈 수 있다.

나는 다른 협상가 동료들과 함께 논의를 해본 결과, 협상 모델에 큰 변화를 주기로 했다. 우리는 니즈와 무형의 가치를 6단계에서 9단계로 옮겼다. 왜냐하면 인식, 의사소통, 그리고 표준은 모두 니즈와 무형의 가치 교환의 일부라는 것을 깨달았기 때문이다.

9단계까지 마무리한 후에는 10단계에서 전반적인 내용을 토대로 목표를 재조정할 필요가 있다. 분석 결과, 목표가 비현실적이라면 다시 조정해야 한다. 이렇게 2분면까지 단계를 거치면서 생각해보면 처리해야 할 사안들의 목록이 나온다. 이 사안들을 해결하기 위한 여러 선택 사항들을 설정한 후, 그중에서 우선순위를 정하라.

3분면은 2분면의 결과를 가지고 협상 시 위험 요소를 줄이는 차례다. 그 첫 단계인 11단계에서는 여러 선택 사항을 마련하기 위한 브레인스토밍을 하면 된다. 현실성이 없어 보이는 제안도 때로는 뛰어난 아이디어의 물꼬가 될 수 있다. 좋든 나쁘든 모든 아이디어를 기록하고 하나씩 검토하라. 노벨 평화상과 화학상을 수상했던 라이너스 폴링Linus Pauling은 "좋은 아이디어를 얻는 최선의 방법은 최대한 많은 아이디어를 떠올리는 것이다"라고 말했다. 다른 가능성과 연결되는 아이디어를 활짝 열어놓아라. 이런 작업을 반복할수록 위험 요소를 없앨 수 있는 보다 효과적인 선택 사항들을 떠올릴 수 있을 것이다.

12단계와 13단계, 그리고 14단계는 의사결정 과정을 개선하여 최선의 선택을 할 수 있도록 돕는 과정이다. 점진적인 접근법을 통해 리스크를 줄일 수 있는가? 협상에 영향을 미치는 제3자는 누구인가? 12단계와 13단계에서 답을 찾은 뒤 14단계에서는 보다 설득력이 강한 방법으로 정보를 제시하는 방법을 찾으면 된다. 이때 상대방에게 구체적인 비전을 심어주는 것이 중요하다. 3분면의 마지막 단계인 15단계에서는 필요할 경우, 협상에 영향을 미칠 대안을 검토한다. 협상에 영향을 미칠 제3자를 대안으로 끌어들이면 힘의 균형을 바꿀 수도 있다.

협상시 취해야 할 구체적인 행동을 알려주는 4분면에서는 최선의 방법을 통해 상대방의 약속과 동의를 얻게 된다. 16단계인 최선의 방법을 고를 때는 상대방이 받아들일 가능성이 높고 위험해 보이지 않으며, 목표에 한발 다가섬과 동시에 제3자의 지지를 받으면서 미래에 대한 비전을 창출할 수 있는지 고려해야 한다. 다음 17단계에서는 협상의 구체적인 방법을 고민한다. 이는 상대방의 성향에 따라 달라진다.

로펌에서 인턴으로 일할 때, 자산을 양도하는 과정 중 환경과 관련한 책임을 다룬 보고서를 상사에게 제출한 적이 있다. 무려 109쪽에 달하는 방대한 양의 보고서를 작성하면서 내심 수고했다는 칭찬을 기대했다. 하지만 결과는 퇴짜였다.

"보고서에 충분한 사례가 없잖아. 다시 해봐."

얼마 후 투자 은행으로 자리를 옮겼고, 8억 달러 규모의 합병에 대한 전략 보고서를 단 두 장으로 작성하여 제출했다. 그때도 결과는 보기 좋게 퇴짜였다.

"보고서가 너무 길군. 좀 짧게 요약해보게."

나중에 동료에게 들은 바에 따르면 그 상사는 한 장 이상의 보고서는 읽지도 않는 사람이었다. 이처럼 상대에게 제안을 할 때는 그 사람의 성향에 맞추어야 한다.

18단계에서는 상대가 협상 제안을 수락할 맘이 생기도록 절차를 전략적으로 짜야 한다. 당신이 정한 표준이 협상에서 불리하게 작용된다고 판단되면, 이 단계에서 다시 설정해야 한다. 19단계에서는 계약 성사에 초점을 맞춘다. 앞서 말했듯이 상대방이 계약을 선호하는 방식에 맞추는 것이 중요하다. 이 단계에서는 충분한 시간을 할애하여 진행하라. 모든 관계자가 확실하게 계약에 동의했는가? 그 여부를 어떻게 확인할 수 있는가? 계약 이행시 얻는 혜택과 그것이 깨질 경우 발생하는 손해는 무엇인가?

협상을 잘 해놓고도 후속 진행이 부실해서 원하는 것을 얻지 못하는 경우도 많다. 이런 불찰을 피하기 위해 20단계를 눈여겨봐야 한다. 협상 이후 해야 할 조치는 무엇인가? 협상 타결 기한은 언제까지인가? 이제부터 누가 어떤 일을 할 것인가? 후속 진행을 잘 해두지 않으면 서로 일을 떠넘기다가 많은 기회를 놓칠 수 있다.

원하는 것을 얻는 협상 모델을 실제 협상에 적용했던 사람들은 그 강력한 효과를 체감한다. 우선 처음 생각했던 것보다 본질적인 문제를 발견하게 된다. 그리고 보다 많은 선택 사항을 발견하게 된다. 마지막으로 상대방의 머릿속 그림을 훨씬 명료하게 그릴 수 있다. 이밖에도 더 좋은 방식으로 정보를 제시하는 법, 계약 동의를 얻어내는 법, 상대방에게 점진적으로 접근하는 법 등에 대한 수많은 아이디어를 얻을 수 있다. 이처럼 원하는 것을 얻는 협상 모델을 통해 얻을 수 있는 새로운 통찰의 폭은 대단히 넓다.

1993년 리투아니아의 과학 관련 종사자들을 상대하는 중요한 회의에서 원하는 것을 얻는 협상 모델을 적용한 적이 있다. 당시 리투아니아는 소련으로부터 독립한 지 얼마 되지 않은 상태였다. 나는 동료들과 함께 리투아니아가 보유한 과학 기술들을 상품화할 수 있도록 돕는 일을 했다. 회의에는 기술부 장관, 과학위원회 위원장, 그리고 주요 과학자와 관료들이 참석했다. 나는 먼저 원하는 것을 얻는 협상 모델의 1분면에 속하는 문제 파악과 목표 수립에 대해 설명했다. 그런데 갑자기 위원장이 벌떡 일어서더니 억센 러시아 억양으로 고함을 질렀다.

"여기가 지금 학교입니까? 저런 것들 다 필요 없습니다!"

다른 과학자들 역시 이구동성으로 그의 말에 동조했다.

우리가 하는 일은 UN의 지원 하에 진행되던 참이었다. 따라서 좋은 결실을 맺는다면, 장기적으로 리투아니아에 큰 혜택을 줄 수 있는 아주 좋은 기회였다. 때문에 어떻게든 과학자들을 설득하여 원하는 것을 얻는 협상 모델을 끝까지 진행해야만 했다. 그런데 회의 도중, 협상 결과에 막강한 영향력을 행사하는 위원장이 내 말에 모욕감을 느낀 것이다. 문제를 풀려면 일단 그의 감정을 다독여줄 필요가 있었다.

"위원장님 말씀이 옳습니다. 제가 큰 실수를 한 것 같군요. 진심으로 사과드립니다."

회의장 뒤편에 앉아 있던 UN 직원들은 내 말을 듣고선 안도의 한숨을 내쉬었다. 다음 과제는 과학자들이 원하는 것을 얻는 협상 모델의 힘을 깨달을 수 있도록 그들을 진행 과정에 충분히 참여시키는 일이었다. 나는 진행 속도를 늦추고 그들에게 아주 차근차근, 점진적으로 접근하는 협상 도구를 썼다. 그리고 얼마간의 휴식 기간을 가진 다음, 상황 분석을 다루는 2분면으로 들어가자고 제안했다.

"만일 2분면의 내용까지 마음에 안 드신다면, 더이상 이 원하는 것을 얻는 협상 모델에 참여하지 않으셔도 좋습니다."

그들도 기꺼이 제안에 동의했다. 가장 심기가 불편했던 위원장 역시 이 말에 수긍했다.

그로부터 여덟 시간 후인 저녁 여섯시, 그때까지도 우리의 회의는 끝나지 않았다. 우리는 청소원들의 닦달에 한참이나 시달린 후에야 마지못해 회의장을 떠나야 했다. 훗날 리투아니아 정부가 이들의 아이디어를 실제 적용하는 데 무려 3년이란 시간이 걸릴 정도로 그날 참석자들은 무수히 많은 아이디어를 열정적으로 쏟아냈다.

가상 연습의 중요성

원하는 것을 얻는 협상 모델의 잠재력을 충분히 활용하려면 사전에 가상 회의를 열어보는 것이 좋다. 이를 통해 협상에서 상황이 어떻게 진행될지 미리 짐작해볼 수 있기 때문이다. 특히 가상 연습에서 역할 전환을 해보면 보다 효과적인 설득 방법을 찾을 수 있다.

가상 연습을 통해 반드시 결과를 낼 필요는 없다. 핵심은 협상 과정이 실전에서 어떻게 진행될 것인지를 미리 가늠해보는 것이다. 협상은 언제나 쌍방 간에 벌어지는 일이므로, 가상 연습을 할 때는 최소한 두 명이 참여하여 양쪽 입장을 대변해야 브레인스토밍이 가능하다. 다만 분위기가 번잡해지지 않기 위해 한쪽에 참여하는 인원은 네 명이 넘지 않도록 한다.

가상 연습을 할 때는 문제에 직접 관련된 당사자가 상대방의 역할을 맡아서 상대가 할 수 있는 가장 강력한 주장을 펼치는 것이 좋다. 그래야 상대방이 어떤 생각을 하고 있는지 제대로 이해할 수 있으며, 자신의 역할을 하는 사람의 모습을 보고 참고할 점을 발견할 수 있다.

가상 연습 시에는 사전 브리핑을 통해 모든 참가자들이 정보를 공유할 수 있어야 한다. 그다음 양쪽의 입장에 따라 원하는 것을 얻는 협상 모델의 각 요소에 대응해야 한다. 대개 모든 단계를 거치는 데 약 45분에서 90분이 걸린다.

협상은 최소한 45분 이상은 진행되어야 한다. 협상이 끝난 뒤에는 내용을 되새기며 복습을 하도록 하자. 양쪽이 준비한 내용을 교환하고 토의하라. 준비한 내용 중에 효과가 있었던 방법과 없었던 방법을 분류해보라. 그리고 실전에서 활용할 수 있는 것들을 정리하라. 끝으로 가상 연습에서 배운 내용을 토대로 구체적인 실전 계획을 세워야 한다. 각자 원하는 것을 얻는 협상 모델에 따라 모든 내용을 정리해보라. 그 결과, 얻게 된 정보들은 실전 협상을 위한 준비를 더욱 철저히 할 수 있도록 도와준다.

가상 연습에 필요한 시간은 길면 길수록 좋다. 더 다양한 상황 연출이 가능하기 때문이다. 나는 1993년에 소련이 몰락한 직후, 신생독립국이 된 라트비아의 정부 구성을 도와준 적이 있다. 이 나라에서 독자적으로 정부를 구성하는 것은 1918년 러시아 혁명 이후 처음 있는 일이었다. 라트비아 관료들은 수도인 리가 외곽의 휴양지에서 사흘 동안 회의를 하자고 제안해왔다.

금요일 아침 아홉시, 내가 회의장으로 발길을 돌리려는 순간 회의장은 이미 고함 소리로 가득 차 있었다. 그들의 핵심 쟁점은 정부 지원금의 사용도였다. 농림부 장관은 지원금 중 다수를 밀 재배에 써야 한다고 주장했다. 밀은 라트비아의 주요한 식량일 뿐 아니라 외화 벌이에도 도움이 된다는 이유 때문이었다. 하지만 국방부 장관은 이 의견에 반대했다. 그에게는 국방력을 키우는 게 최우선이었다.

나는 우선 참석자들을 향해 진심어린 칭찬을 쏟아냈다.

"여러분은 무척이나 의미 있는 논제를 선정하셨습니다. 논제 설정의 중요성은 여러 번 강조해도 지나치지 않지요."

이는 일종의 감정적 지불이었다. 이 말에 흥분해 있던 참석자들이 다소 진정되는 것 같았다.

"저는 이 문제를 확실하게 해결할 수 있다고 여러분 앞에서 자신합니다. 다만 조건이 하나 있습니다. 농림부 장관님과 국방부 장관님을 비롯한 모든 분들께서 제 진행 방식에 협조하셔야만 합니다."

그들은 앞으로 어떻게 이 문제를 풀어가게 될지 전혀 알 수 없었지만, 일단 나를 고용한 이상 의심쩍더라도 믿고 협조할 수밖에 없었다.

"좋습니다. 지금부터 농림부 장관님과 국방부 장관님께서 지원금 사용처를 놓고 토론을 하실 겁니다."

이 말에 다른 사람들이 일제히 환호성을 질렀다. 두 장관은 잔뜩 흥분한 채 앞으로 나왔다.

"이 토론에는 한 가지 규칙이 있습니다. 자기 입장이 아닌, 상대방의 입장에서 주장을 펼쳐야 합니다."

순식간에 회의장은 시끄러워졌다. 두 장관은 일제히 그렇게는 할 수 없다며 완강히 거부하고 나섰다. 다른 장관들 중 절반은 그 모습을 보고 웃음을 터뜨렸고, 나머지 절반은 두 장관의 편을 들고 나섰다.

"모두 방금 제 진행에 따르겠다고 약속하지 않으셨습니까?"

내가 이렇게 재확인했음에도 불구하고, 국방부 장관은 완강하게 거부하며 버텼다. 나도 지지 않았다.

"두 분 모두 잘 하실 수 있습니다. 다만 서로가 어떻게 이 상황을 인식하고 있는지에 대해 모르고 있을 뿐입니다. 이제 그걸 느껴보셔야 합니다. 그래야 합의를 이끌어낼 수 있으니까요. 저를 믿고 따라와주십시오. 절대 한 시간은 넘기지 않을 것입니다."

나는 두 사람이 따로 다른 장관들의 도움을 받아, 토론을 준비하도록 하고 참조용으로 간소화된 원하는 것을 얻는 협상 모델에 대해 알려주었다. 두 장관은 각자 5분 동안 모두발언(회의나 토론 시작 전에 이야기할 주제를 말하는 것)을 하고 본격적인 토론에 들어갔다. 그리고 나는 두 사람과 다른 장관들이 제기한 다양한 논점을 차트에 적기 시작했다.

토론은 정확히 한 시간 후 끝났다. 나는 차트에 써내려간 논점들을 정리했고 두 장관은 잠시 휴식 시간을 가진 후 다시 만나서 최종 협상을 하기로 했다. 최종 협상은 역할 전환이 아닌 각자의 입장에서 진행되었다. 기대한 대로 두 장관은 우선순위에 따라 단계적인 목표를 설정하고 그에 맞게 지원금을 할당하며, 주기적으로 그 진척 여부를 확인하기로 합의했다. 두 장관은 합의 이후 내게 솔직한 감정을 털어놓았다.

"보기 드문 경험을 했습니다. 관료 생활을 시작한 이래 최고의 협상이었던 것 같습니다."

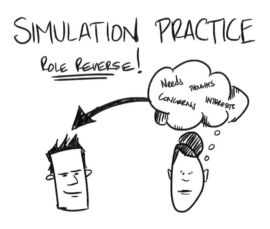

원하는 것을 얻는 협상 모델은 지금까지 공과 사를 가리지 않고 수많은 문제들을 해결했다. 컬럼비아 경영대학원에 다니던 한 학생은 이 모델을 이용하여 피임 방법에 대한 남편과의 의견 차이를 해소할 정도였다.

원하는 것을 얻는 협상 모델은 누가 적절한 협상 상대인지 알아내는 데도 유용하게 쓰인다. 의사들이 인정하는 고품질의 인공 관절 생산 기업인 스트라이커Stryker는 병원의 구매 부서에서 보다 가격이 싼 저품질의 경쟁 상품을 선택하는 일이 많아 고민이 컸다. 하지만 스트라이커는 구매 부서가 아닌 의사들을 설득하여 자사 상품을 구매하도록 만드는 것이 효과적이라는 사실을 파악했다. 결국 의사들은 가격

보다 품질과 내구성을 더 중요하게 여긴다는 점을 파악해, 구매 부서를 설득할 수 있었다. 이 한 번의 경험으로 스트라이커의 임원인 벤 피처Ben Pitcher는 원하는 것을 얻는 협상 모델의 효과를 확실히 알게 되었고, 다른 협상에서도 이를 적극적으로 활용하게 됐다.

과거 협상론 강의를 들었던 존 마로타John Marotta는 어느 날 지갑을 도둑맞은 걸 확인한 후, 가장 먼저 내게 전화를 걸어 원하는 것을 얻는 협상 모델 카드를 다시 보내달라고 요청했다. 의료기기회사의 CEO인 그에게는 원하는 것을 얻는 협상 모델 카드가 신용카드보다 훨씬 더 중요했던 것이다.

제 9 강

실전에서 유용한
협상 전략

앞서 내 모든 협상 도구를 소개했다. 지금부터는 협상 도구를 익히고, 목표를 세우고, 상대방을 파악한 상태에서 협상을 진행하는 구체적인 팁을 살펴볼 것이다. 모든 상황은 다르지만 여기서 설명하는 내용을 모델로 삼으면 어떤 자리에서든 협상을 통해 원하는 것을 얻을 수 있다.

감정 상태 파악

불안하거나, 화가 났거나, 상대방에게 집중할 수 없다면 협상을 망칠 가능성이 높다. 태도는 언제나 중요한 역할을 한다. 상대방은 당신이 초조해하고 있음을 금세 눈치 챌 것이다. 협상에서 일어날 수 있는 최악의 상황을 생각하라. 그 상황을 견딜 수 있는가? 그렇다면 당신은 자신감이 충만한 상태다. 하지만 그 반대라면 협상에서 원하는 것을 얻지 못할 가능성이 크다. 이 경우 대신 협상에 나설 사람을 구하거나, 더 준비하여 자신감을 기르거나, 혹은 다른 곳에서 기회를 찾아야 한다. 심리적으로 협상에 나설 준비를 단단히 하는 게 중요하다.

협상을 앞두고 자신감을 얻는 확실한 방법은 준비밖에 없다. 더 많이 준비할수록 불안감을 줄이고 효율성을 높일 수 있다.

시간과 장소 설정

협상에 알맞은 시간과 장소는 양쪽이 편하게 느낄 수 있다면 언제 어디든 상관없다. 상대방이 당신을 불편하게 만드는 행동을 하면 분명하게 그 사실을 밝히거나 아직 준비가 안 됐다고 말하라.

상대측 협상 테이블로 원정을 간다고 해서 설득력이 약해질 이유는 없다. 나는 상대방 회의실에서 발을 회의용 탁자에 올린 적도 있다. 상대방에게 기분이 편안하다는 것을 보여주기 위해서였다.

그렇다고 해서 시간과 장소를 협상하지 말라는 뜻은 아니다. 다만 모든 것은 상황에 따라 다르다는 것을 말하고 싶을 뿐이다. 목표를 달성하기에 가장 유리한 시간과 장소를 정하라.

오랜 옛날부터 남자들은 가장 낭만적인 장소에서 최적의 순간에 프러포즈를 해왔다. 이왕이면 의미 있는 시간과 장소를 선택하라.

상대에 대한 마음가짐

가능한 편하게 상대방을 대하라. 공공의 적을 찾든지 날씨나 교통 정체에 대해 불평하든지 혹은 상대방의 복장이나 시계를 칭찬하라.

중요한 점은 모든 것에 진심을 담아야 한다는 것이다.

상대방도 당신과 같은 상황에 처해 있다. 그들도 때로 배가 고프고, 목이 마르고, 지치고, 힘들어한다. 그들도 인간이니 인간 대 인간으로 소통하라. 협상에서 일상적 대화는 협상의 본 내용만큼 중요하다. 농담이나 흥미로운 화제에 대한 대화는 협조적인 분위기를 만드는 데 큰 도움이 된다.

우크라이나에서 공장을 견학하는 도중 겪었던 재미있는 일화가 있다. 그 공장의 간부들이 회의를 마친 후 거대한 핵미사일을 보여주었는데, 그 크기가 어마어마해서 웬만한 축구장만 했다. 나는 핵탄두는 제거된 상태였지만 유도장치는 아직 작동 중인 그 거대한 미사일을 직접 만져보기도 했다. 그런데 작업 중이던 기술자들이 내게 인사를 건네며 한다는 이야기가 "이 미사일을 미국의 미니애폴리스로 발사하려고 했죠"라는 말이었다. 협상자와 솔직한 대화를 나누려면 이 정도는 되어야 하지 않을까?

협상 주제와 시간

아무리 짧은 협상이라도 무엇을 다룰지 구체적으로 알아야 한다. 다시 말해서 어떤 주제를 어떤 순서로 논의할 것인지 정해야 한다.

협상은 얼마 동안 해야 하는 것이 좋을까? 대개는 짧은 시간에 할 수 있도록 작은 단계로 나누는 것이 제일 좋다. 협상에 영향을 미치는 새로운 정보를 얻을 때마다 서로 생각할 시간을 가져야 하기 때문이다.

우선은 합의하기 쉬운 주제부터 시작하라. 그러면 양쪽이 쉽게 성취감을 얻을 수 있다. 동의할 수 없는 점은 가능한 한 빨리 밝혀라. 그래야 시간을 낭비하지 않는다.

사안별로 논의 시간을 제한하라. 가령 15분 안에 해결할 수 없다면 곧바로 다음 사안으로 넘어가라. 그래야 가능한 많은 사안을 처리할 수 있다. 모든 면을 살피기 전에는 절대 약속하지 마라. 대신 잠정적인 조건부 합의만 하라.

데드라인 설정

사안에 직면할 때마다 상대의 머릿속 그림을 그려보아야 한다. 협상 전에 준비와 역할 전환을 통해 상대방이 어떤 생각을 할 것인지 미리 감을 잡아야 한다. 예상치 못한 상황이 전개되면 즉시 휴식을 가져라. 내가 참여한 협상팀은 인수 협상을 할 때 상대방이 뜻밖의 정보를 제시하는 바람에 한 시간 동안 다섯 번의 휴식 시간을 가진 적도 있다.

설령 같은 팀원의 말에 동의하지 않더라도 상대팀 앞에서는 이견을 드러내지 말아야 한다. 자칫 상대팀에게 이용당할 수 있다. 팀 내에 이견이 노출되면 의견을 정리할 시간을 다시 요청하라.

시간이 충분하지 않다면 억지로 모든 사안을 다루려고 하지 마라. 많은 것을 망치느니 하나라도 제대로 하는 편이 낫다. 주어진 시간을 최대한 활용하라. 어떤 형태로든 시간의 압박은 협상에 해로운 영향을 끼친다. 마감에 쫓긴다면 시간을 조정하거나 협상을 아예 거부하라.

말투와 태도

나는 종종 강의 시간에 학생들에게 서로를 대하는 태도를 평가하게 한다. 신기하게도 서로를 나쁘게 대하는 팀은 협상에서도 대부분 나쁜 결과를 냈다.

같은 말이라도 정중하고 친근하게 표현할 수 있다. 가령 "당신을 믿을 수 없습니다"라고 말하는 대신 "어떻게 해야 서로를 신뢰할 수 있을까요?"라고 말하라. 또한 "왜 전화를 하지 않았습니까?"라고 말하는 대신 "제 메시지를 받았습니까? 몇 가지 상의할 내용이 있습니다"라고 말하라. 연습하면 적절한 표현을 찾는 일이 능숙해진다.

감정적 지불이 필요한가? 적대적 상황이라도 상대방을 친근하게 대하면 분위기가 나아질 수 있다. 비전을 제시하여 함께 달성할 수 있는 일에 초점을 맞추어라. 상대방이 입장을 설명할 기회를 충분히 주어라.

정보 공개의 원칙

대부분의 사람들이 정보를 너무 숨기려는 경향이 있다. 목표 달성에 도움이 되는 정보는 미리 공개할수록 좋다. 회사를 인수하는 것이 목표라면 협상 초기에는 지불 가능한 비용에 대해 밝히지 말아야 하지만, 협상 말미에 상대방이 무리한 요구를 하면 지불할 수 있는 최고액이 얼마인지는 밝히는 것이 좋다. 그래야 현실적인 협상이 가능하다. 만약 모든 수단을 동원했는데도 여전히 상대방이 감당할 수 없는 수준의 요구를 한다면 차라리 솔직하게 자금 사정을 밝혀라.

상대방을 얼마나 신뢰할 수 있을지 잘 모르겠다면 점진적으로 마음을 표현하라. 가령 "이 그림이 너무 마음에 들어요"라고 말하지 말고 "이 그림 참 흥미롭네요"라고 말하라.

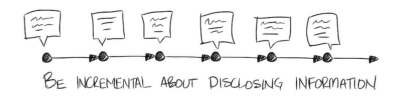

BE INCREMENTAL ABOUT DISCLOSING INFORMATION

협상에서 모든 정보를 드러낼 필요는 없다. 법정의 증인석에 선 것이 아니므로 정보를 공개하지 않는 것에 대해 부끄러워할 필요도 없다. 대답하기 껄끄러운 질문을 받으면 "그 질문에는 대답하기 부담스럽네요"라고 말하면 그만이다.

그렇다면 협상에서 누가 먼저 제안하는 게 좋을까? 그 답은 의외로 쉽다. 협상과 관련된 정보를 많이 가진 사람이 먼저 제안을 해야 양측이 적절한 기대 수준을 설정할 수 있다. 대체로 정보를 더 확보한 상황에서 먼저 제안을 하면 3퍼센트에서 5퍼센트 정도를 추가로 얻을 수 있다. 대신 협상 폭이 너무 넓고 불확실하다면 먼저 제안하지 마라. 자칫 손해를 볼 수 있다. 상대방의 기대 수준이 당신의 생각과 많이 다를 수도 있기 때문이다.

찰리 스미스Charlie Smith는 아내와 함께 식탁 세트를 사러 갔다. 마음에 드는 식탁 세트의 가격은 3천 달러였다. 찰리는 50달러 정도라도 할인받을 수 있으면 좋겠다고 생각했다. 그래서 판매원에게 새집으로 이사해서 가구를 살 일이 많은데 식탁 세트를 사면 할인을 해줄 수 있는지 물었다. 판매 직원은 대뜸 300달러를 깎아주겠다고 말했다. 깜짝 놀란 찰리는 말을 잇지 못하고 가만히 서 있었다. 그러자 판매 직원은 망설이는 그의 모습을 보고 500달러의 할인을 제안했다. 이번에도 찰리는 대답을 머뭇거렸다. 판매원은 "배송비와 부가세도 저희가 부담하겠습니다"라고 말했다. 실질적인 할인액은 무려 800달러였다. 찰리는 "협상 폭이 넓어서 가늠이 안 갈 경우 섣불리 먼저 말하지 않는 것이 도움이 된다는 걸 알았습니다"라고 말했다.

제안의 수준

극단적 제안은 협상을 망칠 뿐이다. 제안 수준이 너무 낮으면 상대방의 가치를 깎아내리는 것이고 제안 수준이 너무 높으면 상대방은 종종 포기해버린다. 혹은 극단적 제안을 했다가 금세 철회하면 상대방은 이용당한다고 생각할 것이다. 여기서 중요한 것은 당신이 아니라 상대방의 인식이다. 정신이 나간 사람조차도 자신의 제안은 더없이 합리적이라고 생각하게 마련이다. 반대로 상대방이 극단적 제안을 하면 어떻게 해야 할까? 그때는 감정적으로 대응하지 말고 표준을 활용하라. 그리고 그런 제안을 하게 된 배경을 물어라.

극단적 제안은 내 협상법의 핵심 원칙 중 하나인 점진적 접근에도 어긋난다. 상대팀에서 어떤 사람이 극단적 제안을 하면 상대팀의 나머지 팀원에게 "저 말에 모두 동의하십니까?"라고 물어라. 그들이 대답을 주저하면 휴식을 요청하라. 그러면 상대팀이 내부적으로 알아서 극단적 제안을 보완할 것이다.

협상할 때는 절대 강압적인 수단을 쓰지 마라. 자칫 반격을 당할 수 있다. 반대로 상대방이 강압적으로 나올 경우에는 그와 관련된 모든 내용을 기록하라.

힘으로 굴복시키기보다 목표에 초점을 맞추고 협상 도구를 활용하여 함께 파이를 키우는 것이 낫다. 힘에 대하여 상대방과 솔직하게 논의를 하라. 상대방이 잘못된 인식을 갖고 있다면 적절한 방법으로 그것이 잘못된 생각임을 일깨워줘라. 이때는 상대방에게 감정적 지불을 하는 것을 잊지 않도록 한다.

실행의 순서

양쪽이 지금 할 수 있는 일을 파악하는 일은 협상의 진행에 도움을 준다. 많은 협상이 겉도는 이유는 컨트롤할 수 없는 일을 놓고 서로 다투기 때문이다.

앞에서도 강조했듯이 가장 빨리, 쉽게 해낼 수 있는 일을 기준으로 우선순위를 정하라. 난이도보다 처리 속도가 우선이다. 지금 할 수 있는 일은 전부 끝내야 한다. 그 다음 중기적으로 할 수 있는 일과 장기적으로 할 수 있는 일을 차례로 처리해야 한다.

양쪽이 어느 것도 결정할 수 없다면 다음에 만날 시간과 참석자를 결정하라. 아니면 대화를 통해 서로에 대해 더 많이 아는 시간을 가지거나 제3자에게 보일 협상의 옵션들을 함께 찾아보라.

약속의 방식

앞서 지적했듯이 단지 "동의합니다"라고 말하거나 계약서에 서명한다고 해서 약속이 된 것은 아니다. 상대방의 방식대로 약속을 받는 것이 중요하다. 협상 과정에서 약속 방법을 명확하게 논의할 필요가 있다.

약속에는 시한과 기간이 있다. 시한과 기간은 반드시 명확해야 한다. 약속을 무효로 만드는 조건이 있다면 구체적으로 명시해야 한다. 약속을 깨면 어떤 일이 생기는가? 상대방에게 갚아야 할 대가가 있는가? 이러한 내용은 사전에 정리해두어야 한다. 상대방이 "우리는 절대 약속을 깨지 않습니다. 우리를 못 믿는 겁니까?"라고 말하면 "당신이 회사를 떠나면 어떻게 됩니까? 그 다음에는 어떤 일이 생길지 누구도 모르지 않습니까?"라고 응수하라. 상대방이 절대 약속을 깨지 않겠다고 말하면 약속을 깰 경우에 적용되는 강력한 대가를 요구하라.

어떤 사람들은 전략적으로 상대방이 인식하는 위험 수준을 높인다. 가령 대출 업체들은 종종 불합리한 근거로 당신의 신용 점수를 깎는다. 이런 경우에는 앞서 조언한 대로 구체적인 근거를 요구하고 표준을 활용하여 대응하면 된다.

마무리의 정석

실컷 논의를 하고 나서 돌이켜보면 누가 무엇을 하는지 역할 분담이 불명확한 경우가 많다. 필시 협상에서 결정적인 내용을 빠트린 것이다. 그러면 모든 것이 원점으로 돌아가고, 서로에 대한 비난이 시작된다. 문제는 부실한 마무리에 있다. 협상이 끝나면 각자 할 일을 적고 책임자와 시한을 명확히 정해야 한다. 그래야 일이 잘못되면 누구에게 연락할지 알 수 있고, 비상조치를 취할 수 있다. 각 팀의 책임자는 플랜B를 생각하고 있는가? 각 책임자는 결정을 내릴 선택의 폭을 알고 있는가? 이러한 문제들을 함께 논의하라. 그러면 나중에 많은 시간과 비용을 아낄 수 있다.

실전에 활용한다면!

지금까지 다룬 모든 내용을 정리해보자. 당신의 목표는 무엇인가? 상대방은 누구인가? 상대방을 설득하기 위해 필요한 것은 무엇인가? 이 모든 과정을 간단한 그림으로 표현하면 다음과 같다.

큰 곡선은 한 번에 목표까지 가려는 일반적인 태도를 가리킨다. 대부분의 경우 한 번에 가기에는 너무 먼 과정이다. 먼저 상대방의 머릿속 그림을 그려보아라. 그리고 질문을 통해 머릿속 그림을 확인

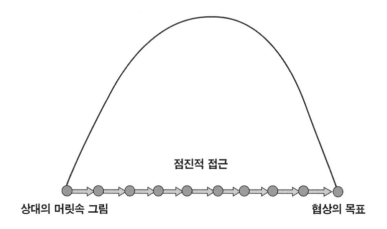

점진적 접근

상대의 머릿속 그림   협상의 목표

하라. 그 다음 한 걸음씩 서서히 목표를 향해 나아가라.

상대방의 머릿속 그림은 출발점이고 협상의 목표는 종착점이며, 점진적 단계는 거기까지 가는 중간 과정이다. 이러한 내용을 아는 것만으로는 부족하다. 반드시 실행에 옮겨야 한다. 이제 모든 준비는 끝났다. 지금 당장 협상 테이블로 가서 원하는 것을 얻으면 된다.

GOAL

GETTING MORE

PICTURES IN THEIR HEAD

VALUE
EMOTION

20 YEARS IN A ROW
THE MOST SOUGHT-AFTER CLASS IN WHARTON

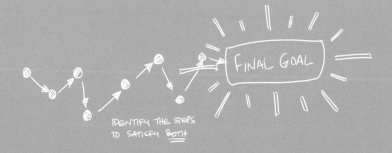

IDENTIFY THE STEPS
TO SATISFY BOTH

조시 알로이Josh Alloy는 일요일에 식당에 갔다. 그는 화요일에만 반값으로 파는
칠면조 샌드위치와 감자튀김 세트를 먹고 싶었다. 그러나 식당에서는 반값에
팔지 않으려고 했다. 그는 우선 종업원과 야구에 대한 이야기를 나누었다. 그는
팁 박스에도 1달러를 넣었다. 이야기가 다 끝난 후 종업원은 가격을 절반으로
깎아주었다. 조시는 "인간적 소통을 하는 것이 비결입니다"라고 말했다.

Part 2

원하는 것을
얻는 비밀

The secret of
getting
what you want

회사에서 인정받는
사람들의 비밀

하버드 경영대학원을 우등생으로 졸업한 여학생이 캘리포니아에 있
는 대기업에 들어갔다. 그러나 입사 후 3년 만에 그녀를 뽑은 회장과
CEO 그리고 부사장이 은퇴나 해고로 모두 회사를 떠나버렸다. 새로
운 경영진은 분위기 쇄신을 이유로 기존 이사들과 함께 그녀를 해고
할 생각이었다. 그러나 그동안 그녀가 쌓아둔 회사 내 탄탄한 인맥
때문에, 유감스럽게도 그럴 수가 없었다.

　그녀는 입사 당시 자신을 적극적으로 뽑아준 사람들이 나이가 많
다는 사실을 눈치챘다. 몇 년 후 그들이 회사를 떠났을 때 자신의 입
지가 불안할 수도 있다는 걸 일찍이 간파했던 것이다. 그래서 그녀
는 3년 동안 직무와 관련 없는 다른 부서의 일도 서슴없이 나서서 도
와주었다. 덕분에 회사 사람들 모두가 그녀를 좋아했다. 결국 새로운
경영진이 그녀를 해고하려고 했을 때, 그들은 일제히 반대의 목소리

를 냈고 그 결과 자신의 자리를 지킬 수 있었던 것이다. 결과적으로 그녀는 회사 사람들을 상대로 3년 동안 보이지 않는 협상을 벌인 셈이었다. 물론 상대방은 그 사실을 전혀 몰랐지만 말이다.

고용주와 고용인 사이의 관계가 갈수록 어려워지고 있다. 이러한 환경일수록 능숙한 협상 기술이 필요하다. 나는 면접에서 까다로운 면접관을 만났다고 불평하는 학생들에게 "면접 볼 때가 그나마 그 사람이 제일 친절한 것"이라고 일침을 놓는다.

직장 생활과 관련하여 온갖 조언을 담은 책들이 쏟아져 나오고 있다. 하지만 이러한 조언들의 문제점은 모든 상황에 동일한 방법을 끼워 맞추려고 한다는 것이다. 가장 중요한 일은 역시 상대의 머릿속 그림을 그리는 일이다. 그리고 상대방에게 영향을 미치는 제3자의 머릿속 그림을 그리는 일도 필요하다. 그래야 주어진 상황에 맞게 치밀한 전략을 세울 수 있다.

회사 내에서 이루어지는 협상의 목표는 보다 가치 있는 존재가 되는 것이다. 주위에서 인식하는 내 가치가 높아질수록 더 높은 자리로 올라갈 수 있고, 해고 위험이 줄어들기 때문이다.

어떤 직장이든 간에 인맥을 넓히는 일은 대단히 중요하다. 아무리 작은 회사라도 사내 정치로부터 결코 자유로울 수는 없다. 따라서 내 편을 많이 만들수록 더 유리한 고지에 설 수 있다. 내 편들은 문제가 생겼을 때 기꺼이 내게 위험 신호를 보내고 기회를 잡는 데 필요한 정보를 제공하며, 힘들 때 손을 내밀어준다.

다음은 직장에서 도움을 받을 수 있는 유형의 사람들이다. 그 중에는 취업에 도움이 되는 사람들도 있다. 그러니 먼저 이들에게 다가가라.

- 오래 근무한 사람 : 근속 기간이 길지만 종종 윗선으로부터 무시당하는 사람들을 찾아라. 회사마다 이런 사람들이 꼭 있다. 그들은 회사 구석구석에 대해 알고 있다. 그들을 존중하라. 그들이야말로 목표를 달성하는 데 꼭 필요한 이들이다.
- 그만둔 사람 : 회사를 떠난 사람들은 최악의 상황을 겪은 경우가 많다. 그들은 회사가 해줄 수 없는 것이 무엇인지 안다. 물론 그들이 하는 말을 곧이곧대로 믿어서는 안 된다. 회사에 대한 감정이 좋지 않을 수도 있기 때문이다. 그러나 그들을 통해 회사의 냉정한 정보들을 좀더 알아낼 수 있다.
- 정보기술 전문가 : 사실 많은 사람들이 정보기술 부서를 좋아하지 않는다. 하지만 최소한 정보기술 부서의 한두 명과는 친분을 쌓아라. 정보기술이 없으면 효율적인 업무를 할 수 없다. 업무와 관계된 정보기술에 문제가 생겼을 때 즉시 도움을 받는 것은 매우 중요하다.
- 도서관 사서 : 모든 기업이 사서를 두지는 않지만, 그들은 누구보다 리서치에 뛰어난 사람들이다. 그래서 당신의 일에 필요한 정보를 쉽고 빠르게 찾아줄 수 있다.
- 청소 담당자 : 대부분의 사람들이 회사 내 청소부들에 대해 신경을 쓰지 않는다. 그러나 그들은 회사 안의 많은 것을 보고 들

는 사람들이다. 그러니 내 편으로 두어서 손해 볼 일은 없다.

- 보안 담당자 : 출입증을 잃어버렸을 때나 고객을 빨리 들여보내고 싶을 때, 혹은 문이 잠긴 사무실에 서류를 두고 왔을 때, 친한 보안 담당자가 있으면 큰 도움이 된다. 매일 볼 때마다 인사를 건네고 기회가 생기면 소소한 사담이라도 나누어라.
- 경영지원팀 : 임원들은 자주 바뀌어도 경영지원팀 사람들은 대부분 오래 다닌다. 그들이야말로 소문을 퍼뜨리는 주범들이다. 그러니 그들을 내 편으로 만들어라.
- 기타 직원들 : 복사실, 카페, 관리 부서에서 일하는 사람들은 마감일에 쫓기거나 급한 정보가 필요할 때 적절한 도움을 줄 것이다.
- 인사팀 : 사실 인사팀 사람들을 쉽게 내 편으로 만들기는 어렵다. 그들의 주요 업무가 회사를 보호하는 일이기 때문이다. 하지만 그들도 사람이다. 낮은 직급의 이들부터 친분을 쌓아라. 그들이 하는 일에 관심을 보여라. 기꺼이 자신이 어떤 일을 하는지 설명해줄 것이다.
- 외부 공급 업체 : 외부 공급 업체와 친분을 두텁게 쌓으면 생각지 못한 상황에서 많은 특혜를 누릴 수 있다.

엘런 월시Ellen Walsh는 학교를 졸업한 후 홍보 업계에 발을 들여놓았다. 능력을 발휘할 기회를 찾던 그녀는 회사에서 인정받던 사람이 곧 그만둔다는 사실을 알게 되었다. 마침 누구도 그가 하던 인턴 고용

업무를 맡으려 하지 않았다. 그래서 엘런은 그 일을 자임했다. 덕분에 그녀는 앞으로 홍보 업계에서 일하게 될 많은 사람들을 만나서 인맥을 쌓을 수 있었다.

원하는 회사에 들어가는 비결

열여덟 번이나 1차 면접에서 낙방했다가 협상 도구를 활용하여, 열두 번 연속으로 최종 면접까지 간 끝에 원하는 직장에 들어간 학생이 있다. 그의 이름은 메훌 트리베디Mehul Trivedi로, 메훌은 앞에서 소개한 협상 도구에 따라 철저하게 면접을 준비했다. 그는 와튼스쿨 동창생들을 인맥으로 활용하여 지원한 회사에 다녔던 이들을 찾아냈다. 그리고 그들로부터 지원하는 회사와 부서의 니즈, 의사 결정자, 면접관에 대한 정보를 세밀하게 파악했다.

그 결과 메훌은 지금까지 자신이 이력서를 너무 평범하게 썼다는 사실을 깨달았다. 각 기업은 서로 다른 니즈를 갖고 있었고, 그에 따라 구직자들에게 다른 기술과 경험을 요구했다. 또한 한 기업 내에서도 부서마다 필요로 하는 니즈들이 달랐다.

메훌은 정보 수집을 끝낸 후, 지금까지 썼던 이력서를 모두 휴지통에 버렸다. 그리고 각 기업과 부서에 적합한 맞춤형 이력서를 새로 작성했다. 그리고 아내와 함께 역할 전환 연습을 했다. 그는 그 모습을 동영상 카메라로 찍어 다시 보면서 분석한 다음, 잘못된 부분을 바로잡았다. 이 과정을 통해 그는 각각의 기업 면접에서 나올 질문의 3분의 2를 예측할 수 있었다. 결국 그는 면접에 임할 때마다 면접관들에게 자신이야말로 회사의 표준을 만족시킬 수 있는 인재라는 확신을 주었으며, 그들과 인간적인 소통을 하려고 노력했다.

결과는 놀라웠다. 그는 1차 면접 기간이 채 끝나기도 전에 인사 담당자로부터 전화를 받았다.

"최종 면접에 와줄 수 있습니까?"

결국 그는 그토록 원하던 주식 애널리스트가 되어 열정적으로 일할 수 있었다.

메훌은 처음에는 내가 가르친 협상법의 효과를 의심했다고 털어놓았다. 협상에서 사람이 차지하는 비중이 최소한 50퍼센트이며, 내용이 차지하는 비중은 기껏해야 10퍼센트라는 말을 믿을 수 없었던 것이다. 그러나 그는 경험을 통해 내 말이 사실임을 알았다. 이후 13년 동안 그는 모든 상황에서 내가 가르친 협상 도구들을 적극적으로 활용하고 있다.

나는 해마다 수백 개의 이력서를 받아본다. 그러나 우리 회사에 대해 제대로 조사한 흔적이 보이는 이력서는 드물다. 상대의 머릿속 그림을 그려보지 않은 탓이다. 메홀은 상황에 맞는 접근법을 쓴 덕분에 좋은 회사를 선택할 수 있었다. 다른 학생들도 비슷한 경험을 했다.

구아라브 테와리Guarav Tewari는 실리콘 밸리의 한 기업에 지원했을 당시, 자신이 가장 일을 잘 할 수 있는 부서가 어디인지, 그 이유는 무엇인지에 대해 정확하게 알고 있었다. 그래서 그는 면접관을 잘 아는 사람들에게 자신을 소개하는 이메일을 보내달라고 부탁했다. 그 후 그는 회사의 채용 기준을 철저하게 파악하여 면접에 임했다. 그가 취업에 성공했음은 물론이다.

경기가 어려운 시기에도 취업의 문을 열 수 있는 방법은 많다. 이장Yi Zhang은 경험이 부족하다는 이유로 벤처 투자사에 합격하지 못했다. 그래도 그는 포기하지 않았다. 그는 벤처 투자사가 인터넷 전화 기술에 관심이 많다는 사실을 알아냈다. 인터넷 전화 기술이야말로 그의 전문 분야였다. 그래서 회사 측에 이와 관련된 무료 컨설팅을 제의했다. 일단 조직 안에 들어가면 밖에서는 접할 수 없는 정보와 기회를 얻게 될 테니 여러모로 이득이 될 게 분명했다. 자원봉사자였던 이들이 직원이 되는 경우는 바로 이런 점 때문이다. 벤처 투자사는 그가 만든 시장분석 보고서를 투자에 참고했다. 그는 자신이 보고서를 제안한 투자건이 결정되면서 회사 내에서 보다 탄탄한 입지를 구축하게 되었다. 당장 그 회사의 직원이 되지 못할지라도, 이력서에 추가할 좋은 경력을 쌓은 셈이다. 실제로 그는 그로부터 얼마 후 상하이에서 일자리를 구할 수 있었다.

마크 소렐Mark Sorel은 세계은행 산하의 국제금융공사에 지원했다가 떨어졌다. 그가 국제금융공사에서 필요로 하는 기술적 능력을 갖추지 못했다는 것이 이유였다. 그는 와튼스쿨에서 2년 동안 투자 시장에 대해 배운 내용을 정리하여 담당자에게 보냈다. 그리고 이미 결정을 내린 것을 알지만 다시 한번 기회가 주어지기를 바란다는 내용의 편지를 동봉했다. 그리고 필요하다면 시험을 치를 수도 있다는 말도 덧붙였다.

원하는 것을 얻고자 한다면 마크처럼 끈기 있게 기회를 찾는 것이 중요하다. 몇 달 후 합격자 한 명에게 문제가 생기자, 국제금융공사는 마크에게 시험을 치를 기회를 주었다. 결국 마크는 원하던 일자리를 얻을 수 있었다.

마크는 언젠가 이렇게 말한 적이 있다.

"협상론 강의를 통해 협상에 대한 시각이 완전히 바뀌었어요. 그리고 착실하게 준비 절차를 밟은 덕분에, 그 누구의 감정도 상하지 않게 하면서 원하는 것을 얻을 수 있었습니다."

제약 회사에서 정보 책임자로 일하는 알렉산더 홈센코Aleksandr Hromcenco는 업적 평가를 '달성'에서 '초과'로 바꿔야겠다고 결심했다. 얼마 전에 혁신상을 받은 점이 인사고과에 반영되지 않았기 때문이다.

하지만 이미 내린 결정을 바꾸게 하는 일은 어디서나 어렵다. 상사는 수상과 관련된 사항을 내년도 인사고과에 반영하겠다고 말할 게 뻔했다. 그래서 알렉산더는 상황을 재설정한 후 상사에게 정중히 이야기했다.

"모든 데이터를 취합하기 전에 업적 평가를 제출하신 일은 부당하다고 생각합니다."

　지금까지 부서에서 혁신상을 받은 사람은 딱 두 명뿐이었다. 그만큼 받기 어려운 상이라 그가 받지 못할 것이라고 미리 짐작하고는 인사고과 작성을 마무리 지은 것이다. 만약 알렉산더가 혁신상을 받을 거라는 사실을 알았다면 상사의 평가는 분명 달라졌을 것이다. 알렉산더는 이 문제가 결국은 상사에게도 손해라는 점을 설명했다. 상사가 회사의 표준인 공정성을 간과했기 때문이다. 결국 상사는 업적 평가 내용을 바꾸었다. 덕분에 알렉산더의 연봉은 1만 3,500달러나 인상되었다.

　직장에서 원하는 것을 얻는 또 다른 전략은 상대방이 인식하는 위험을 줄여주는 것이다. 하니웰Honeywell에서 일하는 란지트 보펄Ranjit Bhopal은 미 공군의 에너지 담당자를 설득해야 했다. 그는 하니웰이 애리조나 루크 공군기지를 위해 제안한 1,400만 달러 규모의 태양열 에너지 프로젝트를 거부했다. 이전에 에너지 서비스 기업과 함께 추진했던 사업이 원만하게 진행되지 않았다는 것이 그 이유였다.

　"그 이유에 대해 저 역시 충분히 공감하는 바입니다."

　란지트는 에너지 담당자의 인식을 정당화하고 감정적 지불을 함으로써 대화를 지속적으로 이어갈 수 있는 물꼬를 텄다. 그다음 충분한 증거와 증언을 바탕으로 이번 프로젝트는 과거 프로젝트와 확실히 다르다는 점을 설명했다. 마지막으로 점진적인 접근법을 활용하여 일단 1차적으로 20만 달러 규모의 재생 에너지 사업을 진행해보자고 제안했다. 결국 1차 사업이 성공적으로 마무리되면서 전체 프로젝트를 승인받을 수 있었다.

란지트의 경우, 신중한 준비와 다양한 협상 도구 그리고 상대방에 대한 배려를 통해 프로젝트를 완수해냈다. 이처럼 상대방이 우려하는 것이 무엇인지 묻기만 해도 설득에 필요한 정보를 얻을 수 있다.

벤 휴즈Ben Hughes는 변호사 시험 대비 학원으로부터 멀리 떨어진 곳에서 살았다. 그래서 그는 집에서 독학 코스를 수강하고 싶었으나 그가 다니는 로펌에서 이를 반대했다. 독학 코스의 비용이 더 들뿐 아니라 이전에 그렇게 독학한 사람들이 대거 불합격한 경우가 있었기 때문이었다.

벤은 회사가 느끼는 불안을 해소시키기로 했다. 그는 인턴으로 일했을 당시의 상사를 찾아가 물었다.

"절 잘 아시죠? 저를 혼자서 제대로 공부할 수 없는 사람으로 생각하지는 않으시겠죠? 직원들을 최대한 배려한다는 것이 회사 방침이라고 알고 있습니다."

결국 회사는 벤이 독학 코스를 수강하도록 허락하고 추가 비용도 지원했다.

이렇듯 질문을 통해 상대방의 머릿속 그림을 그리는 과정은 성공적인 협상을 위해 대단히 중요한 일이다.

의사인 크리스토퍼 댐Christopher Damm은 의료장비 회사의 마케팅 컨설턴트가 되고 싶었다. 그러나 프로젝트 담당자가 자신에 대해 아는 것이 없다는 사실을 깨달았다. 프로젝트 담당자가 보기에 그는 마케팅 컨설턴트가 아닌 환자를 진료하는 의사일 뿐이었다. 그래서 그는 프로젝트 담당자를 만나 자연스럽게 다양한 질문을 던졌다. 궁극적으로 그가 알고 싶은 건 담당자가 컨설턴트를 통해 얻고자 하는 목표와 필요한 기술, 비전, 그리고 현재의 문제점과 표준에 대한 것이었다. 질문을 통해 이러한 사항들을 알아본 그는 대화 후반에 이르러 이렇게 말했다.

"컨설팅을 통해 그런 걸 원하신다면, 저야말로 컨설턴트의 필요조건을 다 갖춘 사람이라고 말씀드리고 싶네요."

그리고 왜 그런지에 대해 차근차근 설명했다. 덕분에 그는 그 회사의 컨설턴트가 될 수 있었다. 그는 상대방에게 질문을 던짐으로써 상대방의 니즈와 가치 기준을 파악한 후, 자신이야말로 상대방이 찾는 적임자라는 사실을 설명함으로써 원하던 일을 할 수 있었다.

직장 생활에서 중요한 사안인 보상과 관련하여서는 구체적인 질문을 던지기 전, 상대방이 어떤 생각을 하고 있는지 머릿속 그림을 그리는 것이 대단히 중요하다. 그렇지 않으면 도리어 손해를 볼 수도 있다. 뉴욕에서 은행가로 일하는 폴 캐버노Paul Kavanaugh는 상사와 연봉 협상을 하는 중간, 원하는 연봉 액수에 대한 질문을 받았다. 폴은 회사가 적용하는 기준을 알기 전에는 구체적인 대답을 할 수 없었다. 그래서 반대로 상사에게 연봉을 올려주는 평가 기준이 무엇인지 물었다. 그는 상사의 설명을 들은 후, 어느 정도의 인상이 가능한지를 다시 물었다. 놀랍게도 상사는 폴이 생각했던 것보다 두 배나 높은 금액을 불렀다. 그러나 폴은 일부러 그보다 더 높은 금액을 요구했다. 물론 협상은 폴의 양보로 마무리되었다. 상사는 자신이 처음 제시한 금액대로 협상이 마무리 된 것에 대해 상당히 흡족해했다. 폴은 상대의 감정을 조작한 것이 아니라 충분한 감정적 지불을 한 것이었다. 그는 적절한 질문을 통해 목표 달성에 필요한 정보를 얻을 수 있었다.

협상에서 일상적인 대화는 항상 중요한 역할을 한다. 투자 은행에서 일하는 윌 첸_{Will Chen}은 다른 부서로 이동하고 싶었지만 세 번이나 거절당했다. 그래서 그는 인사 담당자와 직접 협상에 나섰다. 그는 본론에 들어가기 전에 인사 담당자에게 어떤 음식을 좋아하는지 물었다. 인사 담당자는 베트남 음식을 좋아한다고 대답했다. 마침 윌은 최고의 베트남 식당과 베트남 음식을 소개하는 웹사이트, 조리법 등에 대해 잘 알았다. 그래서 베트남 음식을 매개로 인간적인 소통을 시작한 결과 그는 원하던 부서로 갈 수 있었다.

면접에서 효과적인 말

면접을 다룬 책들은 이미 많으므로 같은 내용을 반복하고 싶지는 않다. 다만 협상법의 관점에서 몇 가지 제안을 하고자 한다.

첫째, 상대방이 질문하면 즉시 명확하게 대답하라. 아니면 질문에 답하는 데 필요한 정보를 물어라. 사람들은 상대방이 질문에 대답하지 않는 것을 싫어한다. 질문을 회피하는 것은 정치인들이 쓰는 나쁜 수법이며, 뭔가를 숨기는 것이 있다는 느낌을 준다. 둘째, 상대방과 눈을 맞추어라. 미소를 지으면서 상대방에게 집중하라는 뜻이다. 누구나 자신을 좋아하고 신뢰하는 사람과 일하고 싶어 하는 법이다. 면접에서는 작은 행동도 큰 의미를 지닌다. 가령 면접장에 일찍 도착하는 것은 강한 동기를 가졌음을 보여준다.

만일 당신이 고용주라면, 당연히 지원자가 어떤 사람인지 알고 싶을 것이다. 지원자에게 자신의 신뢰성을 증명할 만한 사례를 말해보라고 하라. 이 질문은 살아오면서 겪었던 최고의 경험이나 최악의 경험에 대해 묻는 것보다 훨씬 더 많은 정보를 얻을 수 있다. 최고의 경험이나 최악의 경험에 대한 질문은 너무 식상하다. 대신 살면서 누군가의 시험에 들었던 적이 있는지, 다른 사람을 돕기 위해 정말로 어려운 일을 한 적이 있는지 물어라.

반대로 당신이 지원자라면 회사가 직원들을 어떻게 관리하고 교육하고, 승진시키는지 알고 싶을 것이다. 일에 대한 회사의 철학은 무엇인지 물어라. 면접하기 전에 미리 조사한 정보를 바탕으로 질문할 내용을 준비하는 게 좋다. 회사에 대한 깊이 있는 질문은 당신이 입사에 대해 얼마나 강한 동기를 가졌는지, 얼마나 자발적인 사람인지를 보여준다. 질문은 세 개에서 다섯 개 정도가 적당하다. 또한 이력서는 회사가 구체적으로 원하는 필요에 맞게 작성해야 한다. 즉 회사가 원하는 능력을 제대로 갖춘 적임자임을 증명해야 한다.

표준을 사용하는 방식

표준은 조직의 법이다. 하지만 사람들은 정치적 수법을 이용하여 표준을 피하려 든다. 하지만 그렇다고 해서 표준이 사라지는 건 아니다. 그러므로 항상 표준을 염두에 두고 협상에 임해야 한다. 표준은 부당한 대우에 맞서는 보호책이기도 하다. 모든 인사 규정을 파악하고, 정책에 어긋난 대우를 받은 사례를 기록하라. 부당한 점을 지적할 때는 감정을 섞지 않고 차분해야 한다는 점을 잊어서는 안 된다. 그래야 태도 때문에 꼬투리를 잡히지 않는다.

한 학생이 MBA의 2년차 학비인 3만 5,000달러를 지원받는 조건으로 컨설팅 기업에 입사했다. 그러나 실제 학비는 5만 1,380달러였다. 학생은 재협상을 거부하는 회사를 설득해야 했다. 그는 조사를 통해 회사가 저렴한 MBA 과정의 학비를 기준으로 상한선을 정했다는 사실을 알게 되었다. 이어 학생은 회사의 표준을 확인했다. 거기에는 2년차 학비를 지원한다고 되어 있었다. 특별히 저렴한 과정을 기준으로 적용한다는 말은 없었다. 게다가 다른 컨설팅 회사들 역시 학교별로 학비를 다르게 지원하고 있었다.

학생은 이러한 사실을 토대로 협상에 나선 끝에 추가 학비를 지원받는 데 성공했다. 그는 협상의 성공 요인에 대해 "보상이 아니라 공정성 측면에서 문제를 제기한 것이 주효했습니다"라고 말했다. 이는 표준을 재설정하는 방법을 잘 활용한 사례다.

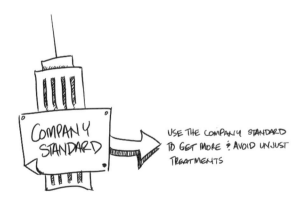

COMPANY STANDARD

USE THE COMPANY STANDARD TO GET MORE & AVOID UNJUST TREATMENTS

취업 시장에서 표준을 재설정하는 방법은 대단히 유용하다. 이때는 상대방을 한 걸음씩 원하는 곳으로 이끌어야 한다. 돈 코데이로Don Cordeiro는 브라질의 사모펀드 회사에 들어가고 싶었다. 그러나 해당 분야에 관해 아무런 경험이 없는 탓에 경쟁자들에 비해 불리할 수밖에 없었다. 하지만 돈은 회사가 진짜 중시하는 것은 경험이 아니라 능력이라는 사실을 알았다. 경험은 능력을 말해주는 한 가지 지표에 불과했던 것이다. 그래서 돈은 면접관에게 현재 회사에 어떤 인재가 필요한지 물었다. 면접관은 대인관계에 필요한 커뮤니케이션 기술과 팀 구성 능력, 기업가적 자질, 적응력을 가진 인재가 필요하다고 말했다. 돈은 다양한 벤처 기업에서 팀을 꾸리고, 팀원들 사이에서 차이를 극복하는 방법을 찾고, 새로운 환경에 적응했던 자신의 경험들에 대해 설명했다. 그리고 말미에 사모펀드 분야에서 경험이 없다는 사실을 밝혔다. 면접관이 조직 생활을 통해 얻은 그의 다양한 경험을 먼저 인식하도록 하기 위함이었다. 그 결과 그는 제일 불리한 후보에서 제일 유력한 후보로 격상됐다.

나는 학생들에게 상대방의 모호한 답변을 절대 받아들이지 말라고 가르친다. 레바논에서 컨설턴트로 일하는 셔빈 림버트Shervin Limbert는 회사가 임의대로 보너스를 결정할 것이라는 말을 들었다. 이 말은 보너스가 아주 적거나 없다는 뜻이었다. 그래서 셔빈은 상사에게 어떤 기준으로 자신의 가치를 계산해줄 것인지 물었다. 그는 회사의 표준을 확인한 다음, 지금까지 자신이 회사에 기여한 가치를 구체적으로 열거했다. 거기에는 쿠웨이트의 인맥을 활용하여 유리한 조건으로 계약한 일 등이 포함되어 있었다. 그 결과 그는 3만 달러의 보너스를 약속받았다.

협상 도구를 활용하는 능력이 뛰어나면 아무리 어려운 상황에서도 협상의 여지를 만들 수 있다. 매킨지에서 일하던 한 학생은 시간이 오래 걸리고 짜증나는 검토 절차를 거치지 않고 다른 지사로 옮기고 싶었다. 그러나 매킨지는 전근의 경우에도 입사 때와 같은 검토 절차를 적용했다. 그래서 학생은 모든 지사에 동일한 표준을 적용한다는 회사의 정책을 내세웠다. 매킨지는 물론 그의 타당한 반론을 무시할 수도 있었지만 표준을 지키지 않으면 우수한 인재를 잃는다는 사실을 알고 있었다. 결국 학생은 특별한 검토 절차 없이 원하는 곳으로 옮길 수 있었다. 이 사례를 통해 세계적인 기업을 상대할 때도 표준을 이용하여 목표를 달성할 수 있다는 점을 알 수 있다.

조시 퍼츠먼Josh Furchtman은 새로 입사한 회사에서 두 번째 이사 비용을 지원해줄 수 없다는 말을 들었다. 그는 여름 동안 부모가 사는 집으로 옮겼다가 다시 회사가 있는 곳으로 이사해야 했다.

"만일 두 번의 이사 비용이 다른 사람들이 한 번 이사할 때 드는 비용보다 낮다면 어떤가요?"

중요한 것은 횟수가 아니라 액수였기 때문이다. 결과적으로 그는 저렴한 이사 업체를 찾았고, 두 번의 이사 비용을 모두 지원받았다. 그의 협상 전략은 표준을 이사 횟수에서 비용 상한선으로 재설정하는 것이었다.

이러한 사례는 무수히 많다. 내가 가진 데이터베이스를 보면 수백

가지 사례들이 있다. 당신도 지금까지 소개된 협상 도구를 활용하여 얼마든지 효과를 볼 수 있다.

상 상 력 의 힘

내게는 비교적 가치가 낮지만 상대방이 중시하는 대상을 찾아 목표를 달성하는 방법을 살펴보겠다.

크리스토퍼 켈리Christopher Kelly는 새로운 입사 후보자에게 이전 직장과 같은 수준의 급여밖에 지급할 수 없었다. 하지만 입사 후보자는 그 조건을 거부했다. 크리스토퍼는 그의 장기적인 목표와 현 직장에 만족하지 못하는 이유를 파악했다. 알고 보니 그는 MBA에 가는 것이 목표였다. 크리스토퍼는 회사에서 MBA에 보내주겠다고 약속하면서 더 바라는 것이 있는지 물었다. 후보자는 매니저라는 직함을 원했다. 크리스토퍼는 흔쾌히 동의했다. 그 결과 그는 급여 인상 없이 입사하기로 결정했다.

이러한 협상법을 실전에서 활용하는 모습을 보면 대단히 단순해 보인다. 그러나 체계적이고 정확한 방식으로 정해진 절차를 따르지 않으면 결코 효과를 볼 수 없다.

금융서비스 기업에서 일하는 비카스 밴설Vikas Bansal은 부하 직원이 더 열심히 일하도록 만들고 싶었다. 하지만 일을 더 열심히 하라는 강압적 명령은 오히려 동기를 약화시킬 수 있으므로 되도록 하지 않는 것이 좋았다. 비카스는 불경기 때문에 급여가 줄고 동료들이 해고당하면서 부하 직원이 의욕을 잃었다는 사실을 알았다. 그래서 부하 직원이 어떤 점을 걱정하고 앞으로 어떻게 되기를 원하는지 물었다. 그는 부하 직원의 말을 참을성 있게 들으면서 그의 니즈를 이해하려고 노력했다.

알고 보니 부하 직원의 아내가 곧 아이를 낳을 예정이었다. 때문에 근무 시간을 유연하게 조정해주면 큰 도움을 주는 셈이었다. 비카스는 부하 직원이 회사를 위해 주도적으로 해주었으면 하는 다섯 가지 주요 업무를 제시했다. 그 대신 아내가 아이를 낳을 시점을 전후하여 근무 시간을 유연하게 조정해주겠다고 약속했다. 이후 부하 직원의 태도는 확연히 달라졌다.

상상력만 발휘하면 얼마든지 유능한 인재를 끌어들여 오랫동안 함께 일할 수 있다. 크리스토퍼 켈리와 마찬가지로 존 모레노John Moreno 역시 입사 후보자에게 이전 직장보다 많은 급여를 제시할 수 없었다. 그는 입사 후보자가 아내와 세 아이와 함께 작은 아파트에서 살고 있다는 사실을 알았다. 입사 후보자의 아내는 더 큰 새집을 원했다. 이들 부부는 자신들의 명의로 된 땅은 있었지만 집을 지을 자금이 부족했던 터였다.

"집을 짓는 기초공사를 회사에서 해준다면, 우리 회사에 입사할 용의가 있나요?"

당연히 그는 입사 제의를 받아들였다.

회사 입장에서 큰 비용을 들일 필요가 없는 무형의 가치를 파악하라. 그것은 헬스클럽 회원권이 될 수도 있고, 이사 비용이 될 수도 있으며, 저금리 대출이 될 수도 있다. 협상의 간극을 메울 수 있는 보상

책은 수없이 많으니, 상상력을 총동원하라.

직장 생활은 수많은 협상의 연속이다. 일상적인 협상을 잘하지 못하면 일하기가 어려워진다. 하지만 지금까지 소개한 도구들을 활용하면 모든 협상을 성공적으로 이끌 수 있다.

수전 피롤로Susan Pirollo는 회사가 자신을 MBA에 보내준 것을 못마땅해 하는 상사를 달래야 했다. 상사는 회사가 약속한 사항인데도 불구하고 그녀가 학교에 가는 것을 수시로 방해했다. 수전은 이 문제는 시비를 따질 사안이 아니라는 것을 알았다. 상사는 수전이 학교에 가고나면 상대적으로 자신의 일이 많아지는 것 때문에 불만을 품은 것이었다. 그래서 수전은 자진해서 상사의 일을 도와주겠다고 나섰다. 그녀가 개인 시간을 들여서라도 일을 덜어주겠다고 하자 상사의 태도는 한결 누그러졌다. 이를 통해 수전은 한 가지 깨달음을 얻었다.

"모든 협상시 상대방의 입장이 되어 그들의 머릿속 그림을 그려볼 필요가 있어요."

제3자 활용법

직장생활에서 제3자와의 연대는 특히 중요한 의미를 지닌다. 조직은 수의 힘을 존중한다. 조직 자체가 구성원들의 모임으로 형성되기 때문이다. 제3자는 충분한 권위, 설득력, 신뢰, 의사 결정자에 대한 영향력, 상황과의 감정적 거리를 유지하지 못했을 때 큰 도움을 줄 수 있다. 제3자의 도움을 받으려면 무엇보다 동맹을 구축하는 방법을 알아야 한다.

에릭 래머스Eric Lammers는 릴라이언스 리소스Reliance Resources의 CFO를 만나서 대출 영업을 하고 싶었다. 물론 에릭은 이전에 그를 만난 적이 없었으며, 그 CFO는 모르는 사람을 만나주지 않았다. 무턱대고 이메일을 보내는 것도 쓸모없는 짓이었다.

마침 에릭은 릴라이언스 리소스의 회계 담당자를 알고 있었다. 그래서 그를 만나 열심히 홍보에 나섰다. 그는 적절한 프레이밍으로 유동성을 확보할 수 있는 옵션이 대기업에 얼마나 필요한지 역설했다. 이 프레이밍은 확실한 설득력을 발휘했다. 덕분에 CFO는 에릭과 회계 담당자 그리고 부사장이 함께 모여 진행할 수 있는 회의를 마련해주었다.

램 비탈Ram Vittal은 제3자를 활용하여 자신에 대한 정보를 수집했다. 그는 은행에 취업함과 동시에 영주권을 딸 수 있기를 기대했다. 그러면 미국의 비자 정책이 바뀌어도 걱정할 일이 없었기 때문이다. 그러나 인사 담당자는 1년 동안 영주권 신청을 유예하는 것이 정책이라고 말하며 비협조적인 자세로 일관했다. 그래서 램은 자신을 뽑아준 부사장을 찾아갔다. 부사장은 입사 후 바로 영주권 신청 절차를 밟은 사례를 알고 있었고 즉시 인사 담당자에게 신청 절차를 밟도록 지시했다. 램은 이렇게 말했다.

"사실 협상 도구를 활용한 성공 사례들이 전부 비현실적이라고 생각했어요. 하지만 의식적으로 협상 도구를 활용하고 협상 과정에 대해 신중하게 생각하면 실제로 효과를 발휘한다는 사실을 알게 되었습니다. 가장 중요한 점은 모든 관계자가 협상 과정을 통해 혜택을 얻도록 하는 것입니다."

만일 협상이 걸림돌에 부딪히면 우회를 선택하는 대신 먼저 서로의 이익을 충족시킬 방법을 찾아야 한다. 상대방의 머릿속 그림에 맞게 제안 내용을 만드는 것도 한 방법이다.

가나 출신인 오포추 테테 쿠조르지Ofotsu Tetteh Kujorjie는 일자리를 제의한 회사의 사장과 근무 조건을 논의하고 싶어 했다. 그러나 사장은 그럴 시간이 없었다. 오포추는 제의를 받아들이든지 다른 일자리를 알아보라는 말을 들었다. 그래서 오포추는 이전에 만난 적이 있는 사장의 비서에게 전화를 걸어서 시급하게 끝내야 할 프로젝트가 있는지 물었다. 비서는 그렇다고 대답했다.

오포추는 사장에게 이메일을 써서 입사를 원하지만 조건에 대하여 몇 가지 질문이 있다고 밝혔다. 그리고 크리스마스를 맞아 가나로 돌아갔을 때, 직접 조건을 논의하게 해주면 현재 시급하게 진행할 프로젝트를 도와주겠다고 제의했다. 사장은 바로 전화를 걸어서 제의를 수락했다. 오포추는 프로젝트를 도와주고 법학 석사학위를 딸 때까지 입사를 미루어도 좋다는 허락까지 받아냈다. 사장은 지금도 미국에 올 때마다 오포추에게 연락을 한다. 오포추는 제3자인 비서와의 인맥을 활용하여 효과를 톡톡히 본 것이다.

최악의 상황을 극복하는 법

이 책에서 소개하는 대부분의 협상은 점진적으로 진행되었다. 결코 상대방에게 한번에 모든 것을 요구하지 마라.

카밀라 조Camilla Cho는 워너 홈 비디오Warner Home Video에서 여름 인턴으로 일한 후, 졸업하면 정식으로 입사하라는 제의를 받았다. 하지만 그녀는 졸업을 앞두고 워너 그룹의 미디어 부문에서 전략 관련 일을 하기로 마음을 바꾸었다. 그러나 인턴 시절의 상사인 제프Jeff의 허락 없이는 자리를 옮길 수 없었다. 그냥 옮기고 싶다고 말하면 제프가 배은망덕하게 생각할 수도 있었기 때문이다. 제프는 수백 명의 지원자 중에 그녀에게 특별한 기회를 준 은인이었다. 자칫 잘못하면 제프와의 관계뿐만 아니라 자신의 경력에도 손상을 입힐 수 있었다. 카밀라는 제프의 입장이 되어 상황을 바라본 후, 바로 자리를 옮기는 것은 비현실적이라는 사실을 깨달았다. 그래서 먼저 인맥을 쌓기로 결정했다.

카밀라는 제프에게 물었다,

"제가 간간이 전략과 관련된 일도 할 수 있을까요?"

"자네의 핵심 업무에 차질만 안 빚는다면 무슨 문제가 있겠나."

직원이 주요 부문의 기술을 따로 습득하는 것은 회사의 입장에서도 이득이었다. 현재 인터넷 뉴스 기업의 부사장으로 일하는 카밀라는 "항상 원하는 것을 바로 얻을 수는 없어요. 대신 최종 목표까지 이르는 경로 설정을 잘 해야 합니다"라고 말했다. 그녀는 상사의 니즈를 충족시키면서 목표에 가까이 다가가는 길을 찾았다. 이처럼 성공의 여부는 목표까지의 과정을 어떻게 설정하느냐에 크게 좌우된다.

해고를 통보받는 경우에도 점진적으로 접근하면 협상의 기회는 있다. 흥분하지 말고 고용주와 차분하게 협상을 하면 원하는 것을 얻

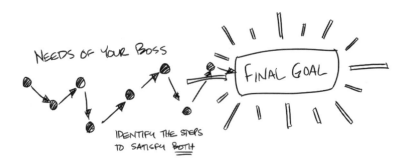

을 수 있다.

우선 다른 회사에 낼 이력서에 해가 되지 않도록 해고를 자진 사임으로 바꿀 수 있는지 물어라. 그렇게 바꿀 수 있는 근거가 될 만한 진실되고 합당한 이유를 찾아라. 그리고 후에 다른 기업에서 당신의 평판을 물었을 때 말을 제한해달라고 하라. 가령 회사는 '개인적 사유로 퇴사하였으며, 프라이버시 정책상 다른 정보를 공개할 수 없습니다'라는 식의 내용만 제공해야 한다. 마지막으로 일정기간 동안 무급 컨설턴트로 일할 수 있는지 물어라. 일부 기업은 사무실이나 전화를 무료로 제공하기도 한다. 또한 회사의 취업 알선 서비스나 추천장을 요청하라. 해고를 한 이후에도 의료보험 혜택을 연장시켜주는 기업들도 많다.

대부분의 기업들은 표준대로 계약 해지에 따른 처우를 한다. 가령 근속 연수를 기준으로 일정한 퇴직금을 주기도 한다. 계약 해지에 대한 사유가 당신의 잘못이 아니라면 더 많은 것을 얻을 방법을 찾아라. 인사 정책을 읽고 인터넷을 검색하여 아이디어를 얻어라. 충분한 보상을 얻기 전에는 절대 성급하게 동의서에 서명하지 마라. 하루나 이틀 정도 생각할 시간을 달라고 말하라. 회사에서 일방적으로 해고하려 하면 구체적인 사유를 묻고 강하게 반박할 필요가 있다.

그럼에도 불구하고 회사가 까다롭게 굴면 구체적인 내용을 근거로 권리를 내세워라. 고용주에게 이로운 조언을 해줄 수 있는 회사 안팎의 제3자를 찾아라. 제3자의 말은 보상 수준에 큰 영향을 미칠 수 있다. 아주 냉혈한이 아닌 이상 해고 과정을 복잡하게 만들고 싶어하는 고용주는 드물다.

끝으로 고용주가 비합리적으로 나올수록 당신에게 더 유리하다는 사실을 명심하라. 고용주가 불법적이거나 부적절한 행동을 하면 더 많은 보상을 받을 수 있다. 고용주가 한 일을 일일이 기록하고 녹취한 후 제3자와 상담하라. 해고당한다고 해서 세상이 끝나는 것은 아니다. 차분하게 대응하면 분명히 원하는 것을 얻을 수 있다.

이 모든 조언은 고용주에게도 해당된다. 설령 해고하는 입장이라고 해도 고용인을 공정하고 정중하게 대할수록 뒤탈 걱정이 없을 뿐만 아니라 심리적 부담을 덜 수 있다.

직장 생활의 지혜로운 협상

대외적으로 영향력이 없는 평사원이라고 해도, 협상 도구를 활용하여 경력을 진전시킬 수 있다. 에릭 델브릿지Eric Delbridge는 간부들과 회의를 가졌다. 그는 자신의 의견을 말하는 대신 사실과 표준을 제시한 후 간부들의 의견을 물었다. 간부들은 에릭의 태도를 높이 평가했다.

"회의 참석자 중에서 직급이 가장 낮다고 해도 협상 기술이 좋으면 보이지 않는 방식으로 목표를 달성할 수 있습니다."

물론 내 학생들이 협상 도구를 활용하여 한번에 원하는 것을 모두 얻는 것은 아니다. 그들은 실수를 반복하면서 점차적으로 목표를 달성하는 법을 배웠다. 스테판 페트랜커Stephan Petranker라는 학생은 한 병원의 마취전문의 자리에 지원했다. 그는 병원장이 원하는 목표에 대한 조사 없이 무방비 상태로 면접에 임했다. 스테판은 환자를 보살피는 일에 최선을 다하겠다고 말했다. 그러나 병원장의 관심 사안은 비용 절감이었다. 스테판은 내심 자신이 병원장과 공통의 관심사를 가졌다고 믿었지만, 사실은 그렇지 않았던 것이다. 결국 그는 취업에 실패했다.

얼마 후 스테판은 다른 병원에 지원했다. 이번에는 열 명의 인선위원과 차례로 면접을 해야 했다. 한 명당 면접시간은 30분이었다. 스테판은 면접을 볼 때마다 다음 인선위원에 대해서 물었다. 그리고 다른 후보들에 비해 돋보일 수 있는 방법이 뭔지에 대해서도 물었다. 그리고 그 사람의 입장에서 자신이 적임자라는 확신을 주는 방법을 생각했다. 덕분에 그는 원하는 일자리를 얻을 수 있었다.

제11강

가격 흥정의
비밀

경영대학원에 다니던 한 여학생이 구두를 사러 블루밍데일_{Bloomingdale}
백화점에 갔다. 그녀는 매장에서 비슷한 디자인과 색깔의 구두 두 켤레
를 보고 가격을 확인했다. 한 켤레는 130달러, 다른 한 켤레는 250달러
였는데 당연히 비싼 구두가 품질이 더 좋아보였다. 여학생은 이 사실
을 확인한 후 매장 직원에게 물었다.

"사람들이 가격이 덜 비싼 구두를 살 것 같네요. 비싼 구두는 잘
안 팔리죠?"

"사실 그렇습니다. 고객님."

"혹시 그렇게 되면 비싼 구두는 곧 단종되나요?"

여학생이 이렇게 물은 이유는, 구매력이 없는 구두가 쓸데없이 쇼
윈도만 오래 차지하고 있으니 매장 입장에서도 처리하고 싶어하지 않
을까해서다. 질문의 의도를 알아차린 매장 직원은 딱 잘라 말했다.

"저희는 할인 판매를 거의 하지 않습니다. 고객님."

여학생은 '거의'라는 말을 듣고 과거에 할인 판매를 한 적이 있다는 사실을 눈치챘다.

"사실 저 구두를 사고 싶기는 한데 조금 비싸요. 혹시 제가 매장 측에서 손해를 보지 않는 선에서 할인된 가격으로 처리할 수 있을까요?"

'처리'라는 표현은 그녀가 매장의 입장을 이해한다는 뜻으로 보내는 신호였다. 그녀는 백화점 매장의 마진이 대개는 높다는 사실을 알고 있었으므로 그 구두를 150달러 정도에 살 수 있는지 물었다. 몇 분 후 그녀는 160달러에 그 구두를 사서 유유히 백화점을 나왔다.

내가 첫 강의에서 학생들에게 내주는 과제는 매장에서 무조건 할인 혜택을 받으라는 것이다. 피자든, 티파니Tiffany 목걸이든 무엇이든 상관없다. 중요한 것은 스스로 원하는 것을 얻으려고 뭔가를 시도해보는 것이기 때문이다. 학생들은 이 과제를 수행하면서 아무리 호화로운 가게라도 적절한 접근법을 쓰면 얼마든지 협상이 가능하다는 사실을 알게 된다. 대부분의 경우, 최소한의 사전 준비와 협상을 시도하려는 용기만 있으면 된다. 내가 이런 말을 하면 어떤 사람들은 그건 상대방에게 손해를 끼치는 일 아니냐고 묻는다. 그럴 때마다 나의 대답은 한결같다.

"반드시 그렇지는 않습니다."

매장에서 할인을 받는다면 과연 누가 혜택을 더 보는지 생각해보라. 당신은 그 매장에 대한 인상이 좋아질 것이고, 그곳을 더 자주 방문하게 될 것이다. 만일 당신이 직원에게 친근하게 대한 덕분에 할인을 받았다면 그것 역시 서로에게 좋은 일이다. 항상 고약한 손님들에게 시달려야 했던 매장 직원이 친절한 당신으로부터 잠시나마 심리적 위로를 받기 때문이다.

물론 위에 소개한 여학생 사례의 경우, 누가 더 혜택을 보았는지는 명확하지 않다. 여학생과 매장은 가치가 다른 대상을 서로 교환했다. 매장은 오래된 재고를 처분하여 투자금을 회수했을 뿐 아니라 구매력이 더 높은 상품을 쇼윈도에 진열할 수 있게 되었다.

상대의 표준을 이용하려면

표준은 거래에서 가장 많이 활용되는 협상 도구다. 시장에서 이루어지는 대부분의 협상은 가격과 정책에 대한 것이기 때문이다. 물론 거래에서 표준만이 능사는 아니다. 하지만 기본적으로 표준을 능숙하게 다룰 줄 알면 협상이 쉬워진다. 그리고 여기에는 상대방이 받아들일 수 있는 표준에 맞게 상황을 재설정하는 일도 포함된다.

예외를 요구하는 것도 표준을 활용하는 방법 중 하나다. 마크 페리Mark Perry가 산 휴대폰은 불행히도 품질 보증 기간이 끝난 지 한 달 후에 고장나버렸다. 그는 매장을 찾아가 AT&T가 품질 보증 기간에 예외를 둔 적이 있는지 물었다. 매장 직원은 모기처럼 작은 목소리로 그렇다고 대답했다. 결국 마크는 새 휴대폰을 절반 가격에 살 수 있었고 그로 인해 100달러를 아낄 수 있었다. 그런데 왜 매장 직원은 작은 목소리로 대답했을까? 그건 다른 사람들이 듣기를 원치 않았기 때문이다. 예외를 요구할 때는 많은 사람들 앞에서 큰 소리로 얘기하면 안 된다. 그러면 상대방이 당신에게 예외를 적용해주기가 어려워진다. 반대로 상대방이 표준을 지키도록 요구할 때는 사람들이 많을수록 좋다. 그래야 상대방을 더 강하게 압박할 수 있다.

프레이밍은 표준을 활용하는 데 있어 가장 큰 부분을 차지한다. 상대방에게 표준에 대한 질문을 던져라. 앤드루 도허티Andrew Dougherty는 침구 세트에 대해 추가 할인을 받고 싶었다. 매장에서 제시한 할인폭은 15퍼센트였다. 그는 매장 매니저에게 물었다.

"혹시 수당제로 일하시나요?"

"아닌데요."

"그럼 보너스는 받으시나요?"

"특별 상품을 판매했을 때는 받습니다."

"이 침구 세트가 특별 상품군에 속하나요?"

이렇게 질문한 결과 그는 40퍼센트를 할인받을 수 있었다. 덕분에 앤드루는 1,800달러를 아꼈다.

찰스 첸Charles Chen은 T-모바일과의 휴대폰 가입 계약을 연장해야 했다. 그는 가입한 가족 요금제 상품에 가족 다섯 명을 포함시켰다. 문제는 가족 요금제 규정이 바뀌어서 적용 대상이 세 명으로 제한된다는 것이었다. 찰스는 T-모바일의 표준을 조사하여 신규 고객은 무료 휴대폰을 받을 수 있다는 사실을 알아냈다.

찰스는 고객 서비스 센터에 전화를 걸었다.

"T-모바일은 기존 고객보다 신규 고객에게 더 많은 혜택을 주네요. 그런데 사실 돈을 더 많이 쓴 기존 고객들에게 더 잘 해야 하는 것 아닌가요?"

당연히 기존 고객을 푸대접하는 것은 T-모바일의 목표와 거리가 멀었다. 그래서 찰스는 계약을 연장하는 대가로 다섯 대의 무료 휴대폰을 받을 수 있었다.

여기서 찰스는 중요한 문제를 제기했다. 기업들은 종종 기존 고객보다 신규 고객들에게 더 나은 조건을 제시한다. 이 경우 기존 고객은 관계의 중요성을 강조해야 한다. 찰스는 관계의 가치를 증명하여 합당한 보상을 받았다.

크리스 히바드Chris Hibbard는 케이블 방송 업체인 HBO가 신규 고객에게 6개월 동안 한 달에 6달러 정도의 파격적인 요금을 제공한다는 사실을 알게 되었다. 기존 고객이던 그는 고객 서비스 센터에 전화를 걸어서 신규 고객과 같은 혜택을 받을 수 있는지 물었다. 그는 신규 고객을 끌어들이려면 비용이 들지만 기존 고객인 자신에게는 한 푼도 들지 않는다는 점을 지적했다. 상담 직원은 그에게 6개월 무료라는 더 좋은 혜택을 주었다.

왜 상담 직원은 6개월 무료 혜택을 주었을까? 크리스가 친근한 말투로 충성 고객의 중요성을 설명했기 때문이다. 회사의 조치가 못마땅한 고객들은 대개 전화를 받은 상담 직원에게 화부터 내고 본다. 상담 직원들은 하루 종일 고객들의 화풀이를 들어주어야 한다. 하지만 반대로 표준을 활용할 때 친근한 태도를 보이면 의외의 혜택을 받을 수 있다는 점을 잊지 말아야 한다.

이고르 세크Igor Cerc는 시계에 글자 새기는 일을 매장에 맡겼다. 그

ASK FOR EXCEPTIONS FOR
ALTERNATIVE WAYS TO APPLY
THE STANDARD

시계는 지인의 결혼식 선물로 줄 것이었다. 그런데 직원이 글씨를 새기다가 그만 유리를 깨고 말았다. 매장에서는 보험금을 받은 후 새 시계로 교환해주겠다고 말했다. 그러나 이고르는 당장 그 시계가 필요했다. 그는 흥분한다고 해서 해결될 문제가 아니라는 것을 알았고 차분한 말투로 얘기했다.

"이 시계는 30분 후에 열릴 결혼식 주인공에게 줄 선물이거든요."

다행히 매장에는 같은 모델의 시계가 있었다. 그는 그 시계를 손으로 가리키며 물었다.

"이 시계의 유리를 대신 끼워줄 수 있을까요?"

직원은 화를 낼 상황에서도 정중한 태도를 보인 이고르에게 감사해 하며 신속하게 유리를 교체해주었다.

이처럼 화를 내지 않는 것이 오히려 서비스 표준에 대한 질문에 더욱 힘을 실어준다.

창의적으로 상황을 설정하는 능력은 협상에서 큰 강점으로 작용한다. 데빈 그리핀Devin Griffin은 약혼녀인 새라Sarah로부터 결혼식의 들러리들을 위한 선물을 사달라는 부탁을 받았다. 한 매장에서 상품을 고른 후 가격을 알아보니, 제품 열 개의 가격이 총 970달러였다. 데빈은 물었다.

"고가의 상품은 할인이 되나요?"

"그렇습니다."

"그렇다면 970달러짜리 제품을 하나 사는 것이나 97달러짜리 제품을 열 개 사는 것이나 결국 가격은 같으니 저도 할인 받을 수 있겠네요?"

이렇게 해서 데빈은 20퍼센트를 할인받을 수 있었다.

조시 포터 Josh Porter 는 컴캐스트 Comcast 가 제공하는 할인 혜택을 받고 싶었다. 그러나 이미 한번 할인 혜택을 받은 적이 있어서 적용 대상에서 제외되었다. 그래서 그는 우선 감기에 걸린 상담 직원에게 빨리 낫기를 바란다는 위로의 말을 건넨 후 자연스럽게 다른 할인 혜택이 있는지 물었다. 상담 직원은 고객 유지를 위한 할인 혜택이 있다고 말했다. 원래는 계약 해지를 요구하는 고객에게만 제시하는 것이었다. 물론 그는 할인 혜택을 받을 수 있었다. 이처럼 친근한 태도로 대하면 상대방은 당신을 위해 기꺼이 도와줄 방법을 찾는다. 인간은 감정의 동물임을 잊지 마라.

소비자는 대개 판매자보다 상품이나 서비스에 대해 아는 바가 훨씬 적다. 그러니 두려워하지 말고 과거에 다른 고객들을 위한 서비스가 무엇이 있었는지 먼저 물어라. 대개는 당신에게 큰 혜택을 주는 정보를 상세히 알려 줄 것이다.

얀 리Yan Li는 단지 보석상 직원에게 할인 혜택을 줄 수 있는지 물었을 뿐인데, 직원은 그렇다고 대답했고 그 결과 얀은 15퍼센트를 할인받았다. 대부분의 사람들은 이러한 질문을 할 생각조차 하지 않는다. 시도만 하면 많은 돈을 아낄 수도 있는데 말이다. 물론 할인을 요구하는 경우는 많다. 그러나 대개는 일반적인 적용 기준만을 생각한다. 지역 거주자, 장애인, 비흡연자, 전문가, 가족 등 할인 적용 기준은 생각보다 훨씬 다양하다. 가령 항공사는 경조사 참석자, 학생, 교사, 군인, 국가유공자 등 수많은 사람들에게 할인 혜택을 제공한다. 상품을 살 때 할인을 요구하지 않는 것은 결과적으로 돈을 낭비하는 일이다. 억만장자들도 할인을 요구한다. 그러니 당신도 요구해야 한다. 다만 창의적인 방법을 활용해야 한다는 것을 잊지 마라.

제이슨 와이드먼Jason Weidman은 결혼식에서 한 시간 동안 공연할 밴드를 고용하려고 했다. 그러나 에이전트 측에서 결혼식까지의 거리가 멀다는 이유로 정상 요금의 두 배를 요구했다. 결혼식장이 샌프란시스코의 금문교 맞은편에 있다는 것이 이유였다. 제이슨은 물었다.

"지금까지 같은 샌프란시스코 지역인데도 요금을 두 배로 낸 고객이 있었나요?"

"물론 그런 적은 없었습니다만, 어쨌든 저희는 그 금액으로 고객님의 결혼식까지 가기가 어렵습니다."

그래서 제이슨은 결혼식장까지 오는 경로를 구체적으로 알려주었다. 실제로 결혼식장까지 페리를 이용하면 샌프란시스코의 다른 지역보다 쉽게 갈 수 있었다. 결국 에이전트는 한 발 물러설 수밖에 없었다.

진정한 의사 결정자, 다시 말해서 목표를 달성시켜줄 사람을 찾을 때까지 계속 질문하라. 협상에서 표준을 활용할 때는 구체적인 근거를 대는 것이 중요하다. 상대방의 주장을 뒷받침하는 문서의 사본을 요구하고, 당신의 주장을 뒷받침하는 문서의 사본을 제시하라.

로라 프로스피레티 Laura Prospeeretti 는 한 화장품 매장의 단골이었다. 그러나 무료 샘플을 한번도 받은 적이 없었다. 작은 매장이라서 그녀가 단골임을 모를 리 없었는데도 말이다. 그래서 그녀는 작년 카드 사용 내역을 들고 그 매장을 찾아갔다. 덕분에 그녀는 무료 샘플이 가득 찬 큰 가방을 사은품으로 받을 수 있었다. 주장을 뒷받침하는 구체적인 근거를 제시한 덕분이었다.

인간적인 소통법

될 수 있으면 가능한 많이 상대방과 인간적으로 소통하라. 그러면 구매자는 더 많이 지불하려고 할 것이고 판매자는 더 적게 받으려 할 것이다. 인간적 소통은 공격적 태도가 만연한 세상에서 돈을 대신하는 가치를 지닌다.

루벤 무뇨스 Ruben Munoz 는 렌터카 업체인 허츠 Hertz 에서 자동차를 빌리면서 할인 혜택을 받고 싶었다. 그러나 창구 직원은 현재 아무런 프로모션이나 할인 혜택이 없다고 말했다. 두 살 난 딸을 데리고 있던 루벤은 창구 직원이 임신 중이라는 사실을 알았다. 그는 그녀에게 물었다.

"뱃속의 아이가 첫째인가요?"

"아니요, 아들만 둘이에요. 이번에는 정말 딸이었으면 좋겠어요."

그녀는 루벤과 아이들 얘기로 한동안 사담을 나누다가, 루벤에게 혹시 전문가 단체에 소속되어 있는지 물었다. 루벤은 변호사 협회에 소속되어 있었다. 그러나 할인 혜택을 받는 데 필요한 회원증이 없었다. 루벤은 회원증 없이도 할인 혜택이 가능한지 물었다. 그녀는 아무 말 없이 컴퓨터 자판을 두드렸고 잠시 후 루벤은 30퍼센트 할인 혜택을 받았다.

카를로스 바스케스Carlos Vazquez는 매장 매니저에게 명함을 주면서 자신이 엑스박스Xbox 팬이라고 말했다. 그가 원한 것은 10퍼센트 할인이었다. 그러나 매장 매니저와 엑스박스에 대해 이야기를 나누면서 인간적인 소통을 한 덕분에 40퍼센트나 할인을 받을 수 있었다.

당신이 자주 가는 곳을 몇 군데 고른 다음, 그곳에서 일하는 사람을 최대한 많이 알아두어라. 짧은 대화를 나누는 데는 많은 시간이 걸리지 않는다. 내 경험에 따르면 매장 직원들은 개인적인 친분이 있는 사람을 위해 기꺼이 더 많은 것을 내놓는다.

호아킨 가르시아Joaquin Garcia는 레스토랑 애플비Applebee의 단골이었다. 애플비에서 생일 파티를 열 계획이었던 그는 매니저에게 할인을 받을 수 있는지 물었다. 그러나 애플비에는 파티 고객에 대한 할인 정책이 없었다. 그래서 호아킨은 마케팅 책임자에게 전화를 걸어서 다른 레스토랑들은 파티 고객에게 할인 혜택을 준다고 말했다. 마케팅 책임자는 애피타이저와 디저트의 가격을 50퍼센트 깎아주겠다고 제의했다. 한번의 시도에 그치지 않고, 의사 결정자를 찾은 덕분에 특별한 혜택을 누릴 수 있게 된 셈이다.

대니얼 후Daniel Hu는 와인 매장에서 점원에게 할인 혜택을 요구할 때마다 매번 거절당했다. 할인 혜택은 와인을 한 박스나 사야 받을 수 있었다. 그는 주인과 소믈리에를 만나서 여러 와인에 대해 물었다. 두 사람은 그에게 흔쾌히 와인에 대한 이야기를 들려주었다. 그때까지 와인에 대해 호기심을 갖고 질문하는 고객이 드물었기 때문이다.

"두 분은 기억하지 못하겠지만, 전 이곳에 자주 왔어요. 그럼에도 불구하고 매번 여섯 병씩만 샀기 때문에 한번도 할인 혜택을 못 받았지 뭡니까?"

두 사람은 대니얼에게 기꺼이 10퍼센트를 할인해주었다. 베이징에서 금융업에 종사하는 대니얼은 지금도 무엇인가를 원할 때 상대와 인간적인 소통을 하는 방법을 활용한다.

애니 힌들리Annie Hindley는 펜실베이니아 대학 안에 있는 베이커리 카페 오봉팽Au Bon Pain의 계산원에게 이름이 뭔지 물었다. 계산원은 자신의 이름을 말해주면서 학생들이 한 번도 이름을 물은 적이 없다고 말했다. 계산원은 마치 자신이 명문대생의 하녀가 된 것 같은 기분을 느끼고 있던 차였다. 그녀는 애니가 요청하지도 않았는데, 음료수 값을 깎아주었다.

어떻게 하면 상대방과 인간적으로 친해질 수 있을까? 물론 상대의 머릿속 그림을 그리면 답이 나온다. 그러기 위해서는 우선 먼저 질문을 던지고 상대가 던지는 신호를 찾아야 한다. 시킬 수리Shikhil Suri는 고장 난 노트북을 서비스 센터에 맡기면서 나중에 고쳐진 물건을 특급 배송으로 받고 싶었다. 서비스 담당자는 특급 배송을 원하면 따로 돈을 내야 한다고 말했다. 시킬은 그에게 물었다.

"혹시 고향이 어디세요?"

"뉴델리요."

마침 시킬도 뉴델리 출신이었다. 두 사람은 뉴델리에 대해 잠시 대화를 나누었다. 시킬은 무료로 특급 배송 서비스를 한 적이 한번도 없었는지 물었다. 그는 일반적인 경우에는 돈을 받는다고 말했다. 시킬은 그의 말 속의 신호를 포착했다. 때로는 무료로 특급 배송을 하기도 한다는 신호가 들어 있었던 것이다.

시킬은 자신의 사례가 무료 특급 배송 서비스를 받는 경우에 해당될 수 있는지 물었다. 그는 기꺼이 무료 특급 배송 서비스를 제공했을 뿐만 아니라 수리비도 100달러나 깎아주었다.

대화를 미리 준비하면 인간적 소통을 더 쉽게 할 수 있다. 알렉산더 기트닉Alexander Gitnik은 출산을 앞둔 아내를 위해 조산사를 구해야 했다. 그가 조사한 바에 따르면 조산료는 500달러에서 800달러 사이였다. 그가 원한 조산사는 800달러를 요구했다. 그는 고가의 비용에 대해 거부감을 보이는 대신 출산 과정에 대한 질문을 던지면서 조산사들의 일에 대한 존경심을 보였다. 결과적으로 조산사는 조산료를 500달러로 낮춰주었다.

"저는 상호 신뢰와 존중이 얼마나 중요한지 배웠습니다. 그녀는 저의 말에 감동을 받았던 것 같습니다."

주위 사람들에게 얼마나 신경 쓰는가? 그들은 내 경험과 정보 수집에 큰 영향을 끼칠 수 있는 사람들이다.

프랑수아 홀François Hall은 AT&T의 장거리 전화 서비스에 새로 가입하려고 고객 서비스 센터에 전화를 걸었다. 프랑스 출신인 그는 프랑스 억양으로 고객 서비스 담당자와 대화를 나누었다. 그는 고객 서비스 담당자에게 물었다.

"혹시 프랑스를 여행한 적 있어요?"

"물론입니다, 고객님. 너무 즐거운 여행이었죠."

그 둘은 프랑스에 대한 이야기를 한동안 나누었다. 결과적으로 프랑수아는 연간 수백 달러의 통화료를 아낄 수 있었다. 프랑수아는 이렇게 말했다.

"저는 수백만 고객 중의 한 명일 뿐이었습니다. 하지만 인간적인 소통을 통해 특별한 대우를 받을 수 있었죠."

물론 협상이 언제 어디서나 통하는 것은 아니다. 어떤 매장은 단골이든 아니든 협상 자체를 거부하기도 한다. 하지만 일단 어디서든 협상을 시도하라. 그러면 아예 시도조차 하지 않았을 때보다 훨씬 많은 할인을 받을 수 있다. 협상을 할 때는 한 가지 도구만 쓰는 것보다 여러 가지 도구를 함께 쓰는 것이 낫다. 표준과 인간적 소통을 함께 활용하면 상대방을 보다 강하게 설득할 수 있다.

레베카 콜스키Rebecca Kolsky는 제이크루J.Crew 온라인 매장에서 사용 기한이 지난 20퍼센트 할인 쿠폰으로 요가용 반바지를 사고 싶었다. 그녀는 고객 서비스 담당자에게 다가갔다.

"몸이 부쩍 불어서 요가로 몸매 관리를 할까 해요. 그래서 요가용 반바지를 살려고요. 혹시 요가를 해 본 적 있으세요?"

"요가를 한 적은 없지만, 얼마 전에 다이어트에 성공했답니다."

당시 의학대학원에 다니고 있던 레베카는 그녀의 말에 강한 관심을 보였다. 두 사람은 그녀가 시도했던 다양한 다이어트 방법에 대하여 이야기를 나누었다. 레베카는 그녀에게 다시 물었다.

"혹시 지금 하는 일 말고 앞으로 하고 싶은 일이 있어요?"

"사실은 소아과 의사가 되고 싶어요."

레베카는 반색하며 의학대학원 진학에 대한 조언을 해주었다. 그리고 대화를 끝낸 후 슬며시 물었다.

"사용 기한이 지난 20퍼센트 할인 쿠폰이 있는데, 고객 서비스를 중시하는 제이크루니까 혹시 예외를 적용해줄 수 있을까요?"

그녀는 흔쾌히 할인 쿠폰의 사용 기한을 늘려주었을 뿐만 아니라 배송료까지 면제해주었다. 레베카는 "나에 대한 이야기를 들려주고, 상대방에 대한 질문을 하는 일은 엄청난 차이를 만듭니다. 그녀는 내가 요구하지 않은 혜택까지 제공했거든요."라고 말했다.

레베카는 고객 서비스 담당자와 협상하면서 최소한 세 가지의 중요한 일을 했다. 서비스 담당자와 정보를 교환했고, 그녀에게 필요한 조언을 해주었으며, 다른 대상을 협상에 연계시켰다. 다시 말해서 레베카는 명시적, 묵시적으로 그녀에게 가치 있는 대상을 제공했다.

앞서 우리는 무형의 가치를 활용하고, 협상과 직접적인 연관이 없는 니즈와 이해관계를 연계시키는 힘을 확인했다. 이러한 도구들은 목표 파이를 키워주고 합의 가능성을 높여준다. 이는 특히 금액에 대한 이견이 있을 때 대단히 효과적이다. 시장에서 이 도구들을 활용하는 몇 가지 방법을 살펴보자.

물건을 살 때는 항상 표면적 거래에 더 큰 가치를 부여하라. 단골은 대량 구매 고객과도 같다. 단지 조금씩 여러 번에 걸쳐서 구매할 뿐이다.

에나 휴이트Ena Hewitt는 리츠 카메라Ritz Camera에서 디지털 카메라를 샀다. 리츠 카메라는 다른 매장에서 더 싼 가격에 팔지 않는 한, 할인 혜택을 제공하지 않았다. 에나는 타사와 가격 비교를 해봤지만 더 싼 매장을 찾지 못했다. 에나는 매니저인 채드Chad에게 말했다.

"저는 사진에 정말 관심이 많거든요. 앞으로 사진 실력이 더 늘면 장비를 많이 사게 될 거예요."

그러자 채드는 잠재 고객이 될 에나에게 200달러짜리 사진 학원 수강권을 무료로 주었을 뿐 아니라, 보증 기간도 1년에서 2년으로 늘려주었다.

비싼 물건을 여러 개가 아닌 단 두 개만 사더라도, 대량 구매 할인을 요구해보라. 딘 크리슈나Dean Krishna는 베스트 바이Best Buy에서 두 대의 평면 TV를 사면서 할인 혜택을 받아내기로 했다. 먼저 그는 의사 결정자인 매장 매니저 저스틴Justin을 찾아서 물었다.

"어떻게 젊은 나이에 매장의 매니저가 될 수 있었어요?"

저스틴은 베스트 바이의 매니저란 명함을 마치 대학원의 석사 학위처럼 자랑스럽게 생각하고 있었다. 딘은 그의 자부심에 대해 크게 공감하며 존경심을 표했다. 그 결과 TV 두 대를 직원 할인가로 살 수 있었다.

T-모바일과의 협상에서 이득을 보았던 찰스 첸은 약혼자인 애리사Arisa에게 줄 약혼반지를 사러 티파니에 갔다. 그는 판매 직원에게 여러 개의 반지에 대한 의견을 물으면서 앞으로도 계속 티파니에서 보석을 구매하고 싶다고 말했다.

"괜찮다면 명함을 한 장 주시겠어요? 앞으로 자주 도움을 받게 될 분을 알게 되어 기쁘네요."

그 결과 그는 770달러짜리 반지를 사면서 7퍼센트를 할인받았다.

서비스 업체와 장기 계약을 맺으면 역시 할인 혜택을 받을 수 있다. 이 점을 지속적으로 활용하라. 비카스 밴설은 세 살 난 딸, 바니Vani를 리틀 짐Little Gym에서 운영하는 운동 교실에 보내고 싶었다. 그는 리틀 짐을 찾아가 할인 혜택을 받으려면 누구와 이야기해야 하는지 물었다. 접수 직원은 그를 사장인 조셉Joseph에게 안내했다. 사장실 문을 열면서 비카스는 할인 혜택을 받고 싶지만, 무턱대고 요구하는 것은 부당하다고 생각했다. 그래서 그가 운동 교실에 제공할 수 있는 혜택이 있는지 파악했다. 알고 보니 정원이 60퍼센트밖에 차지 않은 반이 있었다.

"저와 같은 아파트에 사는 이웃들에게 리틀 짐을 홍보하고 싶네요."

덕분에 그는 25퍼센트의 할인 혜택은 물론 40달러에 해당하는 무료 수강권까지 받을 수 있었다.

당신이 장기적으로 이익을 줄 수 있는 고객이라는 것을 어필하려면 무엇보다 상대방의 머릿속 그림을 그려야 한다. 마크 매커트Mark McCourt는 타악기인 목재 마림바를 사고 싶었지만 정가는 무려 3,200달러였고 악기점 주인은 단지 몇 퍼센트 정도만 깎아줄 수 있다고 했다. 마크는 자신이 단골이 될 수 있다는 점을 말해주었다. 그는 이미 사전 조사를 통해 마림바의 도매 가격이 약 1,600달러라는 사실을 알고 있었다. 그래서 그보다 약간 더 높은 가격을 부르면서 앞으로 단골이 될 것이라는 증거로 200달러를 더 주겠다고 말했다. 결과적으로 그는 정가보다 50퍼센트 싼 가격에 마림바를 살 수 있었다.

과연 이 거래에서 누가 더 혜택을 보았을까? 쉽게 가리기는 어렵다. 마크는 이후 같은 상점에서 클라리넷과 드럼, 기타 줄 등 다양한 상품을 샀다. 마림바를 배운 그의 아들은 고등학교 합주단과 대학교 합주단에 들어갔다. 마크는 8년이 지난 지금도 그 마림바를 갖고 있다.

지금까지 소개한 사례에서 나온 협상 절차를 똑같이 따르기만 해도 일상생활에서 원하는 것을 얻을 수 있다.

스테파니 두푸어Stephane Dufour는 새로 생긴 호텔의 영업 담당자에게 이벤트 룸을 빌리는 데 드는 비용이 얼마인지 물었다. 영업 담당자는 1,000달러가 넘는 대관료를 불렀다.

"제가 가입한 모임 회원들이 교내에서 이 호텔을 홍보해드리면 어떨까요?"

영업 담당자는 잠시 망설이더니 이렇게 말했다.

"그렇다면 무료로 해드려야지요."

이런 협상법은 비즈니스에서도 얼마든지 활용이 가능하다. 만일 당신이 공급 업체에서 일한다면 많은 물량을 공급할 수 있는 당신의 역량을 활용하여 고객을 유지할 수 있다. 래리 보우스킬Larry Bowskill은 더 낮은 가격을 제시한 경쟁 업체로 거래처를 바꾸려는 고객을 붙잡아야 했다. 래리 역시 그 고객을 상대하는 다른 부서와 협력하여 전체적인 물량 가격을 경쟁 업체에서 제시한 수준으로 맞추었다. 그 결과 고객으로부터 더 큰 주문을 받아낼 수 있었다.

상대방이 인식하고 있는 위험의 정도를 낮추어주면 대개 더 나은 합의를 이끌어낼 수 있다. 진 윤Gene Yoon은 투자 은행을 통해 기업을 인수하려고 했다. 투자 은행은 위험을 줄이기 위해 환불이 안 되는 조건으로 고액의 선금을 요구했다. 진은 투자 은행에 자신이 지금까지 두 번의 거래를 문제없이 마무리했다는 점을 상기시켰다. 그리고 양쪽이 친구사이기 때문에 일반적인 거래와 달라야 한다고 덧붙였다. 결국 투자 은행은 선금 없이 프로젝트를 진행하는 데 동의했다. 진은 관계의 의미와 표준을 활용하여 협상을 성공시켰다.

상대방이 인식하는 위험을 낮추는 일은 수백만 달러의 가치를 지닌다. 그리고 공과 사에서 두루 효과를 발휘한다. 상대방이 리스크 때문에 결정을 망설이고 있다면 우선 점진적으로 접근하라. 점진적 접근은 위험을 낮춰준다. 가령 상품을 판매할 경우 가격을 지불하기 전에 사용 기간을 두는 것도 점진적 접근법이 될 수 있다.

중 고 차 와 새 차 를 살 때 기 억 해 야 할 것

자동차를 사고파는 일이 반드시 골치 아픈 것은 아니다. 당신이 생각하는 것 이상으로 여러 곳에서 도움을 받을 수 있으며 그럴 경우, 훨씬 쉽고 합리적인 가격으로 매물을 사고 팔 수 있다. 매매 방법에 대해서는 누구나 알고 있을 테니, 여기서는 몇 가지 협상의 관점에서 도움이 될 내용들을 소개하겠다.

첫째, 반드시 인터넷으로 미리 가격을 조사하여 협상에 활용하라. 중고차든 새 차든 반드시 사전에 시장 가격을 조사해야 한다. 아라빈드 이마네니Aravind Immaneni는 중고 렉서스Lexus를 사고 싶었다. 그래서 인터넷으로 자신이 사는 리치몬드 지역의 매물을 조사해보니, 2만 4,500달러짜리 차가 올라와 있었다. 하지만 이는 그가 생각한 금액보다 2,000달러 높은 가격이었다. 다른 지역을 검색해보았더니, 애틀랜타에 같은 모델이 2만 1,200달러로 올라와 있었다. 결국 표준 중고 가격은 2만 3,000달러였던 셈이다. 그는 검색한 내용을 즉시 리치몬드의 중고차 판매상에게 팩스로 보냈다. 결과는 어땠을까? 그는 번거롭게 매장까지 가서 흥정할 필요도 없었다. 팩스를 받아본 중고차 판매상이 그에게 직접 전화를 걸어왔기 때문이다.

"2만 1,900달러에 팔겠습니다. 어떻습니까?"

두어 시간의 자료 조사만으로 무려 2,600달러를 아낀 것이다. 여기서 끝이 아니다. 아라빈드는 렉서스가 원래 1,500달러인 3년 기간의 10만 마일 보증권을 판매상에게는 반값에 제공하다는 사실을 알았다. 그래서 판매상이 부른 2만 1,900달러는 지불하되, 보증권을 포함시켜 달라고 요구했고 딜러는 이 조건에 동의했다.

그렇다면 새 차를 살 때는 어떻게 해야 할까? 기존 고객을 대상으로 한 각종 프로모션 행사가 없는지 살펴라. 앞으로 단골이 되겠다거나 다른 고객을 소개시켜주겠다고 말하면, 대개 판매상들은 유리한 조건을 제시한다.

명세서의 모든 항목에 대해 질문하고 검토하라. 영업 사원이 거짓말을 하고 있다는 가정 하에 모든 내역을 꼼꼼히 살펴라. 혹시 무이자를 내세우면서 기본 가격을 올리지는 않았는지 확인하라. 인터넷에서 구할 수 있는 정보만 미리 확인해도 크게 도움이 된다.

하지만 아무리 유리한 표준을 내세우더라도 결국 사람이 먼저다. 상대와 인간적으로 소통을 한 후 협상의 폭을 넓혀라. 만일 당신을 상대하는 영업 사원이 편하게 느껴지지 않는다면 다른 사람을 찾아라. 만일 그가 끼워 팔기를 시도한다면, 도매가가 얼마인지 확인하라. 단, 일부러 차의 가치를 깎아내려서 싸게 사려는 식의 행동은 하지 말아야 한다. 이는 판매자로 하여금 방어적인 태도를 갖게 할 뿐이다. 대신 표준을 활용하라.

역으로 판매자 입장에서도 이러한 방법을 활용할 수 있다. 판매자는 소비자에게 정보를 정확히 공개하고 판매에 대한 공정한 표준을 따름으로써 소비자에게 신뢰를 얻을 수 있다. 만일 소비자가 과도한 요구를 하면 정중하게 그 근거를 물어라.

라파엘 로실로Rafael Rosillo는 론Ron이 운영하는 중고차 매장에서 무보증으로 차를 샀다. 그로부터 불과 한 달이 못 된 시점에, 기어가 고장 나서 수리비로만 700달러를 써야 했다. 라파엘은 론을 찾아가서 여유가 없으니 수리비의 반을 물어달라고 요청했다. 그리고 이렇게 덧붙였다.

"혹시 지금까지 무보증으로 판매한 차량에서 결함이 발견되었을 때, 수리비를 내준 적이 있나요?"

"대개는 내주지 않습니다."

이말 속엔 때때로 내주기도 한다는 신호가 들어 있다. 라파엘은 곧 자신이 다니는 펜실베이니아 로스쿨에서 80명의 신입생을 대상으로 한 오리엔테이션이 진행되는데, 자신의 요구를 들어주면 그때 매장 홍보를 해주겠다고 말했다. 라파엘은 시비를 따지는 대신, 침착하게 협상을 진행한 덕분에 원하는 결과를 얻을 수 있었다. 이처럼 협상만 잘하면 계약 내용을 극복할 수 있다. 앞서 소개한 사례들은 원하는 것을 얻는 협상법이 힘든 거래를 한결 쉽게 만들어준다는 점을 증명하고 있다. 다음은 차를 살 때 참고할 사항이다.

- 렌터카 업체, 은행, 대출 업체들도 중고차를 판다. 이때는 현금이 필요하다. 또한 차를 잘 볼 줄 알아야 하므로 대개 전문 업자들이 경매로 구입한다.

- 중고차를 사기 전에 반드시 믿을 수 있는 전문가의 점검을 받아야 한다.

마음에 들지 않는 내용이 나오면 협상을 중단하고 휴식을 취한 후, 다시 시작하라. 그 누구도 당신에게 오늘 협상을 끝내라고 강요하지 않는다. 협상 절차를 컨트롤하여 더 많이 얻어내라. 끝으로 차를 매매할 때 전직 영업 사원을 조언자로 활용하면 큰 도움이 된다. 어쩌면 시간당 수수료보다 훨씬 많은 돈을 아낄 수 있을지도 모른다.

신용카드사 대처 방안

가입자들이 효율적으로 협상을 할 줄 모르는 탓에 해마다 수십 억 달러의 이자가 신용카드로 지불된다. 다음은 신용카드와 관련된 비용을 아낄 수 있는 방법들이다. 매달 만족할 때까지 모든 항목을 실행하라. 이 일을 일종의 부업으로 생각하고 공을 들여라. 실제로 부업을 하는 만큼의 이득을 볼 수 있을 것이다.

- 가입자에게 제공하는 가장 유리한 조건을 요구하라. 가장 유리한 조건을 적용받는 기준은 무엇인가? 2010년에 실시한 조사 결과에 따르면 신용카드 이율은 4퍼센트에서 23퍼센트까지 다양하다.
- 카드사가 중시하는 요소에 집중하라. 케네스 레이스Kenneth Reyes는 지난 10년 동안 충성 고객이었다는 점을 강조하여 이율을 22퍼

센트에서 15퍼센트로 낮출 수 있었다. 연 500달러에 이르는 돈을 5분간의 통화로 아낀 것이다. 아멕스Amex는 '세계적인 수준의 서비스와 도덕성'을 내세운다. 디스커버Discover는 '고객이 금융 서비스 기업과 맺을 수 있는 가장 가치 있는 관계'를 제공하겠다고 약속한다. 신용카드사의 이러한 표준을 활용하라.

• 인간적인 소통을 하라. 클레오 자그린Cleo Zagrean은 시티뱅크의 상담 직원인 마시Marcy에게 고향이 어디인지 물었다. 그녀는 사우스다코타라고 대답했다. 마침 클레오는 최근에 사우스다코타에 간 적이 있었고 두 사람은 한동안 사우스다코타에 대한 이야기를 나누었다. 대화가 끝난 후 마시는 클레오에게 6개월 무이자 혜택을 제공했다. 클레오는 마시를 인간적으로 대우한 대가를 받은 것이다.

• 당신이 속한 범주의 고객들에게 더 낮은 금리를 적용하는지 확인하라. 상담 직원이 더 낮은 금리를 제공하지 않으면 다시 전화를 걸어라.

• 고객 담당 부서와 통화하라. 존 방John Vang은 뱅크 오브 아메리카Bank of America의 고객 담당 부서에 전화를 걸어서 다른 은행에서는 더 낮은 금리를 적용한다고 말했다. 덕분에 그는 그 자리에서 이율을 3퍼센트로 낮출 수 있었다. 돈으로 따지면 연간 수백 달러에 이르는 이득이었다.

• 고객 약관을 자세히 읽고 카드사가 표준을 지키는지 확인하라. 관련 법규도 온라인에서 읽을 수 있다. 이 표준들을 협상에 적

극적으로 활용하라. 거의 모든 카드사가 어려운 처지에 있는 고객의 월 납입금을 줄여준다.

• 카드사와 관련된 분쟁을 감독 기관에 신고하는 방법을 익혀두어라. 인터넷으로 검색하면 어렵지 않게 확인할 수 있다.

협상을 맨 처음 시작할 때는 어떤 도구가 가장 효과적일지 파악하기가 어렵다. 따라서 여러 가지 도구를 다양하게 시도해보아야 한다. 감독 기관에 신고한 내용을 카드사에 보내는 것도 도움이 된다. 물론 이 때에도 협상을 점진적으로 시도해야 한다는 점을 잊지 말아야 한다. 그들과 접촉할 때마다 카드사가 협상을 원하는지 살펴라. 그리고 협상을 시도하기 전에 서비스 표준을 먼저 제시하라. 초기에 정보를 수집하는 데 다소 시간이 걸릴 것이다. 그러나 필요한 정보들을 확보하면 돈과 정신적 만족이라는 보상을 얻을 수 있다.

작은 것에 좌우되는 성패

집을 사고파는 일은 대부분의 사람들에게 가장 규모가 큰 거래면서 대부분의 사람들이 가장 꺼리는 협상이기도 하다. 구매자와 판매자 모두 속임수에 휘말리거나 사기를 당할까 봐 노심초사해야 하기 때문이다. 그러나 적절한 협상 도구를 활용하면 전혀 걱정할 필요가 없다.

패멀라 베이츠 크리스텐슨Pamela Bates Christensen은 주택 대출을 신청하면서, 금리 고정 기간이 60일이라는 말을 들었다. 그러나 승인 후에 동의서를 보니 30일로 바뀌어 있었다. 패멀라는 문제가 생기기 전부터 모든 통화 내역과 관계자 그리고 전화번호를 기록해둔 상태였다. 또한 고객 서비스를 중시한다는 대출 회사의 사명 선언도 확인했으며, 책임자에게 몇 차례나 전화를 걸었지만 회신이 없었다는 내용까지 기록해두었다. 그녀는 보다 직급이 높은 사람에게 연락하여 그동안 경험한 회사의 불손한 행동들을 빠짐없이 읊어댔다. 그 결과 며칠 만에 금리 고정 기간을 원래대로 되돌릴 수 있었다.

원래 약속된 조건을 관철시키려고 이만한 일들을 해야 할까? 불행하게도 때로는 그렇다. 그러니 필기도구를 지참했다가 상대방이 약속을 지킬 것 같지 않거나 약속이 파기될 경우, 그리고 그로 인해 큰 대가를 치러야 할 경우엔 구체적인 내용을 기록해야 한다. 너무 과민한 반응처럼 보일지도 모르겠지만, 막상 문제가 발생하면 이러한 행동들이 그만한 가치가 있었음을 절감하게 될 것이다.

미국에서의 주택 거래 시 부동산 중개수수료는 지역마다 적게는 1퍼센트에서 크게는 6퍼센트까지 다르다. 중개인과의 협상은 수천 달러가 걸린 문제다. 대부분의 사람들은 수수료가 4퍼센트 이상이면 과하다고 생각한다. 하지만 그보다 더 많은 사람들이 수수료가 2퍼센트 이상만 되어도 과하다고 생각한다. 중개인에게 줄 수수료를 최대한 아끼고 싶은가? 30만 달러짜리 집을 팔 때 수수료를 2퍼센트 줄이면 6,000달러를 아낄 수 있다. 결코 적은 금액이 아니다.

제이 첸Jay Chen은 센추리21Century21로부터 3퍼센트의 수수료만을 받고 집을 팔아주겠다는 제의를 받았다. 그는 인터넷에서 자료를 조사한 후 수수료가 2퍼센트인 중개 업체를 찾아냈다. 그러나 그는 센추리21 이 수수료를 낮추어 주기만 한다면 센추리21과 거래를 하고 싶었다. 센추리21은 제이의 이야기를 듣고 수수료를 2.5퍼센트로 낮추어주었다. 덕분에 제이는 2,500달러를 아낄 수 있었다. 그가 표준을 활용하여 협상을 벌인 시간은 불과 5분이었다.

만일 수수료를 적게 줄 경우, 중개인이 열심히 일하지 않을까봐 걱정이라면 좀더 창의적인 방법을 찾아라. 가령 집 매매 가격에 따른 인센티브를 거는 식으로 말이다. 집값이 40만 달러 정도라면 그 이하로는 2퍼센트, 그 이상으로는 초과분의 20퍼센트를 수수료로 제시하라. 이 경우 중개인은 집을 45만 달러에 팔 경우 기본 수수료 8,000달러에 초과분에 대한 수수료 1만 달러를 벌 수 있다. 1만 8,000달러는 전체 집값에 비하면 4퍼센트에 해당한다. 추가로 준 수수료가 아까운가? 그런 생각일랑은 버려라. 당신은 인센티브를 건 덕분에 집값으로 4만 달러를 더 받을 수 있었다. 상대방보다 더 이득을 보려는 생각 대신 목표 달성에 집중하라.

거래에 관계된 모든 사람과 인간적으로 소통하면 목표를 달성할 가능성이 높아진다. 상대방을 직접 만나서 일상적인 이야기를 나누어라. 상대방이 어떠한 무형의 가치를 원하는지 확인하라. 두 가족의 아이들을 서로에게 소개시켜라. 인간관계가 형성되면 중간에 문제가 생기더라도 거래가 깨지는 것을 방지할 수 있다.

한 학생이 샌프란시스코에 있는 집을 보러 갔다. 그곳엔 이미 집을 보기 위해 여러 사람이 와 있었다. 학생은 집주인에게 집값에 대해 이야기하는 대신 다른 것들을 물었다.

"왜 집을 내놓으셨어요? 이제 어디로 이사하세요?"

약 20분 후 집주인은 최고액을 제시하지도 않은 학생에게 집을 넘겼다. 왜 그랬을까? 20분 만에 그와 신뢰 관계가 형성되었기 때문이다. 많은 사람들은 집을 매매할 때 일종의 게임을 한다. 심지어 계약을 하겠다고 해놓고 약속을 지키지 않는 사람도 있다. 집주인은 적어도 자신에 대해 자세히 알려고 노력한 학생이라면, 자신과의 약속도 잘 지킬 것이라는 확신을 가진 것이다.

때로는 중개인이 상대방을 만나지 못하게 할 때도 있다. 판매자와 구매자가 직접 거래를 하면 자신이 수수료를 받지 못하기 때문이다. 그러니 중개인에게 거래가 성사되면 반드시 수수료를 지불한다는 보증을 해주어라.

중개인이 상대방을 만나지 못하게 하더라도 계속 상대방에 대한 질문을 하라. 제3자를 통하더라도 상대방에 대해 많이 알수록 더 많은 접점을 찾을 수 있다. 성패는 아주 작은 차이에 좌우된다는 사실을 명심하라.

집을 파는 사람은 집에 대한 결함을 감추지 말아야 한다. 나쁜 소식은 아예 미리 터놓고 말하라. 매수자가 그 사실을 받아들인다면 분명 좋은 거래를 할 수 있을 것이다. 다만 나쁜 소식일지라도 꼭 긍정적인 내용을 덧붙여라. 가령 고칠 수 있는 방법을 조언하거나 기술자를 소개시켜줄 수 있다고 말한다면 신뢰 관계가 형성될 수 있다.

가족 기업과의 거래

가족 기업을 살펴보지 않고는 시장과 관련된 내용을 마무리할 수 없다. 전 세계에서 80퍼센트가 넘는 사람들이 가족이 소유한 사업체에서 일한다. 또한 〈포춘〉지 선정 500대 기업의 약 3분의 1이 가족 소유다. 숫자로 치면 약 170개에 이른다. 또한 미국의 GNP에서 가족 기업이 차지하는 비중은 65퍼센트 이상이다. 세계적으로 보면 그 비중은 더 커진다.

실로 놀라운 수치가 아닐 수 없다. 그럼에도 불구하고 대부분의 경영대학원과 경제학자들은 거래 시 가족 기업과의 역학 관계에 대해 크게 다루지 않는다. 때문에 많은 기업인들이 이들과의 비즈니스에 대처할 준비가 되어 있지 않다. 물론 이 문제는 가족 기업에 종사하는 사람들에게도 해당된다.

나는 가족 기업에 자문을 해주었을 뿐 아니라 가족 기업을 운영한 적도 있으며, 이에 관한 강의와 저술도 다수 해왔다. 따라서 직간접적으로 그들과의 역학 관계를 경험했다고 말할 수 있다. 다음은 가족 기업과의 협상에서 고려해야 할 사항들이다.

- 그들은 대체로 자존심과 감정의 영향을 많이 받는다.
- 구성원들 간에 오랜 다툼 중인 경우가 많다.
- 구성원 중에는 존중받지 못하거나 인정받지 못한다고 느끼는 사람들이 많다.
- 중앙집권식으로 의사를 결정한다.
- 실제 권력 관계를 반영하지 않는 조직 구조를 갖고 있다.
- 오랜 세월 동안 쌓은 자산에 대해 과다한 가치를 부여한다.
- 주주의 중요성이 낮다.
- 회사의 자금 사정이 개인의 자금 사정에 좌우된다.
- 해고가 어렵다.
- 무형의 가치가 매우 중요하다.
- 외부 전문가에게 덜 의존한다.
- 기업 문화가 핵심이다.
- 능력이 덜 중시된다.

가족 기업에서는 효율적인 협상의 적인 '감정'이 매우 중요한 의미를 지닌다. 따라서 이들을 상대할 때 감정이 의사결정에 얼마나 영향을 미치는지, 무형의 가치를 제공해야 하는지, 감정적 지불이 필요한지 등을 잘 살펴야 한다. 무엇보다 자존심이 가격에 어느 정도로 영향을 미칠지 가늠하라. 남미에서 수공예품을 사든 시카고에서 가족 기업을 인수하든, 혹은 애틀랜타에서 형제가 운영하는 사업체에 아이디어를 팔든, 아프리카에서 커피 농장을 팔든 이러한 사항은 똑같이 적용된다. 감정에 휘둘리는 사람들은 상대방의 말을 잘 들으려 하지 않을 뿐 아니라 목표에 잘 집중하지도 않는다. 원하는 것을 얻는 협상법은 이러한 문제에 효율적으로 대응하도록 도와준다. 이때 역시 다른 문화권에서 온 사람과 협상할 때와 마찬가지로 상대방의 인식을 파악하고 존중하는 일이 우선이다.

마이클 팔리Michael Farley는 고객을 대신하여 의류 회사를 인수하는데 애를 먹었다. 사장이 감정적인 태도를 보이면서 비현실적인 요구를 했기 때문이었다. 마이클은 조금씩 사장의 진의를 파악해나갔다. 사장이 원한 것은 회사를 넘긴 이후에도 3년 동안 자신의 자리를 지키는 것과 200만 달러 상당의 지분, 그리고 매년 휴가 기간 동안 회사 전용기를 쓰는 것이었다. 또한 그는 기존의 직원들을 인수 후에도 그대로 고용하기를 원했다. 마이클은 사장의 요구를 들어주는 조건으로 4억 달러 이상의 가치가 있는 회사를 4,200만 달러에 인수할 수 있었다.

한 매수자는 두 명의 동업자가 소유한 회사를 인수하면서 보다 감정적인 문제에 부딪혔다. 동업자 중 한 명은 회사를 팔고 싶어 했지만, 다른 한 명은 그 반대였던 것이다. 반대하는 사람은 이 회사 책상에서 죽고 싶다고 말할 정도로 강경하게 반대했다. 매수자는 그를 위해 회사 내에 의미 있는 포지션을 마련해주었다. 덕분에 그 대가로 인수 가격을 낮출 수 있었다. 매수자는 이때의 경험을 떠올리며 말했다.

"감정은 돈보다 훨씬 중요합니다."

끝으로 일상적 대화는 언제나 큰 효력을 발휘한다는 점을 강조하

고 싶다. 일상적 대화는 인생에서 수없이 발생하는 협상에서 당신을
보다 인간적으로 만들어주고, 원하는 것을 얻도록 도와줄 것이다.

조시 알로이Josh Alloy는 일요일에 식당에 갔다. 그는 화요일에만 반
값으로 파는 칠면조 샌드위치와 감자튀김 세트를 먹고 싶었다. 그러
나 식당에서는 반값에 팔지 않으려고 했다. 그는 우선 아무 불평 없
이 그 메뉴를 주문하고 종업원과 야구에 대한 이야기를 나누었다. 그
는 팁 박스에도 1달러를 넣었다. 이야기가 다 끝난 후 종업원은 가격
을 절반으로 깎아주었다. 조시는 "인간적 소통을 하는 것이 비결입니
다"라고 말했다. 그는 의미 없는 잡담을 원하는 것을 얻는 협상으로
적절하게 만든 셈이다.

마음을 얻는
심리 활용의 비밀

한 학생이 어머니를 양로원에 모시고 싶어했다. 집에 계시는 것보다 전문적인 보살핌을 받을 수 있을뿐더러 그곳에서 친구도 사귈 수 있으리란 생각 때문이었다. 하지만 어머니는 양로원에 가기를 거부했다.

"아직 거기 갈 준비가 안 됐어."

학생은 어머니와의 깊은 대화를 통해 어머니가 진정으로 두려워하는 것이 무엇인지 알게 되었다. 어머니는 자신의 추억이 담긴 물건들을 집에 모두 남겨두고 떠나는 것이 싫었던 것이다. 그리고 차츰 딸이 그 물건들을 정리할 것이고, 그렇게 되면 자신은 그저 양로원에서 죽을 날만을 기다리게 될 거라는 생각을 하고 있었다.

"엄마, 그렇다면 소중한 물건들을 모두 양로원 근처에 있는 창고에 보관하면 어떨까요?"

어머니는 그녀의 제안에 동의했다. 그래서 두 사람은 함께 버려도 될 물건들을 골라내면서 추억이 담긴 이야기를 나누었다. 얼마 지나지 않아 어머니는 기분 좋은 마음으로 양로원으로 이사를 갔다.

최근 들어 인간관계를 회복하는 일과 관련해 수십억 달러 규모의 산업이 번창하고 있다. 심리학자, 상담사, 중재자, 컨설턴트 등이 모두 관계와 관련된 산업에 종사하는 직종이다. 관계 개선을 위해 반드시 전문가의 도움을 받아야 하는 건 아니다. 사실 공적이든, 사적이든 관계에 대한 문제는 대개 단순한 이해 부족에서 시작되는 경우가 많다. 이때는 상대방에게 보다 가깝게 다가서서 감정적인 지불을 하고, 더 많은 질문을 던지면서 이야기를 잘 들어준 후 감정을 충분히 배려해주면 된다.

이 챕터에서는 관계에 도움이 되는 협상 도구들에 대해 자세히 살펴볼 것이다. 무엇보다 협상 도구를 사용하기 전에 가장 먼저 타인과 진심으로 관계를 맺고 이를 유지하고 싶은 마음이 있어야 한다. 대부분의 사람들은 비즈니스를 할 때 다른 사람들과 관계를 맺고 싶어하는 척만 한다. 속셈은 상대방의 머릿속 지식이나 그의 화려한 인맥을 이용하려고 하면서 말이다. 이는 일종의 신뢰 사기(Confidence Game, 믿음직스러워 보이는 인상을 악용한 사기)다. 신뢰 사기는 마치 친한 친구인 것처럼 굴어서 신뢰를 얻은 다음, 상대로부터 가능한 많은 것을 취하려 하는 것을 뜻한다.

관계를 맺을 때 지켜야 할 첫 번째 규칙은 신뢰 정도에 따라 공개할 정보의 양을 조절하는 것이다. 상대방을 신뢰할 수 없다면, 너무 많은 정보를 공개하지 마라. 두 번째 규칙은 최악의 상황이 벌어질 거라는 전제 하에 대비책을 마련하는 것이다. 사기당할까봐 매사에 조심하고 또 조심하는 사람들도 순식간에 당할 수 있으니 만약을 대비하여 준비하는 것이 필요하다.

관계의 법칙

관계의 가장 강력한 기반은 감정에 따른 이끌림이다. 여기에는 호감, 신뢰, 서로의 니즈, 사회적 연대, 경험의 공유, 공공의 적 등이 포함된다. 이러한 요소들이 강하게 작용할수록 서로에 대한 약속이 확고해진다.

반면 위협은 좋은 감정을 금세 악화시킨다. 상대방을 위협하는 것은 명백한 관계 파산이다. 그럼에도 불구하고 사람들은 비즈니스 관계에서 종종 상대방을 위협한다. 위협이 사이를 갈라놓고, 공포와 복수를 초래한다는 사실을 모른 채 말이다. 사실 연대감을 형성하는 가장 강력한 방법은 위협이 아니라 감정적 지불이다.

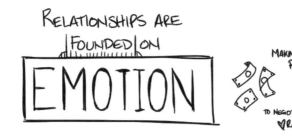

대부분의 사람들이 합당한 이유 없이 지나치게 흥분하거나 슬퍼하며 이미 지난 일을 두고 자신을 학대한다. 이럴 때 상대방이 스스로 부정적인 감정을 극복할 수 있도록 도와줄 필요가 있는데, 이때 필요한 것이 바로 감정적 지불이다. 물론 비이성적인 상대방이 기분 나쁜 말을 할지도 모른다. 하지만 이건 진심이라기보다 그냥 자신의 감정 해소 차원에서 한 말이니, 괘념치 말아야 한다. 이런 때는 침착하게 상대방의 성향에 맞게 감정적 지불을 하도록 하라. 때로는 침묵이 가장 훌륭한 감정적 지불이 될 수도 있다.

다크 라마크Dack LaMargue 는 아내에게 종종 협상의 기술을 활용한다. 그의 아내인 에밀리Emily 는 필라델피아에서 캘리포니아로 이사하면서 집을 너무 싸게 팔았다는 사실을 후회하고 또 후회했다. 또한 에밀리는 익숙한 환경뿐 아니라 동네 친구들과도 멀어져 낯선 환경에서 살아가야 하는 현실에 힘겨워했다. 다크는 아내에게 필요한 것은 조언이 아니라 감정적 지불이라는 사실을 알아챌 수 있었다. 그래서 아내의 기분 상태를 살펴본 후 그녀에게 어떤 것이 그리 속상한지 물어보았다. 그리고 거의 한 시간 동안 그저 묵묵히 다정한 눈길로 아내의 말을 들어주었다. 그날 부부의 대화는 여섯 시간이나 이어졌다. 다크의 감정적 지불은 다름 아닌 아내의 하소연을 말없이 들어주는 것이었다. 그러자 에밀리는 그동안 차츰 안정을 되찾았다. 다크는 아내가 안정이 된 이후에야 입을 열었다.

"에밀리, 캘리포니아에서 멋진 인생을 시작해보자고. 새로운 친구와 새로운 일, 신나는 일들이 얼마나 많을지 상상해봐."

상대방의 가치를 인정해주는 것 역시 감정적 지불이다. 거기에는 다양한 방법이 있다. 하지만 이 방법을 찾아내려고 노력하는 사람은 그리 많지 않다. 아준 마단Arjun Madan은 인도에서 열리는 컨퍼런스의 회장으로서 유명한 크리켓 선수를 연사로 초청하려고 노력했다. 그 선수는 거만한 자세로 일관하면서 일등석 항공권과 호텔 특실을 요구했지만 그 요구를 들어주기에는 예산이 부족했다. 그래서 아준은 다른 방법을 고민했다. 아준은 역할 전환을 통해 그 선수가 위신과 홍보에 신경 쓴다는 사실을 알아냈다.

"일등석 항공권을 드릴 수는 없지만, 주요 방송사와 인터뷰를 하게 해드리고 홍보 브로셔와 팟캐스트를 제작해드리겠습니다. 그리고 인도의 유명한 기업인들이 참석하는 만찬의 주빈으로 기꺼이 모시겠습니다."

결국 크리켓 선수는 아준의 제안에 동의했다.

감정적 지불은 상대방의 두려움을 해소시켜준다. 두려움은 명료한 생각을 방해하는 요소다. 때문에 협상을 성공시키려면 상대방이 두려워하는 것이 무엇인지 알아낸 후, 그것을 해소시켜야 한다.

스콧 와일더Scott Wilder는 아내인 라라Lala에게 페루로 트레킹 여행을 떠나자고 제안했다. 그러나 라라는 제대로 씻을 수도 없고 잠자리도 불편한 트래킹 여행을 꺼렸다. 하지만 스콧은 진짜 이유는 다른 것이라고 생각했다. 과거에는 그녀 역시 불편한 여행도 마다하지 않았기 때문이다. 그는 라라의 눈을 통해 상황을 바라본 결과, 라라가 안데스산맥에서 둘만 고립될까봐 두려워한다는 사실을 알게 되었다. 라라 역시 이 점을 인정했다. 그래서 스콧은 세세한 여행 일정을 짜서 보여주고, 트레킹 여행을 다녀온 경험자들의 이야기를 들려주었다. 라라는 여행 내내 절대 둘만 고립되는 일이 없을 것이라는 사실을 알고 나서야 같이 가는 데 동의했다. 스콧은 라라의 두려움을 파악하고 거기에 적절히 대응한 덕분에 그녀의 동의를 얻어낼 수 있었다. 두 사람은 트레킹 여행에서 멋진 시간을 보냈다.

스티브 쇼쿠히Steve Shokouhi는 딸에게 강아지를 선물하고 싶었지만, 아내인 데브라Debra가 반대하고 나섰다. 개는 비위생적인데다가, 딸을 물지도 모른다는 이유에서였다. 스티브 역시 일단 그녀의 말에 맞장구를 쳤다.

"일리 있는 지적이야. 그러면 우리 공주님을 공격할 위험이 없는 작은 강아지를 데려오는 건 어때?"

그리고 애완동물을 키우는 일이 아이들의 책임감을 길러주는 데 도움이 된다는 점을 강조했다. 하지만 이러한 스티브의 노력에도 불구하고 데브라는 좀처럼 생각을 바꾸지 않았다. 그래서 그는 그녀를 데리고 코커스패니얼을 기르고 있는 친구집에 갔다. 직접 강아지를 본 데브라는 개가 위험하기는커녕 너무도 사랑스럽다는 점을 알게 됐고 결국 그는 딸에게 벤지Benji라는 이름의 예쁜 코커스패니얼을 선물할 수 있었다.

마크 실버스타인Mark Silverstein과 아내인 스테파니Stefani는 유럽 여행을 계획하고 있었다. 그런데 스테파니는 이탈리아까지 자동차로 가지 말고 기차를 타야 한다고 주장했다. 외국에서 자동차를 운전하는 것이 위험하다고 생각했기 때문이다.

"미국은 속도를 제한하는 도로도 많고 오토매틱 차가 많지만 이탈리아는 그렇지 않잖아."

"여보, 이탈리아나 미국이나 운전하는 습관은 다를 바가 없어."

그래도 스테파니는 꿈쩍도 하지 않았다. 애초에 그녀의 두려움에는 합리적인 근거가 없었기 때문에 보다 직접적인 대응이 필요했다.

"좋아. 그럼 GPS가 달린 큰 차를 렌트할게. 만일의 상황에 대비해 필요한 모든 자동차 보험에 가입하고, 밤에는 위험할 수도 있으니까 절대 운전을 하지 않는다고 약속할게. 자기, 우리 경치가 좋은 산악도로를 따라서 드라이브하자. 그리고 이탈리아에 가면 당신이 좋아하는 명품 가방도 마음대로 사. 어때?"

마크는 명품 쇼핑과 산악도로 드라이브라는 가치가 다른 대상을 교환했고 덕분에 아내의 동의를 얻어낼 수 있었다. 이처럼 상대방의 머릿속 그림에 초점을 맞춘 후 직접적으로 대응해야 상대가 가진 두려움을 해소시킬 수 있다.

감정적 지불에는 상대방의 체면을 살려주는 일도 포함된다. 이 일은 특히 아시아 문화권에서 중요한 의미를 지닌다. 상대방이 주위 사람들 앞에서 창피를 당하지 않고 위엄을 지킬 수 있도록 배려하는 것은 좋은 관계를 유지하는데 결정적인 역할을 한다. 라루카 바네아 Raluca Banea는 할머니가 약값을 인출할 수 있도록 자신의 계좌에서 돈이 나가는 현금 카드를 보내주었다. 하지만 할머니는 약값이 부족한데도 현금 카드를 쓰지 않으려 했다. 라루카는 그 이유가 체면 때문임을 알아차리고 이렇게 말했다.

"어릴 때 할머니가 7년 동안이나 절 키워주셨잖아요. 아플 때는 병원에 데려가서 간호해주셨고요. 이젠 제가 보답해드리고 싶어요. 할머니의 건강이 제게 얼마나 중요한데요."

그녀의 프레이밍은 할머니가 자존심을 잃지 않으면서 손녀가 주는 돈을 받을 수 있게 만들었다.

앨런 케슬러Alan Kessler의 약혼자는 채식주의자다. 그래서 결혼식 만찬에 고기 요리를 빼려고 생각해보았지만, 고기를 즐기는 다른 친구들을 배려해야 했다. 그들이 결혼식에 와서 채소만 먹는 고역을 치르게 할 수는 없었기 때문이다. 그래서 앨런은 자유롭게 방목하여 키운 후 고통 없이 도살한 소고기를 친구들에게 대접하자고 제안했다.

"분명 채소 요리만 내놓으면, 친구들은 결국 만찬이 끝난 후 패스트푸드점으로 달려가서 배를 채울 거야. 패스트푸드점은 비인간적으로 처리한 고기를 재료로 쓰잖아. 그건 친구들에게 좋은 일이 아니야. 그치?"

결국 약혼자는 그녀의 제안을 받아들였다.

앨런의 약혼자는 또한 자신만의 정치적 주관을 매우 자랑스럽게 생각하고 있었다. 그래서 앨런이 혹여 정치적 이견을 제시할 경우 말다툼이 벌어지곤 했다. 하지만 그녀는 약혼자의 입장을 충분히 존중함으로써 이 문제를 원만하게 해결할 수 있었다. 앨런은 말했다.

"검은 머리가 파뿌리 되는 그 날까지 이렇게 부부 사이의 문제를 해결할 거예요."

감정적 지불은 상대방의 인식을 원하는 방향으로 돌리는 데 필요한 첫 단계다. 대부분의 사람들은 한번에 모든 것을 바꾸려고 하지만, 이러한 태도는 문제를 일으키기 마련이다. 먼저 상대방의 감정을 인정하라. 그리고 하나씩 단계를 거쳐 상대방에게 새로운 인식을 심어주도록 노력하라.

아준 소마세카라Arjun Somasekhara는 아내인 라나Lana가 직장을 그만두는 것을 원하지 않았다. AT&T에 다니는 그녀는 대기업의 관료주의적 분위기에 염증을 느끼고 있었던 참이다. 하지만 아준이 보기에는 유연한 근무 시간, 체계적인 교육, 다양한 복지 혜택 등 여러 가지 측면에서 계속 아내가 AT&T를 다니는 것이 좋을 것 같았다. 게다가 AT&T는 아준의 근무지인 런던으로 아내를 전근시켜주겠다는 약속까지 한 상태였다. 하지만 이러한 이유들을 한꺼번에 줄줄이 읊어대면서 아내의 선택에 반대할 경우, 그녀가 분명 감정이 상할 거라 생각했다.

"맞아, 대기업은 관료주의적인 문화가 문제야. 당신이 답답해할 만 해."

먼저 그는 아내의 인식을 존중하는 것부터 시작했다.

"하지만 당신이 런던에서 계속 회사에 다닌다면, 지금보다 훨씬 더 많은 기회가 주어질 뿐 아니라 삶의 질도 더 높아지지 않을까?"

그녀는 잠시 그의 말을 듣고 잠시 고민하는 눈치였다. 아준은 마지막으로 이렇게 말했다.

"결정은 런던에 가서 해도 늦지 않을 것 같은데, 어때?"

결국 라나는 남편의 말이 옳음을 인정했고, 런던에서 계속 일한 덕분에 고위직 간부로 승진할 수 있었다.

모든 협상에서 점진적인 방법으로 해결책을 찾는 것은 대단히 중요하다. 특히 인간관계의 측면에서는 더욱 그렇다. 한번에 너무 큰 변화를 시도하다보면 자칫 상대방이 위협을 느낄 수 있다. 특정 분야에 굳은 신념을 가진 상대방을 설득할 때는 더 그렇다. 필Phil은 아내인 재키Jackie와 자녀에 대한 신앙과 교육 문제로 갈등을 겪었다. 필은 종교가 없었지만 재키는 독실한 신자였다. 필은 이 문제로 가족의 화합이 깨지는 일이 있어서는 안 된다는 기본 원칙을 먼저 제시했다. 이 제안은 부부가 핵심적인 목표에 집중할 수 있게 만들었다. 또한 말투를 조심할 것, 한번에 모든 문제를 해결하려 하지 말 것, 항상 자신이 원하는 것만 얻으려고 하지 말 것, 자신만 옳다고 내세우지 말 것, 상대방의 믿음을 존중할 것, 긴장이 고조되면 휴식을 가질 것 등 세부적인 규칙을 마련했다.

필은 무엇보다 아이가 스스로 자신의 종교 문제를 결정하기를 원했다. 반면 재키는 아이가 무조건 종교를 갖기를 원했다. 부부는 서로의 입장을 확인한 다음 몇 가지 사실에 합의했다. 그것은 종교를 강요하는 주일 학교에 보내지 않는다는 것과, 재키가 직접 아이에게 다양한 종교에 대해 가르친다는 것이었다. 이러한 합의에 이르기까지 딱 일주일이 걸렸다. 하지만 두 사람은 이 시간을 거쳐 문제를 해결하기 위한 첫 걸음을 뗄 수 있었다. 두 사람의 관계는 그 어느 때보다 좋아졌다.

공공의 적

사람 사이를 한데 묶는 확실한 방법 중 하나는 공공의 적을 찾는 것이다. 공공의 적은 사람들을 같은 편으로 만드는 힘이 있다. 개인이나 집단뿐 아니라 특정한 생각도 공공의 적이 될 수 있다. 사람들은 서로 같은 편이 되면 묘하게도 더 강한 친밀감을 느끼게 된다. 대화를 시작할 때 궂은 날씨나 관료주의에 대해 불평하는 것 모두 공공의 적을 찾으려는 시도다.

특히 선동가들은 공공의 적을 즐겨 활용해왔다. 히틀러도 유대인을 공공의 적으로 내세워서 대학살을 저지르지 않았던가. 물론 합당한 공공의 적도 있다. 가령 비즈니스 관계에서는 손실이나 시간 낭비, 인재 유출, 기회 상실 등을 공공의 적으로 제시할 수 있다. 또한 사적인 관계에서는 재능의 낭비, 외로움, 질병 등이 공공의 적에 포함된다.

공공의 적이 합당한 것인지를 판단하려면 반드시 이것이 상대에게도 합당한지 여부를 따져야 한다. 만약 포괄적이고 일반적인 기준을 적용한다면 합당하다고 볼 수 없다. 가령 특정 종교를 공공의 적으로 내세우는 것은 합당하지 않다. 그 종교를 믿는 사람들이 너무나 다양하기 때문이다. 정치인들이 자주 쓰는 '미국인'이라는 개념 역시 마찬가지다. 또한 의사, 변호사, 회계사 등을 일반화하는 것도 편견을 조장한다.

반면 포괄적인 기준을 적용해도 좋은 경우도 있다. 이를테면 '음주 운전에 반대하는 어머니회' 같은 것인데 이 단체는 음주 운전이라는 행위를 포괄적으로 반대한다. 상사도 특정한 행동과 관련하여 공공의 적이 될 수 있다. 허브 브룩스Herb Brooks는 의도적으로 자신을 공공의 적으로 만들어서 하키 대표팀을 결속시킨 덕분에 1980년 올림픽에서 우승할 수 있었다. 당시 대표팀 선수들은 그의 거센 질책과 훈련법이 자신들을 한 가족처럼 똘똘 뭉치게 만들었다고 말했다.

크리스토퍼 이Christopher Yee는 최근에 에콰도르 여행을 함께 다녀온 친구가 비용 정산 내역을 보내주기를 기다렸다. 하지만 아무리 기다려도 소식이 없었다. 크리스토퍼는 친구와의 사이를 해치지 않고 자신의 목표를 달성하고 싶었다. 그래서 비용을 정산할 시간이 없을 만큼 바쁜 그들의 직장생활을 한탄하면서 혹시 짬을 낼 수 있는지 물었다. 그리고 필요하면 자신이 돕겠다고 말했다. 이 말은 친구의 체면을 세워주었다. 친구는 얼마 후 내역을 보내주었다. 결국 그는 바쁜 직장 생활이라는 공공의 적을 이용하여 두 사람의 우정에 손상을 입히지 않으면서도 목적을 달성할 수 있었다.

무형의 가치

성공적인 관계는 어느 정도 호혜의 법칙에 의존한다. 다시 말해서 서로 주고받는 것이 있어야 한다는 뜻이다. 한쪽만 일방적인 이득을 취하면 그 관계를 유지할 수 없다. 이러한 측면에서 가치가 다른 대상을 교환하는 방법은 성공적인 관계를 유지하는 데 도움을 준다.

토미 리우Tommy Liu는 일요일에 친구들과 미식축구를 볼 예정이었다. 그러나 아내인 샤오린Xiaolin은 뉴욕에 사는 부모님 댁을 방문하고

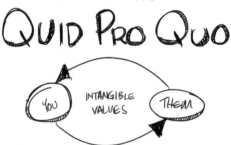

MAINTAIN A DEGREE OF
QUID PRO QUO

YOU   INTANGIBLE
VALUES   THEM

싶어 했다. 두 사람은 서로 원하는 바를 확인한 다음 해결책을 찾았
다. 그것은 샤오린의 부모를 필라델피아로 초대하는 것이었다. 그리
고 지역 미식축구팀의 경기가 없는 주말에는 부부가 뉴욕으로 가기로
했다. 두 사람은 문제를 해결하려는 의지를 갖고 있었기 때문에 서로
원하는 것을 얻을 수 있었다.

　양쪽이 원하는 바를 교환할 수 있을 때는 더 쉽게 해결책을 찾을
수 있다. 알렉산더 홈센코Aleksandr Hromcenco는 네 개의 장난감 병사를 사
고 싶었지만 600달러라는 비싼 가격 때문에 아내가 반대하는 상황에
부딪혔다. 알렉산더는 아내의 허락을 얻기 위해 가치를 교환할 수 있
는 대상을 찾았다. 처음에 그가 제시한 조건은 다음 번에 장을 자신
이 보는 것이었다. 그러나 그것으로 충분하지 않았다. 추가로 제시
한 조건은 그녀를 위한 여행이었다. 하지만 이번에도 교환이 성사되
지 않았다. 알렉산더는 결국 비장의 카드를 꺼내들었다. 2주 동안 장
을 대신 보고 아내가 원하는 곳으로 여행도 보내주며, 한 달 동안 딸
아이를 학원에서 데려오는 일도 자신이 하겠다고 한 것이다.

아내는 그제야 장난감을 사도록 허락해주었다. 이처럼 교환할 수 있는 대상을 찾는 일만 제대로 해도 관계에서 긴장을 풀어낼 수 있다. 물론 가치가 다른 대상을 교환하는 일은 상대방이 귀를 기울일 준비가 되었을 때 가능하다. 다시 말해서 상대에게 미리 감정적 지불을 한 후에 시도해야 효과가 뛰어나단 얘기다.

크레이그 트렌트Craig Trent는 가치가 다른 대상을 교환하는 보다 창의적인 방법을 썼다. 크레이그에게는 두 살 난 딸이 있었는데, 그가 사는 지역의 시간당 보모 비용이 15달러나 되는 것에 비해 보모들의 수준이 그다지 높지 않았다. 그래서 크레이그는 아내와 상의한 끝에 친구 부부와 함께 서로의 아이를 번갈아 봐주기로 했다. 덕분에 크레이그는 돈을 아끼면서 딸을 믿고 맡길 수 있었다. 게다가 친구 부부와의 사이도 더욱 가까워졌다. 크레이그는 말했다.

"같은 문제를 가진 사람을 찾아서 함께 해결책을 찾으면 큰 도움이 됩니다."

이웃의 도움을 받는 사람은 많다. 하지만 체계적인 방법을 쓰는 사람은 드물다. 서로 장을 봐주거나 카풀을 하는 등 방법은 얼마든지 생각해낼 수 있다. 현대인에게 시간은 귀중한 자산이다. 항상 더 많은 시간을 얻는 방법을 생각하라.

상대방을 잘 알수록 더 효과적으로 설득할 수 있다. 많은 사람들이 이 사실을 알지만 실행하는 경우는 드물다.

조던 잘루스키Jordan Zaluski는 주디스Judith와 사랑에 빠져 그녀와 결혼하기를 원했지만, 주디스는 아직 준비가 덜 된 상태였다. 둘 사이에는 종교가 걸림돌이었다. 조던은 주디스를 설득하고 싶었다. 그래서 주디스가 믿는 종교에 대해 공부했으며 그녀의 주위 사람들을 만나 이야기를 나누었다. 조던은 자신이 이러한 노력을 하고 있다는 것을 주디스에게 알렸다. 주디스를 행복하게 해주고 싶은 그의 마음이 얼마나 간절한지 보여주고 싶었기 때문이다. 조던은 자신의 의도를 그녀에게 명확히 알림으로써 자신의 매력 지수를 높였다. 결국 주디스는 그의 노력에 감동해 마음을 돌렸다.

지아니나 자넬리Giannina Zanelli는 경영대학원을 졸업한 후 페루로 돌아오기를 바라는 어머니를 설득해야 했다. 지아니나는 어머니가 자신의 삶에 간섭하고 싶어 한다고 느낀 반면 어머니는 지아니나가 딸로서 도리를 다하지 않는다고 느꼈다.

지아니나는 어머니의 입장이 되어 다시 상황을 바라보았다. 어머니는 페루에서 혼자 살고 있었다. 그렇다면 어머니가 진정으로 원하는 것은 무엇일까? 딸이 페루에서 사는 것일까? 어쩌면 그럴 수도 있었다. 혹은 딸 곁에 함께 있고 싶은 것일 수도 있었다. 그래서 지아니나는 어머니의 생각을 물었고 진실은 후자였다. 어머니에게 중요한 것은 페루가 아니라 딸이었던 것이다. 그래서 지아니나는 대안을 제시했다.

"엄마, 그렇다면 지금보다 더 큰 아파트를 얻어 함께 살아요."

섣불리 상대의 마음을 안다고 판단하면 안 된다. 진실을 정확히 알 때까지 더 많은 질문을 하라. 전혀 예상하지 못한 대답을 들을지도 모른다.

존 에크먼John Eckman은 뉴욕에 있는 회사로부터 일자리를 제의받았다. 하지만 그의 아내는 뉴욕에 가고 싶지 않다고 버텼다. 뉴욕이라는 도시가 그냥 싫다는 것이다. 존이 왜 싫은지에 대해 아무리 물어도 그 이상의 대답은 나오지 않았다. 아내는 그에게 다른 곳에서 일자리를 구하면 안 되느냐고 말할 뿐이었다.

존은 친구인 닉Nick과 함께 역할 전환을 하면서 아내의 역할을 맡았다. 존은 그 과정에서 비로소 아내의 속마음을 이해할 수 있었다. 아내는 마당이 딸린 집을 원했으며 높은 생활비와 무례한 뉴요커들을 싫어했다. 또 사우스캐롤라이나에 사는 가족과 멀리 떨어지는 것도 원치 않았다. 그래서 존은 아내의 입장을 헤아리는 해결책을 마련했다. 그 중 하나는 교외에 마당 딸린 집을 구하는 것이었다. 또한 주말에는 급한 일이 없는 한 도심으로 나가지 않고, 최소한 1년에 한 번은 사우스캐롤라이나에서 휴가를 보내기로 약속했다. 덕분에 그는 아내를 설득할 수 있었다.

이렇듯 상대방에게 충분한 질문을 하지 않은 채, 잘못된 가정을 하면 안 된다. 그럴 경우 오히려 오해가 생기고 말다툼이 생기는 등 부작용을 초래하게 된다.

협상을 성공시키기 위해 상대방을 도와야 할 때도 있다. 특히 감정에 휘둘리는 사람은 자신에게 해를 입히는 행동을 자주 하고 나서 곧잘 후회하곤 한다. 카린 하트 톰슨Karin Hart Thompson은 아침에 꾸물대다가 통학 버스를 놓치기 일쑤인 딸 때문에 속이 탔다. 이런 저런 벌을 주어도 소용이 없었다. 그런데 카린은 역할 전환을 통해 딸에게 엄마의 도움이 필요하다는 사실을 깨달았다. 덤벙대는 성격을 가진 딸이 매일 아침 혼자 등교 준비를 하기가 벅찼던 것이다. 그래서 카린은 딸에게 자명종 시계를 사주고, 옷과 소지품을 정리하는 법을 가르쳐 주었다. 또한 감정을 배제하고 딸과 의견을 나누면서 엄마의 입장을 설명하며 배려를 부탁했다.

"카린, 엄마는 돈을 벌어야 하기 때문에 아침마다 카린의 등교 준비를 일일이 챙겨줄 수가 없어. 엄마 이해하고 혼자서 잘 해줄 수 있지?"

이후 카린은 제시간에 집을 나서기 시작했다.

어조와 태도

표준은 까다로운 상대방에게 대응하는 최선의 도구로써 인간관계의 문제를 해결하는 데에도 아주 유용하다. 다만 자칫 공격적으로 비칠 수 있기 때문에 신중하게 활용해야 한다.

내가 가르치던 한 여학생은 직장에서 힘든 업무를 맡고 있었다. 그래서 남편이 아이들을 돌보는 일을 더 도와주기를 원했다. 그러나 남편은 그다지 협조적이지 않았다. 집안일과 육아는 남자가 할 일이 아니라는 고정관념 때문이었다. 그래서 학생은 남편이 존중하는 다른 남성을 언급하며 남편에게 물었다.

"그 사람은 자기 아이들을 얼마나 잘 보는 지 몰라요. 그렇다고 사람들이 그 사람을 무시하지는 않는 것 같아요."

그녀는 남편이 존중하는 제3자가 세운 표준을 활용한 것이다. 남편은 아내의 말이 옳다는 것을 인정하고 아이들을 적극적으로 돌보기로 했다. 중요한 사실은 학생이 이러한 내용을 설명하는 내내 다정한 말투를 사용했다는 것이다.

강한 설득력을 얻으려면, 상대방이 납득할 만한 표준을 제시해야 한다. 줄리아Julia는 친분이 있는 지역 신문 기자가 자신의 무용 공연에 대한 기사를 써주기를 원했다. 그러나 기자는 홍보성 기사를 쓰는 것은 옳지 않다며 거부했다. 하지만 그녀 생각에 합당한 사안에 대한 기사를 쓰면서 자신의 공연 사례를 드는 것은 가능할 것 같았다.

"기자님, 그렇다면 혹시 제 공연과 비슷한 시기에 연달아 열리는 무용 공연에 대한 특집 기사는 어떠세요?"

"그거야 물론 좋죠."

그녀는 기자와의 대화를 통해 기사화할 만한 이슈를 찾아냈는데, 그것은 필라델피아의 비영리 예술 단체들이 적절한 공연장을 찾기가 어렵다는 내용이었다. 줄리아가 속한 단체도 그중 하나였다. 기자는 비영리 예술 단체에 대한 기사를 쓰면서 줄리아의 무용 공연도 소개해주었다. 줄리아는 말했다.

"이 일을 통해 프레이밍이 얼마나 중요한지 알게 됐어요. 그 기사는 기자의 입장에서 합당한 내용을 다룬 것이었지만, 공연 홍보라는 저의 목표도 달성시켜주었죠."

제이슨 와이드먼Jason Weidman의 어머니는 결혼을 앞둔 제이슨이 결혼 선물을 미시간에 있는 한 매장에서 사기를 바랐다. 미시간은 제이슨이 사는 샌프란시스코에서 약 3,200킬로미터나 떨어져 있는 곳이다. 그럼에도 불구하고 어머니는 친척들이 사는 미시간의 그 매장만을 고집했다. 이러한 다툼은 결혼 전에 흔히 일어나는 것으로, 당사자들을 피곤하게 만드는 일 중 하나다.

제이슨은 표준을 활용하여 어머니를 설득하기로 했다.

"어머니, 친척 몇 분을 편하게 해주자고 우리가 미시간까지 갔다 오는 것이 과연 좋은 생각일까요?"

"꼭 그렇지는 않지."

"어머니, 매장이 멀면 혹시 제품을 환불하거나 교환할 일이 생겼을 때 많이 불편하지 않을까요?"

"그래, 사실은 그럴지도 모른다고 생각했어."

제이슨은 협상 과정에서 진짜 문제를 깨달았다. 어머니는 아들의 결혼식에 보다 깊이 관여하기를 원했다. 결혼 선물의 구매처는 그저 자신의 불만을 표시하는 수단에 불과했다. 그래서 제이슨은 어머니에게 결혼식에서 어떤 부분을 마음대로 하고 싶은지 물어보았고, 이후 모든 결혼 절차가 원만하게 진행되었다.

만약 제이슨의 어머니가 화를 내면서 고집을 부리면 우선 감정적 지불을 하면 된다. 그리고 결혼 산업이라는 공공의 적을 제시하라.

표준을 활용할 때는 말투가 매우 중요하다. 표준은 상대방이 자신의 기준을 따르도록 은연중에 압박하는 것이다. 때문에 냉담한 말투를 쓰면 도리어 관계를 악화시키기 쉽다.

샤리프 아타Sharif Atta는 친구와 저녁식사를 할 계획이었다. 그러나 여자친구가 아무런 근거도 없이 친구의 인간 됨됨이를 의심했다. 그녀는 그의 친구가 나쁜 사람처럼 보인다면서 만나지 못하게 했다. 샤리프는 화를 내는 대신 다정한 말투로 표준에 관한 몇 가지 질문을 던졌다.

"잘 알지도 못하는 사람을 의심해도 될까?"

이 질문은 그녀를 잠시 생각하게 만들었다. 그는 다시 물었다.

"자기는 내 판단을 존중하지 않아?"

그제야 여자친구는 사람을 함부로 의심하면 안 된다는 점을 스스로 인정했다. 덕분에 샤리프는 말다툼을 벌이지 않고 예정된 저녁식사 자리에 나갈 수 있었다.

샤리프는 적절한 프레이밍으로 여자친구가 부당한 선입견을 가졌음을 깨닫게 만들었다. 동시에 다정한 말투로 그녀의 기분이 상하는 것도 사전에 막았다. 사소한 일로 관계를 깰 듯이 위협하면 상대방은 흥분할 수밖에 없다. 대신 관계의 의미를 상기시키는 것은 차분하게 대화를 이어가도록 도와준다.

협상을 할 때 인간관계가 얽히면 목표를 달성하기 더 힘들어진다. 대부분의 인간관계에서 감정이 강한 영향력을 미치기 때문이다. 감정에 휘둘리면 상황을 악화시키기 십상이다. 때문에 인간관계가 얽힌 협상을 성공시키려면 목표에 대한 초점만큼이나 감정적인 공감이 필요하다.

들러리들의 선물을 사면서 할인을 받는 데 성공한 데빈 그리핀의 사례를 기억할 것이다. 이후 데빈은 약혼녀였던 새라와 결혼했다. 그런데 새라는 강아지를 기르고 싶어했다. 이미 점찍어둔 강아지까지 있는 상태였다. 그러나 데빈은 강아지를 키우기에는 시기가 좋지 않다고 생각했다. 새라는 박사 학위 시험을 앞두고 있었고, 데빈 역시 일이 많아서 강아지를 돌볼 시간이 없었기 때문이다. 자칫하면 감정적인 다툼이 벌어지기 쉬운 상황이었다. 데빈은 무턱대고 시기가 좋지 않다고 말하면 그녀의 감정만 격해질 거라 생각했다.

그래서 우선 새라에게 강아지를 갖는다는 생각 자체는 매우 좋다고 말을 꺼냈다.

"우선 강아지가 생기면 벌어질 상황을 같이 생각해보자. 우리 둘다 바쁜데, 강아지를 산책시키고 씻기고 밥주는 일을 제대로 할 수 있을까? 아무래도 현재로선 무리 같아."

그가 이렇게 문제를 제기하자. 그녀는 흥분하기 시작했다. 그래서 데빈은 잠시 쉬었다가 나중에 다시 이야기하지고 제의했다. 휴식은 그녀에 대한 일종의 감정적 지불이었다.

대화를 다시 시작했을 때 데빈은 자신 역시 강아지를 기르고 싶다는 사실을 재차 강조했다.

"새라, 박사 학위 시험이 끝나고 돌아오는 자기 생일날 강아지를 사는 건 어때?"

결국 새라는 구체적인 날짜를 제안하는 데빈의 말에 동의했다. 데빈이 활용한 협상 도구를 살펴보자. 상대방의 인식 파악, 감정적 지불, 점진적 접근, 표준, 약속, 질문이었다. 그는 이처럼 다양한 협상 도구들을 활용한 끝에 만족스런 합의를 이끌어냈다.

로렌트 할리미Laurent Halimi는 미국에 오는 친구에게 방을 하나 내줄 참이었다. 하지만 친구는 필라델피아 시내에 따로 아파트를 빌리고 싶어했다. 레스토랑과 공원 그리고 쇼핑가가 가까운 곳에서 미국 생활을 체험해보고 싶다는 것이 이유였다. 로렌트는 자신의 아파트 역시 충분히 걸어갈 수 있는 곳에도 번화가가 있으며, 월세를 아껴서 여행비로 쓰는 편이 낫다고 설득했다.

"우리는 10년지기 친구잖아. 너에게 가장 도움이 되는 걸 얘기하는 것뿐이야."

로렌트는 프레이밍을 통해 다른 방식으로 관광이라는 목표를 더 효율적으로 달성할 수 있다는 점을 설명했다. 그리고 두 사람의 오랜 우정을 상기시켜서 신뢰성을 더했다. 결국 친구는 로렌트의 말을 따르기로 했다.

이번에는 비즈니스에 관계된 사례를 살펴보자. 한 기술 기업의 영업 담당자는 내년 예산을 보여주지 않으려는 고객을 설득해야 했다. 고객은 영업 담당자가 중요한 자료를 남용할까봐 걱정하고 있었다. 영업 담당자는 고객의 투자에 도움이 되는 구체적인 조언을 하고 싶다고 말했다. 또한 그는 오랜 거래 관계를 상기시키면서 자신의 역할은 어디까지나 도움을 주는 것이라고 설득했다. 그리고 예산을 검토하지 않고선 고객이 목표를 달성하도록 도울 방법이 없다고 설명했다. 그제야 고객은 예산을 보여주었다. 오랜 거래 관계를 상기시켜 신뢰성을 강조한 것은 고객으로 하여금 목표에 집중하게 만든 감정적 지불이었다.

자 료 를 제 시 하 는 방 법

상대방의 행동이 목표 달성에 결코 도움이 되지 않는다는 사실을

설득하는 한 가지 방법은, 상대방 스스로 가상의 상황을 그려보도록 돕는 것이다. 대부분의 사람들은 미리 그 상황을 그려보려 하지 않는다. 상대방에게 앞으로 일어날 일에 대한 그림을 그려줄 수 있다면, 강한 설득력을 발휘할 수 있다. 특히 인간관계에서는 더욱 그렇다.

멜리사 핌스터Melissa Feemster는 결혼식을 위해 비디오 촬영 기사를 부르자고 하는 어머니를 말려야 했다. 하지만 문제는 결혼식 비용을 부담하는 사람이 부모님이라는 사실이었다. 멜리사는 비디오 촬영을 원하지 않았다. 그래서 그녀는 어머니에게 비디오 촬영을 하면, 강하고 뜨거운 조명을 계속 비추어야 하며 하객들 얼굴에 카메라를 들이대야 한다는 사실을 강조했다.

"이렇게 하다가는 촬영을 위한 결혼식이 되기 쉬워요. 게다가 비디오 촬영은 사진에 비해 화질도 떨어지거든요."

그리고 어머니의 주장처럼 결혼식의 모든 순간을 포착하려면, 뛰어난 포토그래퍼를 고용하는 게 더 효과적이며 대여섯 대의 카메라를 식장 내의 이곳저곳에 두지 않는 한 모든 순간을 포착하는 것은 불가능하다고 설득했다. 결국 어머니는 그녀의 말에 동의했고, 그 덕분에 멜리사는 화질이 선명한 멋진 결혼식 사진들을 얻을 수 있었다.

상대방이 상황에 대한 그림을 구체적으로 그려보도록 도우려면 협상의 모든 측면을 세세하게 분류한 후, 상대방과 함께 하나씩 검토해볼 필요가 있다. 지아나 자넬리는 함께 나누어 집안일을 하기로 한 약속을 지키지 않는 룸메이트를 설득해야 했다. 그녀는 룸메이트에게 화를 내는 대신, 스스로 잘못을 인정하도록 유도했다.

"서로 집안일을 나누어 하기로 하지 않았니?"

"맞아."

"지금까지 네가 맡은 일을 했니?"

"시간이 없었어."

"나도 시간이 부족하기는 마찬가지야."

"맞아."

"그래도 나는 맡은 일을 하잖니?"

"그래."

"내가 맡은 일을 하지 않았다면 어땠을까?"

"그건 잘못된 거지."

"그럼 네가 맡은 일을 하지 않는 것은 잘못된 일 아니니?"

"응, 그런 것 같네."

결국 룸메이트는 앞으로는 자기가 맡은 집안일을 꼭 하겠다고 약속했다. 지아나는 대화하는 내내 침착함을 잃지 않았다.

"요점은 상대방이 다른 사람에게 적용할 원칙을 스스로에게도 적용하도록 만드는 거예요."

이 과정을 거칠 때 가장 중요한 건 감정을 잘 다스려야 한다는 것이다. 특히 상대방의 말에 강하게 반박하고, 상대방이 잘못한 행동에 대한 증거가 많을수록 말투는 더 부드러워야 한다. 상대방과의 관계를 중요하게 여긴다면 말이다.

상대방으로 하여금 구체적인 세부 내용을 살피도록 돕는 것은 돈과 관련한 다툼에 특히 효과적이다. 사람들은 흔히 형편이 안 된다는 말을 자주한다. 하지만 실제로 형편에 맞지 않는지 구체적으로 금액을 따져보는 경우는 드물다. 린 캐슬Lynn Castle은 휴가 갈 형편이 안 된다는 남편에게 직접 컴퓨터로 계산한 내역을 보여주었다. 카를로스 바스케스도 돈이 많이 드는 여행을 할 형편이 안 된다는 아내에게 직접 컴퓨터로 계산한 내역을 보여주었다. 두 경우 모두 구체적인 숫자가 설득력을 발휘하는 근거가 되었다. 구체적인 내용을 보여주는 것은 상대방을 존중하는 태도이며, 상황을 다시 제시하기 위한 핵심적인 요소다. 형편이 안 된다는 말을 들으면 구체적으로 어떻게 안 되는지 상대방으로부터 확인하라. 그리고 더 저렴한 대안을 선택할 수 있도록 유도하라.

뉴욕에 있는 회사에 입사한 학생은 급여가 부족하다는 이유로 인상을 요구했다가 회사로부터 거절당했다. 그녀는 뉴욕에서의 모든 생활비를 정리한 내역을 제출했고 덕분에 입사 보너스와 급여를 더 받을 수 있었다. 구체적이고 전략적인 접근법이 효과를 발휘한 것이다.

분위기 조성

대부분의 사람들은 협상에서 상대방보다 우위를 차지하는 데 집중한다. 하지만 이러한 사고방식은 잘못된 것이다. 상대방을 불편하게 만드는 것은 관계를 손상시킬 뿐이며, 도리어 상대방으로부터 나쁜 행동을 지적당하기 쉽다. 양쪽이 편안하게 느끼는 장소에서 협상하는 것이 더 좋은 결과를 얻는 데 훨씬 도움이 된다. 협상을 편안한 대화로 만들면 상대방도 열린 자세로 임할 것이다.

인간관계에 대한 문제를 풀려면 만나서 직접 대화를 나누는 게 최선이다. 어려운 일일수록 직접 만나서 풀어야 한다. 중요한 문제에 대해 이메일을 써서 예외를 적용해달라고 부탁하는 것은 적절하지 않다. 예외를 적용하는 것은 커다란 특혜이므로, 직접 얼굴을 보며 정중하게 공감을 얻어내야 한다. 조지 칠리George Cheely 역시 친구의 사업에 참여하는 과정에서 이 사실을 깨달았다. 친구는 사업 경험이 전혀 없는 조지가 자신의 동업자로서 적합한 지에 대해 확신하지 못했다. 그래서 조지는 친구를 직접 만나서 꾸준한 대화를 시도했다. 그는 설득하는 동안 친구의 반응을 살핌과 동시에 협상 도구를 바꿔가며 적절하게 대응했다. 그 결과 친구에게 보다 좋은 인상을 심어줄 수 있었다. 친구는 이전에는 몰랐던 조지의 다른 면을 보고 기꺼이 동업에 합의했다.

관계를 손상시키고 싶지 않다면 무엇보다 상대방을 편안하게 만들어야 한다. 불편한 환경에서는 누구나 신경이 날카로워지기 마련이고 신경이 날카로운 상태에서는 협상이 잘될 리 없다. 물리적 환경

못지않게 심리적 환경도 중요하다. 관계를 안정적으로 유지하려면 감정을 다스릴 줄 알아야 한다.

제시카 테이트Jessica Tait는 함께 연극을 연출하던 공동 프로듀서와 갈등을 겪었다. 그는 계속해서 제시카의 연출에 어깃장을 놓았다. 그의 태도에 제시카가 화를 내자 그도 같이 화를 냈다. 당연히 두 사람의 관계는 냉랭해질 수밖에 없었다. 제시카는 협상을 통해 문제를 풀어야 할 사람은 자신이라는 사실을 깨달았다. 그녀는 공동 프로듀서에게 자신의 일에 자꾸 끼어들어서 화가 났다고 솔직하게 말했다. 그리고 화를 내지 말고 보다 생산적인 방법으로 문제를 해결해야 했다는 것을 인정하며 그에게 사과했다. 덕분에 두 사람은 앞으로 충돌을 피할 수 있는 방법을 같이 궁리할 수 있게 되었다.

긴장된 분위기는 관계를 경색시킨다. 따라서 관계를 진전시키려면 격의 없고 편안한 분위기를 조성해야 한다. 안나 라르손Anna Larsson은 자신이 모든 집안일을 하는 것이 불만이었다. 그녀는 남편이 그녀를 대신해서 요리를 해줬으면 했다. 그녀는 불만을 토로하는 대신 친밀한 관계를 활용하기로 했다.

"요리하는 게 힘들어서 그런데 자기도 좀 하면 안 될까? 뭐든 자기가 먹고 싶은 걸 만들어. 내가 도와줄게. 전에는 맛있는 걸 종종 잘 만들었잖아."

그녀는 우선 일주일 동안만 해보자는 점진적인 접근법을 썼다. 남편으로서는 크게 부담되는 제안이 아니었다. 그래서 그는 안나의 말대로 일주일 동안 저녁을 만들기로 했다. 그녀는 협상하기 전에 남편의 입장을 생각한 것이 효과적이었다고 말했다. 남편은 안나가 신중하게 제시한 공정한 제안을 거부할 수 없었다. 이러한 접근법은 인간적인 관계를 형성하고 싶은 모든 사람에게 필요하다. 압박을 좋아할 사람은 아무도 없다. 그보다는 먼저 자세를 낮추는 것이 훨씬 효과적이다. 안나의 남편은 9년이 지난 지금도 즐겁게 요리를 하고 있으며 안나는 자신의 비결을 자랑스레 친구들에게 알려주곤 한다.

거래 관계에서는 사실 딱히 명확하고 장기적으로 효과가 있는 협상 도구가 없다. 거래 관계는 감정이나 호혜에 의해 형성된 관계보다 훨씬 취약하다. 거래를 키우고 관계를 오래 유지하고 싶다면 우선 인간적인 소통을 해야 한다.

일반적으로 거래 관계는 사무적인 합의에 기반을 둔다. 판매자와 구매자가 명확한 일반적인 거래와 서로 얼굴을 모르는 온라인 상의 매매를 비롯하여 정부나 대기업처럼 한쪽이 객관적인 기준을 적용하는 관계나 금융 거래처럼 돈이 유일한 거래 대상인 관계도 있다. 일부 문화권은 다른 문화권보다 사무적인 거래 관계가 많다. 대개 관계보다 법을 중시하는 사회가 그러한데, 감정이 적게 개입되는 문화일수록 관계를 덜 중시하게 된다. 하지만 신뢰를 포함한 감정적 요소는 계약보다 훨씬 강력한 힘을 갖고 있다. 사실 계약이나 인센티브 같은 구조적인 요소만으로 관계를 지탱하기는 어렵다. 물론 상황이 좋을 때는 구조적 요소만으로 아무 문제가 없겠지만 상황이 악화될 경우, 사람들은 약속을 잘 지키지 않는다는 사실을 명심하라. 앞서 살폈듯이 거래 관계에서도 직간접적인 인간적 소통이 최선의 전략이라는 사실을 절대 잊어서는 안 된다.

월터 린Walter Lin은 병원의 응급전문의로 일한다. 응급실은 감정이 개입될 여지가 적은 곳이다. 의사들은 생명이 걸린 상황에서 효율적인 치료에 집중하는 게 최선이기 때문이다. 그런데 한번은 별로 위급한 상황이 아닌 노인 환자가 자꾸만 월터에게 사적인 이야기를 들려주려고 했다. 급기야 간호가가 노인을 쫓아내려고 하자 노인은 버럭 화를 냈다. 순간 월터는 간호사가 감정적으로 대응하고 있다는 사실을 깨달았다. 그래서 그녀에게 노인을 그냥 놔두고 다른 일을 하도록 했다. 간호사가 자리를 떠난 후 월터는 노인과 대화를 나누었다. 알고 보니 노인은 6개월 동안이나 주치의와의 예약을 잡지 못해서 화가 난 것이었다. 월터는 바로 그 자리에서 주치의에게 전화를 걸어서 예약을 잡아주었다. 노인은 월터에게 거듭 감사 인사를 한 후 응급실을 떠났다. 그는 객관적인 자세로 노인의 니즈를 정확하게 파악한 다음 신속하게 해결책을 제시해주었다.

제 3 자 와 중 재 자 의 역 할

관계 문제에서도 제3자를 활용하는 것은 매우 효과적이다. 하지만 상황을 조작하려고 하거나 관계를 손상시킬 수 있는 위험을 무릅써서는 안 된다. 다른 사람의 조언을 구할 때는 상대방에게 솔직하게 그 사실을 알려라. 그저 정보 취합 과정의 일환이라고 설명하면 오해가 일어날 일은 없다.

버나데트 피니컨Bernadette Finnican은 추수감사절에 뉴욕에서 열리는 자전거 경주에 참가하고 싶었다. 하지만 엄격한 성격의 어머니는 온 가족이 모여서 추수감사절을 보내야 한다고 고집했다. 버나데트는 형부의 의견을 물었다. 형부는 전적으로 버나데트의 편이었다. 형부 역시 처가에서 종일 시간을 보내는 것을 원하지 않았다.

버나데트는 어머니에게 이 사실을 전하면서 다른 가족들의 의견도 알아보고 싶다고 말했다. 버나데트의 신중한 태도 때문에 어머니는 전혀 무시당한 기분을 느끼지 않았다. 알고 보니 아버지 역시 그날 골프를 치고 싶어 했고, 언니는 자기 집에서 다른 할 일이 있었다. 반면 두 조카는 할머니와 함께 하루를 보내는 것을 기대하고 있었다. 결국 타협점은 가족들이 저마다 할 일을 마친 후 저녁에 함께 모여 식사를 하는 것으로 모아졌다.

결과적으로 버나데트는 어머니와 다투지 않고 목표를 달성할 수 있었다. 두 사람으로서는 이런 협상법은 처음 겪는 일이었다. 하지만 어머니도 버나데트의 방법이 옳았다고 인정해주었다. 버나데트는 어머니와의 협상에 앞서 준비하고 아군을 만들고 프레이밍을 활용했던 것이 성공의 열쇠였다고 말했다. 사람들은 종종 나에게 감정이 개입하기 쉬운 가족 사이의 문제에서 어떤 협상 도구들을 활용해야 하는지 묻곤 하는데, 버나데트의 사례가 그 질문에 대한 적절한 대답이 될 것 같다.

당신이 중요하게 생각하는 두 사람이 서로의 문제를 해결하지 못한다면 어떻게 해야 할까? 이 경우 당신은 중재자의 역할을 자처해야 한다.

가령 당신이 진행하는 프로젝트에 두 부서가 서로 참여하기 위해 다툴 수 있다. 혹은 휴가 계획을 놓고 가족 사이에 이견이 생길 수도 있다. 그렇다면 중재에 필요한 협상 도구는 어떤 게 있을까? 우선 중재자는 절대 한쪽 편을 들어서는 안 된다. 중재자는 심판자가 아니다. 중재자가 한쪽 편을 드는 순간 양쪽에서 즉시 신뢰성을 잃게 된다. 중재자에겐 둘 중 하나를 선택할 권리가 없음을 명심하라. 하지만 중재자는 양쪽이 합의에 이르도록 도울 의무가 있다. 때문에 설령 한쪽이 옳다는 생각이 들더라도, 질문을 통해 표준을 제시하는 방법을 쓰는 게 좋다.

중재자로는 흔히 양쪽의 신뢰를 받는 사람이 나서게 된다. 때문에 양쪽은 중재자에게 스스로의 비밀스러운 정보를 털어놓게 되므로, 이를 통해 근본적인 문제의 원인을 파악할 수 있다. 어쩌면 양쪽이 오래전에 일어난 일을 아직도 가슴에 담아두고 있을지도 모른다. 신뢰를 얻으려면, 중재자는 적어도 한번 이상 양쪽을 따로 만나야 한다. 그리고 원하는 것을 얻는 협상 모델을 적용하여 이해관계와 표준에 대한 질문을 던져야 한다. 이때 만일 분위기가 험악해지면 휴식시간을 가져야 한다. 이러한 일을 적절하게 잘 해낸다면, 사람들은 당신의 문제 해결 능력을 높이 평가할 것이다.

타티아나 투시Tatiana Toussi는 결별 위기에 놓인 부모를 달래야 했다. 그녀의 부모는 수십 년 전에 일어난 일을 두고 아직까지도 서로에게 화를 내고 있었다. 타티아나는 부모를 따로 만나 각자가 어떤 생각을 하는지 파악한 후, 상대방의 입장을 생각해보라고 말했다. 그들은 상대방이 자신을 존중하고 이해해주기를 원했다. 비로소 서로의 입장을 알게 된 두 사람은 다시 차분하게 대화를 시작했고, 결국 이혼 위기를 넘길 수 있었다.

중재에 나설 경우, 가능하다면 양쪽을 함께 만나 규칙을 정한 후 다시 한 명씩 따로 만나라. 필요하다면 동전 던지기로 누굴 먼저 만날 것인지를 정해도 된다. 양쪽을 일정 시간 동안 떼어놓는 것도 중요하다. 떼어놓는 시간은 갈등의 강도에 따라 결정해야 하는데, 갈등의 골이 깊을수록 오랫동안 떼어놓는 것이 좋다. 양쪽을 만나게 했을 때 조금이라도 상황이 악화되면, 다시 떼어놓아라. 그리고 서로의 인식 차이에 대해 논의하라. 합의가 필요할 경우 협상 도구를 활용할 필요가 있다. 중재자는 관계를 이어주는 끈의 역할을 해야 하므로, 합의가 이루어진 후에도 양쪽이 스스로 문제를 해결할 수 있을 때까지 관여해야 한다. 물론 관여의 정도를 조금씩 줄여나갈 필요는 있다.

중재가 어렵거나 한쪽이 잘못된 태도를 보이더라도 절대 편을 들어서는 안 된다. 만일 양쪽이 당신의 말을 따르지 않는다면, 둘 사이의 중재에 손을 떼겠다고 말하라. 중재자는 절차를 관리하는 역할자이므로 그들이 명확하게 어떤 절차를 어떻게 따라야 하는지에 대해 차근히 설명해주어야 한다. 이 또한 양쪽의 신임을 얻을 수 있는 방법이다.

극단적 문제를 해결하려면

때로는 협상이 소용없는 경우가 있다. 한 학생은 남자친구에게 구타당하는 친구를 도와주어야 했다. 남자친구는 심리 치료를 받겠다는 약속을 지키지 않고 있었다. 이러한 문제는 협상의 대상이 아니다. 학생이 친구에게 해줄 수 있는 최선의 조언은 일단 남자친구와 떨어져서 외부의 도움을 받으라는 것이다. 물론 친구는 남자친구에게 마지막 기회를 줄 수 있을 것이며, 남자친구가 심리 치료를 받기 전에는 절대 다시 만나지 말아야 한다. 이 방법이 통하지 않으면 즉각 제3자의 도움을 받아야 한다. 인터넷에는 이런 사안에 대해 도움을 요청할 수 있는 다양한 사이트가 있다.

학대에 시달린 경험이 있는 학생들은 대부분 실명을 쓰는 것을 원치 않았다. 그만큼 마음의 상처가 컸기 때문이다. 다음은 그들이 할 수 있는 몇 가지 대응 지침이다.

1. 상대방과 일정한 간격을 두어라.
2. 전문가의 조언을 구하라.
3. 직면한 사안에 대해 자세히 조사하라.
4. 상대방이 감정을 통제할 수 있도록 도와라.
5. 감정적 지불을 하라.
6. 표준을 활용하여 무엇이 합당한지 살펴라.
7. 상대방이나 제3자와 논의할 내용을 미리 정리하라.
8. 감정이 격해지면 휴식을 취하라.

지난 일을 보상받을 수 있는 방법은 어디에도 없다. 상대방에게 고통을 주면 반발을 부를 뿐이다. 상대방이 만일 고통을 주려고 하면

제3자가 잘못을 지적하게 하라. 한 학생은 폭력적인 남편과 이혼하기로 마음먹었다. 남편은 재산의 대부분을 갖겠다고 우겼다. 그녀는 합리적인 태도를 가진 남편의 친구를 불러서 중재를 요청했다. 그 친구는 남편이 막무가내로 나서지 못하도록 막는 역할을 잘 해주었다.

극단적인 경우가 아니라면 헤어지는 경우에도 차분하고 체계적인 접근법을 통해 더 나은 해결책을 얻을 수 있다. 제프 퍼먼Jeff Fuhrman은 로스쿨에 다닐 때 사귄 여성과 관계를 정리하고 싶었다. 그는 여자친구를 존중하면서 솔직하게 감정을 털어놓는 것이 최선이라고 생각했다. 그래서 여자친구가 감정적으로 나와도 그냥 내버려두었다. 그는 그녀의 입장을 이해해주는 동시에 자신의 입장을 설명했다. 덕분에 두 사람은 헤어진 이후에도 여전히 좋은 친구로 남을 수 있었다.

신뢰는 관계에 꼭 필요한 토대다. 때문에 상대방에게 거짓말을 하면 관계가 깨질 수도 있다. 신뢰를 저버린 행위이기 때문이다. 반대로 아무리 나쁜 소식이라 해도 사실대로 전하면 오히려 관계를 개선시킬 수도 있다. 물론 대부분의 사람들은 그렇게 생각하지 않는다. 하지만 좋지 않은 사실을 덮으려고 하면 오히려 신뢰만 잃을 뿐이란 사실을 명심해야 한다.

그레이스 김Grace Kim은 6개월 전에 대학 동창들과 계획한 여행 일정을 바꾸고 싶었다. 그래서 그레이스는 가장 친한 친구에게 솔직하게 털어놓았다.

"정말 여행을 가고 싶지만 날짜가 맞지 않아 고민이야."

그녀는 이렇게 말하며, 자신이 날짜를 바꿈과 동시에 다른 친구들의 니즈도 만족시킬 수 있는 방법이 있는지 물었다. 알고 보니 일정을 맞추는 게 곤란한 친구가 한 명 더 있었다. 그래서 그들은 모두 일정을 조정하기로 했다.

여기서 주목해야 할 사실은 그레이스가 자신의 사정을 설명한 시점이 여행일로부터 5개월 전이었다는 사실이다. 하지만 만일 그녀가 일주일 전에 이런 말을 했다면 상황은 많이 나빠졌을 것이다. 어떤 경우라도 문제가 생겼다는 느낌이 들었다면 뜸들이지 말고 곧바로 알리는 게 좋다. 그레이스 역시 이런 깨달음을 얻었다.

"이 일을 계기로 문제가 생기면 바로 알려야 한다는 걸 알았어요. 사실 저는 처음부터 날짜가 맞지 않을 것 같다는 예감이 들었어요. 만일 그때 바로 말했다면 아마 더 좋았을 거예요."

분명 귀담아 들을 만한 조언이다. 걱정이 있으면 처음부터 이야기하라. 특히 사적인 관계에서 할 말을 가슴에 담아두면 문제를 악화시킬 수 있다. 말하지 않고 꽁꽁 가슴에 숨겨둔다고 해서 문제가 사라지는 건 아니기 때문이다.

끝으로 상대방의 감정을 예민하게 인식하고 다양한 협상 도구를 활용한 두 가지 사례를 살펴보자. 이 협상에서 양측은 명확하고 단순하며 공정한 절차를 따랐다. 이처럼 까다로운 협상에서는 구체적인 내용을 놓고 다투기 전에 협상 절차를 먼저 정해야 한다.

뉴욕에서 변호사로 일하는 타마라 크라지크Tamara Kraljic 는 유럽에서 가질 가족 모임에 참석하겠다던 약속을 지킬 수가 없었다. 가족 모두가 그 모임을 기대하고 있다는 건 잘 알고 있었지만, 할 일이 너무 많앉던 그녀는 유럽까지 갈 여유가 없었다. 하지만 그녀는 어떤 핑계를 대도 가족을 뒷전으로 둔다는 비난을 듣게 될까 봐 걱정스러웠다.

타마라가 고심 끝에 첫 번째로 한 일은 가족 중에서 자신을 가장 지지해줄 사람을 찾는 것이었다. 그 대상은 바로 언니였다. 그녀의 언니는 이미 여러 차례 가족 모임에 빠진 전적이 있었다. 도움을 요청한 타마라에게 그녀의 언니는 말했다.

"타마라. 아빠는 언제나 일이 가장 우선이라고 말씀하셨어."

"맞아, 그랬지. 내가 왜 그 사실을 잊고 있었을까?"

그녀의 아버지가 평소 삼았던 원칙은 협상 도구로 삼기에 너무나 적절한 표준이었다.

두 번째로 타마라를 이해해줄 사람은 어머니였다. 타마라는 어머니에게 전화를 걸어서 모임에 가고 싶은 마음이 굴뚝같지만 도저히 갈 수 없다고 말했다.

"그래도 와보도록 하는 게 어떻겠니? 한결 기분이 좋아질 거야."

"엄마, 제가 간다고 해도 분위기만 망칠 거예요. 왜냐면 일이 너무 많아서 그걸 다 끝내고 가면 정말 피곤할 것 같아요. 대신 모임이 열리는 시간에 동영상으로 전화를 꼭 할게요."

그녀는 이렇게 약속을 한 후 모임에 참석하지 못해 자기도 너무 안타깝다는 말을 거듭 강조했다. 결국 어머니는 타마라의 입장을 이해해주었다. 그 다음으로 타마라는 모임에 참석하는 가족들에게 일일이 전화를 걸어서 같은 절차를 밟았다. 가족들은 그녀가 자기들을 존중한다는 느낌을 받았다. 통화는 그리 오래 걸리지 않았다. 타마라는 사람에 따라 적절하게 다른 도구를 썼다. 아버지에게는 표준을, 어머니에게는 공감을, 언니에게는 연합 작전을 활용했다.

가족들은 일제히 그녀의 결정을 지지하는 메시지를 보냈다. 타마라는 현명한 대처로 관계를 훼손시키지 않으면서도 자신의 목적을 이룰 수 있었다.

부부들은 종종 아기를 돌보느라 애를 먹는다. 서로 지친 상태에서 누가 아기를 봐야 하는지를 놓고 말다툼을 벌이기도 한다. 와튼스쿨에 다니던 비시마 타카Bhishma Thakkar는 두 시간마다 울어대는 아이를 달래느라 곤욕을 치렀다. 이미 그의 아내도 지쳐 있었다. 비시마는 학업에 지장이 없도록 주중에는 손님방에서 자고 싶어했다. 하지만 아내는 자기 혼자 밤새 아이를 돌보는 것에 대해 영 못마땅해 했다. 불행은 동행을 원한다는 옛말은 결코 틀린 말이 아니었다. 이로 인해 부부는 감정적으로 대치될 수도 있는 상황에 처해 있었다.

비시마는 먼저 아내가 아이를 돌보느라 무척 고생하고 있으며, 남편에게 그 부담을 같이 지자고 요구할 권리가 당연히 있음을 인정하면서 아내에게 감정적 지불을 충분히 했다. 뒤이어 자신들이 금슬 좋은 부부라는 사실을 환기시키면서 과거의 관계로 다시 돌아가자고 그녀를 설득했다. 그는 자신이 손님방에서 자는 것이 더 나은 이유를 설명했다.

"내가 잠을 푹 자야 학교에서 돌아온 후엔 아이를 더 잘 돌볼 수 있지 않겠어? 그래야 그때만이라도 당신이 푹 쉴 수 있을 테고 말야."

아내는 그제야 비시마의 말이 옳다는 걸 인정했다.

가족을 제외한 모든 인간관계는 일시적 만남에서 비롯된다. 하지만 잠시 스쳐가는 인연이라도 그 사람에게 정성을 들이면 장기적인 인간관계를 맺을 가능성이 높아진다. 풍부한 인간관계는 삶에 더 많은 것을 안겨준다. 그러니 주위를 둘러보고 시간과 에너지가 허락하는 대로 가능한 한 많은 대화를 나누어라. 그러면 평생에 걸쳐 보상을 받을 수 있을 것이다.

자녀교육의
비밀

와튼스쿨에 다니던 한 건축가의 딸은 매일 아침마다 늑장을 부리다가 스쿨버스를 놓치곤 했다. 그때마다 건축가는 딸을 학교까지 태워주어야 했다. 학교까지는 차로 왕복 30분이 걸렸다. 결국 일주일에 두 시간 반을 낭비하는 셈이었다. 그러나 아무리 애를 써도 딸을 제시간에 일어나게 만들 수 없었다.

건축가는 강의 시간에 이 문제를 털어놓은 후 역할 전환을 통해 딸의 머릿속 그림을 그렸다. 그리고 딸이 아버지와 시간을 더 보내고 싶어서 일부러 늑장을 부린다는 사실을 깨달았다. 그는 이 사실을 알고 난 후 협상 전략을 세웠다. 그리고 딸에게 말했다.

"널 학교에 태워주느라 쓰는 시간을 합하면 일주일에 두 시간 반이 돼. 그 시간을 보충하려고 아빠는 토요일에도 일을 해야 한단다. 아빠랑 토요일을 함께 보내고 싶지 않니? 토요일에 함께 할 일을 계획할 수도 있잖아. 스쿨버스를 놓치지만 않는다면 말이야."

그는 가치가 다른 대상을 교환한 후, 딸에게 결정권을 넘기는 방법을 사용했다. 이 말은 나름의 효과를 발휘했다. 하지만 건축가는 아직 충분하지 않다고 생각했다. 그래서 제3자와 연합을 구축했다. 그는 근처에 사는 딸의 친구에게 딸아이와 함께 등교해달라고 부탁했다. 딸이 분명 친구를 기다리게 만들지는 않을 것이라고 판단했기 때문이었다. 그의 예상대로 그 뒤로는 딸이 스쿨버스를 놓치는 일이 없었다.

아이들은 대개 어른보다 훨씬 협상을 잘한다. 본능적으로 원하는 것을 얻는 협상법을 알고 있기 때문이다. 아이들은 어른의 행동을 눈여겨보면서 머릿속에서 다음에 어떤 일이 벌어질지 짐작한 다음, 협상을 통해 정곡을 찌른다. 또한 아이들은 '조금만 더 주세요.(가치가 다른 대상의 교환, 어른 입장에선 조금만 더 주는 게 아무것도 아니다)'나 '사랑해요.(감정적 지불)' 혹은 '말 잘 들을게요.(상대방의 니즈 충족)' 같은 말들을 곧잘 한다. 또한 아이들은 자신의 목표뿐만 아니라 상대방의 목표에도 집중할 줄 안다.

따라서 아이들과 협상할 때는 아이들처럼 생각하도록 노력해야 한다. 자녀 교육에 대한 기존 통념은 사실 그다지 쓸모가 없다. 그런 이론들은 대개 아이들의 머릿속 그림이 아니라 부모가 원하는 바에 초점을 맞추기 때문이다. 물론 부모가 원하는 일을 하도록 아이들을 유도하는 방법에 대한 조언도 있다. 하지만 유감스럽게도 아이들은 이러한 속임수를 금세 알아챈다.

이 챕터에서는 아이들의 말과 인식에 초점을 맞출 것이다. 그래야 부모가 아이들과 협상할 때 더 많은 힘을 얻고 스트레스를 덜 받을 수 있다. 이 협상법에서는 무엇보다 아이들을 대하는 태도가 중요하다. 협상에 접근하는 방식이 성패를 좌우한다는 사실을 기억하라. 아이와의 협상에서 성공 여부를 결정적으로 좌우하는 요소는 부모의 태도다. 아이를 대하는 모든 행동이 협상의 일부가 되기 때문이다. 평소에 아이에게 말하고 행동하는 방식이 신뢰의 정도를 결정한다는 사실을 명심해야 한다.

이 챕터에 나오는 모든 내용들은 수십년에 걸쳐 사람들을 관찰한 나의 경험과 심리에 대한 지식 그리고 학생들이 협상 도구를 사용한 기록들이다.

더욱 많은 준비가 필요하다

아이와 협상을 잘하려면 여러 번 연습한 후 그 결과를 철저히 분석해야 한다. 아이들은 언제나 연습을 하고 있으며, 항상 부모와 협상을 할 준비가 되어 있다. 아이들을 잘 설득하려면 방법을 아는 것만으로는 부족하다. 활용하고 배우고 다시 또 활용해야 한다. 개념과 실천 사이에는 커다란 차이가 있다는 사실을 기억하라. 아는 것도 중요하지만 아는 것을 실천하는 일이 더 중요하다.

아이와의 협상이라고 해서 특별할 것은 없다. 아래에 설명할 일부 차이를 제외하면 아이와의 협상은 대개 어른과의 협상과 비슷하다. 아이와의 협상에 필요한 도구는 존중, 경청, 역할 전환, 명확한 의사소통, 목표 지향, 감정 배제 등이 있다. 적절한 협상 도구를 통해 어른의 행동을 바꾸듯, 아이의 행동도 얼마든지 바꿀 수 있다. 아이와 협상할 때도 점진적인 접근이 최선이다. 또한 아이와의 협상에서는 교환할 대상이 훨씬 많다는 장점도 있다.

아이들은 한 명 한 명 모두 독립된 인격체다. 아이들을 어른과 다르게 대해야 한다고 생각하는 것은 선입견일 뿐이다. 앞서 문화적 차이를 다룰 때 지적했듯이 '아이와 협상하는 법'이라는 말은 '일본인과 협상하는 법'이라는 말처럼 명백히 잘못된 것이다. 일본인이 천차만별이듯이 아이들도 천차만별이다. 같은 의미에서 남자아이를 대하는 방법과 여자아이를 대하는 방법이 달라야 한다는 말 역시 모순적이다. 모든 협상은 상대방의 개별적인 성향에 따라 달라지기 때문이다.

아이와의 협상을 잘하는 것이 중요한 이유는 무엇일까? 많은 사람들이 그 이유를 간과하고 있다. 아이와 부모는 세상 어느 누구와도 나누지 않은 특별한 관계를 맺는다. 아이는 어떤 의미에서 부모의 일부이며, 세상에서 부모와 가장 가까운 존재다. 또한 아이는 훗날 부모에게 무조건적인 사랑을 베풀 거의 유일한 존재다. 어디 그뿐인가? 삭막하고 소외받기 쉬운 세상에서 아이는 부모의 가장 큰 지지자이기도 하다. 부모는 삶을 통해 자신의 가장 큰 지지자를 기르고 가르칠 기회를 갖는 것이다.

아이와의 협상법은 현재 부모인 혹은 앞으로 부모가 될 당신이 소중한 기회를 낭비하는 일이 없도록 도와줄 것이다. 설령 지금까지 실수를 했더라도 관계는 앞으로 얼마든지 되돌릴 수 있다.

먼저 아이들에게 국한된 세 가지 특성을 살펴보자.

첫째, 아이들은 자신이 어른들보다 약하다는 사실을 알고 있다. 10대 중반이 되기 전까지 대체로 아이들은 모든 것을 부모에게 의존해야 한다. 이러한 조건은 아이들에게 불안감을 준다. 때문에 이러한 불안감을 해소시켜주면 아이들은 기꺼이 많은 것을 양보한다. 하지만 안타깝게도 대부분의 부모는 반대로 행동한다. 그들은 아이를 위협하여 불안감을 가중시킨다. 위협은 단기적으로든 장기적으로든 효과를 발휘하지 못할 뿐 아니라 오히려 아이와의 관계만 소원하게 만들 뿐이다.

둘째, 아이들이 울고 떼쓰는 것은 의사소통 기술이 부족하기 때문이다. 어른들의 경우 감정을 노출시키는 것은 도움이 되지 않는다는 사실을 알지만 아이들은 울음을 터트리면 종종 원하는 것을 얻을 수 있다는 사실을 알고 있다. 현명한 부모는 아이의 울음이 부차적인 수단이라는 것을 잘 안다. 중요한 일은 아이가 우는 것보다 더 좋은 방법을 사용하도록 북돋는 것이다. 그러기 위해서는 아이에게 감정적 지불을 통해 더 많은 힘과 심리적 안정을 부여하고 그들의 니즈를 충족시키도록 돕고 궁극적으로 그들이 무엇을 말하고자 하는지 이해하려고 노력해야 한다.

셋째, 아이들의 삶은 원하는 것을 얻는 데 집중되어 있다. 아이들에게 세상은 대개 싫어하는 것과 좋아하는 것으로 나뉜다. 아이들은 끊임없이 원하는 것을 얻으려고 애쓴다. 그 대상은 아이스크림이 될 수도 있고, 텔레비전 시청이 될 수도 있으며, 부모나 친구와 같이 노는 시간이 될 수도 있다. 그래서 아이들이 좋아하는 것을 주는 조건을 내걸면 협상이 잘 이루어지는 경우가 많다. 이 방법은 아이들에게 뇌물을 주는 것이 아니라 앞으로 살아가는 데 필요한 기술을 가르치는 것이다.

나는 2002년 아들 알렉산더Alexander가 태어나기 전에 미리 자녀 교육에 대한 많은 이론을 섭렵했다. 그리고 아이가 태어난 후 매일같이 그 지식들을 활용하느라 머리를 굴려야 했다. 알렉산더가 너무도 뛰어난 협상가였기 때문이다. 한번은 알렉산더가 네 살일 때 심부름을 시킨 적이 있었다. 하지만 알렉산더는 하지 않으려고 했다.

"아빠가 지난주에 네 말대로 아이스크림을 사다주지 않았니?"

내가 이렇게 묻자 아이는 고개를 끄덕였다. 나는 다시 물었다.

"그러면 이번에는 네가 심부름을 해주는 게 맞지 않을까?"

그제야 알렉산더는 심부름을 했다. 현재의 협상을 과거의 협상과 연계시킨 전략이 통한 것이다.

일주일 후 알렉산더는 또 아이스크림을 사달라고 말했지만, 나는 "하루 종일 단것을 너무 많이 먹어서 안 돼"라고 말했다. 그러자 알렉산더는 지체 없이 "지난주에 아빠가 시킨 심부름을 했잖아요?"라고 답했다. 결국 나는 아들에게 아이스크림을 사줄 수밖에 없었다. 협상을 통해 그 양을 조금 줄이기는 했지만 말이다.

이제 아이들을 설득하는 방법을 구체적으로 살펴보자. 첫째로 할 일은 장기적 목표를 설정하는 것이다. 대부분의 부모들이 단기적 목표만을 생각한다. 가령 숙제를 하라거나 소리지르지 말거나 방청소를 하라는 식이다. 하지만 아이를 대하는 행동이 장기적 목표에 부합하는지 고려하는 일은 대단히 중요하다. 장기적 목표는 대개 아이가 책임감 있고 인간적이며, 사회에 나가 성공할 수 있는 사람으로 자라는 것이다.

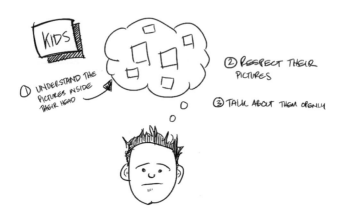

아 이 의 머 릿 속 그 림 을 그 리 는 법

목표를 정한 상태에서 가장 중요한 것은 아이의 머릿속 그림을 그리는 일이다. 그러지 않으면 어디서부터 협상을 시작할지 도무지 알수가 없을 것이다. 아이의 머릿속 그림을 제대로 그리려면 절대 넘겨짚지 말고 끊임없이 질문을 해야 한다.

프란츠 폴Franz Paul은 저녁을 먹을 때마다 편식하면서 투정을 부리는 네 살 난 아들을 설득해야 했다. 그는 아들의 머릿속 그림을 생각했다. 그리고 최근에 일이 많아서 저녁 먹기 전에 아들과 놀아주지 못했다는 걸 깨달았다. 그가 다시 저녁식사 전에 아들과 놀아주자 모든 것이 정상으로 돌아갔다.

아이의 투정에 대한 올바른 대응은 질문하는 것이다. 아이가 "엄마 나빠!"라고 말하거나 "동생 미워!"라고 말하면 "그런 말 하면 안돼!"라고 혼내는 것이 아니라 "우리 아가, 왜 그렇게 생각하게 됐을까?"라고 그 이유를 물어야 한다. 아이가 쿠키를 원한다고 말하면 대신 바나나를 권하라고 조언하는 이들이 있는데, 이는 말도 안 되는 설득법이다. 아이는 쿠키와 바나나가 다르다는 것을 너무나 잘 알고 있다. 바나나가 먹고 싶었다면 처음부터 바나나를 달라고 말했을 것이다. 그러니 "저녁 먹을 시간이 다 됐는데도 쿠키가 먹고 싶니? 그럼 우리 반만 먹을까?"라고 묻는 것이 더 낫다.

아니면 일반적인 조언을 이렇게 약간 변형하라. "쿠키를 먹는 건 몸에 안 좋아. 대신 몸에 좋은 바나나를 먹지 않을래?"라고 묻는 식으로 말이다. 이 말은 그냥 바나나를 권하는 말과는 차원이 다르다. 아이를 존중하는 태도가 담겨 있기 때문이다.

라훌 손디Rahul Sondhi의 세 살짜리 조카는 식탁이 아닌 부모의 침실에서 밥을 먹겠다고 고집을 부렸다. 라훌은 무조건 안 된다고 말하는 대신 정확하게 침실 어디서 먹고 싶은지 물었다. 조카는 구석자리에 있는 의자를 손으로 가리켰다. 라훌은 조카의 의도를 금세 알아차렸다. 조카는 아동용 의자가 아닌 어른들이 앉는 자리에서 밥을 먹고 싶었던 것이었다. 이 경우 장소는 중요하지 않았다. 그래서 라훌은 침실에 있던 의자를 식탁으로 가져왔다. 그러자 조카는 그 자리에 앉더니 흡족한 얼굴로 열심히 밥을 먹었다. 조카의 머릿속 그림을 그린 덕분에 효율적인 대책을 마련할 수 있었던 것이다.

세자르 그룰론Cesar Grullon의 아들은 자기 침대에서 자지 않겠다고 고집을 부렸다. 세자르는 질문을 통해 그 근본적인 이유를 파악했다. 아이는 자기 침대가 아기용 침대인 것이 못마땅했던 것이다. 그래서 세자르는 아들과 함께 가구점에 가서 직접 원하는 침대를 고르도록 했다. 세자르는 그때의 일을 떠올리며 이렇게 말했다.

"한쪽이 일방적인 힘을 가진 상황에서는 강압적인 수단을 동원하기 쉬운 것 같아요. 하지만 그런 수단으로 얻은 성과는 그리 오래가지 않더라고요. 근본적인 이유에 대응한 게 아니니까요."

아이의 머릿속 그림을 그리는 것에만 멈추어선 안 된다. 중요한 건 아이들의 머릿속 그림에 나타난 생각을 존중해주어야 한다는 것이다. 빌 테일러Bill Taylor는 진로 문제를 놓고 고등학교 3학년인 아들과 갈등을 겪었다. 아들은 음대에 가기를 원했고 빌은 보다 실용적인 전공을 택하기를 원했다. 빌은 강의 시간에 역할 전환을 통해 아들의 입장이 되어본 결과 아들이 자신의 판단을 신뢰하지 않는 아버지를 원망하고 있음을 깨달았다. 그는 즉시 해결책을 마련하여 아들이 일반적인 전공을 선택하고, 음악은 특별 전공으로 공부할 수 있게 했다. 빌은 이 경험을 통해 아들의 의견을 존중해야 할 필요성을 느꼈다.

핵심은 아이의 머릿속 그림에 대해 솔직하게 대화하는 것이다. 절대 눈 가리고 아웅 하는 식은 안 된다. 아이가 표현을 잘하지 못한다고 해서 생각이 없는 것이 아니기 때문이다. 오히려 본능에 충실한 아이들의 인지력이 더 날카로울 수도 있다. 그러니 아이가 당신을 관찰하는 만큼 당신도 아이를 충분히 관찰하라. 아이를 흥분시키는 것과 차분하게 만드는 것은 무엇인가? 아이가 좋아하는 것과 싫어하는 것은 무엇인가? 아이의 태도는 무얼 말하고 있는가?

그런 후에 아이의 말을 충분히 들어라. 연구 결과에 따르면 많은 부모들은 아이의 말을 잘 듣지 않는다. 그럼에도 불구하고 자신은 아이의 말을 잘 듣는다고 착각한다. 만일 당신이 아이를 대하는 것과 같은 방식으로 어른을 대하면, 어른들이 어떻게 반응할지 생각해보라. 아이가 말할 때 돌아보지도 않고 하던 일을 계속하는 것은 아이에게 모욕감을 준다. 더욱 끔찍한 결과는 아이들이 그런 태도를 그대로 배운다는 것이다. 아이들은 부모가 자신을 대한 방식을 결코 잊지 않는다. 따라서 아이가 부모의 말에 귀를 기울이게 하려면 먼저 아이의 말에 귀를 기울여야 한다.

몇 년 전에 영국에서 실시한 연구 결과에 따르면, 10대 중 약 75퍼센트가 부모와 좋은 관계를 유지하는 데 가장 중요한 요소로 자신의 말에 귀 기울여주고 이해해주는 것이라고 답했다. 이에 비해 같은 생각을 가진 부모는 41퍼센트에 불과했다. 부모가 아이의 말에 귀를 기울이면 아이는 자존감이 높아질 뿐 아니라 독립심이 강해지며 사회적인 능력이 강화된다.

문제가 생기면 아이와 상담하라. 가능한 한 자주 아이의 의견을 의사결정에 반영하라. 그러면 아이는 부모를 신뢰할 수 있게 된다. 아이는 부모가 자신의 의견을 존중할 때, 가족의 일원으로서 사랑받고 있다는 느낌을 받는다. 그러니 종종 이렇게 물어라.

"다음에는 어떻게 해야 좋을까?"

아이가 양치질을 잘하게 만들려면 명령하기보다 침대에 각기 다른 종류의 다섯 가지 칫솔과 치약을 놓아두는 것이 낫다. 그리고 각 칫솔과 치약의 장단점을 의논한 다음 아이에게 선택권을 주어라. 이 방법은 시간과 돈이 드는 단점이 있지만 그냥 야단치는 것보다 효과는 훨씬 더 뛰어나다. 또한 이 방법은 아이에게 결단력과 협동심을 길러준다. 다른 모든 상황에서도 같은 방법을 쓸 수 있다.

존 머레이John Murray의 딸은 좀처럼 양치질을 하지 않았다. 그러나 존이 치약에 대한 선택권을 주자 바로 양치질을 시작했다.

"마치 스위치를 켜는 것과 같았습니다. 아이는 자발적으로 양치질을 했어요. 스스로 선택할 수 있도록 해주었더니 제가 원하는 대로 되더군요."

아이가 토 다는 것에 대해 불쾌감을 표시하고, 무조건 아이는 어른의 말에 고분고분 따라야 한다는 생각은 무척 위험하다. 이런 태도는 아이를 존중하지 않는 것이다. 그러면 아이는 더이상 어른의 말을 듣지 않고 반항할 방법을 궁리하게 된다. 연구 결과에 따르면, 스스로 결정을 내리는 습관을 들인 아이들은 그렇지 않은 아이들에 비해 지능과 심성은 물론 육체적인 건강까지 더 좋은 것으로 드러났다.

정보를 제공하거나 공유하는 일 역시 아이에게 힘을 준다. 가령 수술을 앞둔 아이에게 병원을 미리 구경시켜주면 큰 도움이 된다. 아이가 자신의 생각을 표현하게 하고 아이의 질문에 충실하게 답하라.

앨런 스위처Alan Switzer는 아들인 브랜든Brandon과 함께 디즈니 월드에

놀러갔다. 그런데 집으로 돌아오기 전날 밤, 앨런이 짐을 싸야 하는데도 불구하고 브랜든은 계속 그날 그가 사준 기차 장난감을 가지고 놀려고 했다.

"브랜든, 기차를 집에 가져가고 싶지 않니? 집에 가져가려면 짐 쌀 때 가방에 넣어야 하는데, 그러려면 어떻게 해야 할까?"

앨런이 이와 같이 아들에게 선택권을 주자 브랜든은 기꺼이 기차 장난감을 그에게 내주었다.

어릴 때 권한을 부여받은 아이는 10대가 되었을 때 부모에게 반항할 가능성이 낮다. 10대 자녀와 갈등을 빚는 이유는 대개 아이가 어릴 때 부모가 협상을 잘 하지 못했기 때문이다. 연구 결과에 따르면 강압적인 분위기에서 자란 아이들은 열세 살이 되면 부모로부터 멀어지려고 한다. 그들에게는 가족보다 친구가 더 중요한 의미로 다가온다. 이런 일이 발생하면 그 어떤 부모라도 속상할 것이다. 하지만 이러한 문제는 얼마든지 예방할 수 있으니 지금이라도 아이에게 주의를 기울여라.

앞에서 언급했듯 아이들은 가치가 다른 대상을 교환하는 일에 능숙하다. 브라이언 맥더비트Brian McDevitt는 다섯 살 난 아들과 아침에 눈 뜬 후 대화를 나누는 습관을 들이고 싶었다. 그래서 브라이언은 아들에게 아침에 15분 동안 이야기하는 대가로 15분 동안 더 놀 수 있게 해주겠다고 제안했다. 그리고 바로 다음날 아침부터 브라이언은 아들과 이야기를 나누기 시작했다.

이렇듯 아이들은 교환을 좋아한다. 필립 화이트Philip White의 세 살

난 아들은 좀처럼 욕조에서 나오지 않으려 했다. 시간에 쫓기던 필립은 계속 욕조에서 놀려고 하는 아들을 설득해야 했다. 그는 아들에게 지금 욕조에서 나오면 다음날 화려한 색깔의 입욕제를 넣어주겠다고 제안했다. 아이는 바로 아빠의 제안을 받아들였다. 이처럼 세 살짜리도 기꺼이 협상할 의지를 갖고 있다는 사실에 대해 알고 있는가? 적절한 방법만 쓴다면 아이들은 언제나 협상에 임할 준비가 되어 있다.

알렉산드라 레빈Alexandra Levin은 친구를 집에 초대했다. 친구는 어린 아들을 데리고 왔다. 나중에 집에 갈 시간이 되었을 때 아이가 알렉산드라에게 계속 책을 읽어달라고 졸랐다. 말을 들어주지 않으면 금세 울음을 터트릴 기세였다. 그래서 알렉산드라는 협상 도구를 활용했다. 그녀는 지금 책을 조금만 읽어주고 다음에 나머지를 다 읽어주겠다고 말했다. 그녀의 점진적인 접근법은 효과를 발휘했고 아이는 바로 평정을 되찾았다. 이 일로 인해 알렉산드라는 점진적 접근법의 힘을 깨달았다. 알렉산드라는 세 명의 아이들에게도 같은 도구들을 활용하여 효과를 보고 있다.

브라이언 머피Brian Murphy는 새벽 다섯시 반에 일어나 운동할 준비를 했다. 그때 세 살 난 딸 에벌린Evelyn이 운동하지 말고 자신과 같이 있어달라고 졸랐다. 브라이언은 딸의 귀여운 부탁을 거절하고 싶지 않았지만 그때가 아니면 운동할 시간이 없었다. 그는 에벌린이 좋아하는 것 중 작은 인형을 생각해냈다. 평소에는 안고 자지 못하도록 한 장난감이었다.

"아빠가 운동하는 동안 인형에게 우리 에벌린과 함께 있어달라고 할까?"

에벌린은 기뻐했고 덕분에 문제는 간단하게 해결됐다.

브라이언은 2010년에 메릴랜드 주지사 후보 경선에 뛰어들었다. 그는 딸에게 썼던 협상법이 정치계에서도 효과를 발휘했다고 말했다. 그것은 상대방이 중요하게 생각하는 가치를 파악한 후 자신이 가진 가치와 교환하는 것이었다.

메리 그로스Mary Gross의 어린 딸은 그녀가 출장을 갈 때마다 난리를 피웠다. 메리는 딸에게 필요한 것이 무엇인지 생각했다. 그녀가 해준 말은 뻔해보일지 모른다. 하지만 아이에게는 무척 의미 있는 말이었다.

"엄마는 항상 우리 딸 곁으로 돌아오잖아, 그치?"

그녀는 딸이 혼자 있는 것에 대해 느끼는 두려움을 해소해주고 싶었다. 그녀는 자신이 출장 간 동안 딸이 혼자서도 재미있게 할 수 있는 일들을 딸과 함께 적었다. 그리고 돌아올 때 깜짝 선물을 해주겠다고 약속했다. 덕분에 메리는 편한 마음으로 출장을 떠날 수 있었다. 그녀가 딸의 감정을 충분히 이해하고 인정해준 결과였다.

아이의 인격

잉 리우Ying Liu는 여섯 살 난 아들이 텔레비전을 보는 시간을 줄이고 피아노 연습과 산수 공부를 더 했으면 했다. 이를 위해 잉이 처음 한 일은 협상을 준비하는 것이었다. 그는 아들이 좋아하는 일의 목록을 만들었다. 거기에는 텔레비전 시청, 레고 놀이, 동물원 관람 등이 포함되었다.

그는 아들에게 텔레비전 시청 시간을 줄이고 피아노 연습과 산수 공부를 더하면 좋아하는 일을 더 자주 하게 해주겠다고 말했다. 이어서 두 사람은 점수 제도를 만들었다. 아들은 텔레비전 보는 시간을 줄이거나 피아노 연습과 산수 공부를 하면 점수를 딸 수 있었다. 그날부터 두 사람은 함께 점수를 관리했다. 어린 아들은 이러한 협상법을 통해 자신이 존중받는다는 느낌을 받았다. 또 덤으로 아버지와 즐거운 시간을 보낼 수도 있게 됐다.

일부 전문가들은 보상과 처벌법은 시간이 지날수록 효과가 약해진다고 말한다. 그러나 나의 경험으로 비춰보건대 절대 그렇지 않다. 보상과 처벌은 아이가 내용을 선택하도록 하고 공정한 절차를 따르며 올바른 보상을 적용하기만 하면 충분히 효과를 발휘한다. 물론 부모와 아이가 함께 진행 과정을 기록하면서 개선점을 의논하는 일도 중요하다.

줄리 해니거Julie Haniger는 집안일을 전혀 하지 않는 아이들 때문에 속상했다. 아이들은 그녀와 한 약속을 지키지 않았다. 그녀는 이 문제를 해결하기 위해 아이들과 회의를 열었다. 그녀는 가족들이 서로를 돕기로 약속하는 것에 대해 어떻게 생각하는지 물었고, 아이들은 모두 좋다고 대답했다. 그래서 그들은 함께 보상제도를 만들었다. 그리고 각자 할 일을 정리했으며 맡은 일을 하지 않을 경우 받을 벌칙도 정했다. 아이들의 점수는 차트에 별표로 표시되고 그들은 한 달에 한 번씩 모여서 진행 상황을 살피기로 했다. 이 방법은 줄리가 기대했던 것보다 훨씬 더 큰 효과를 발휘했다.

이제 자발적인 협조를 이끌어내려면 아이들을 대하는 방식이 중요하다는 사실을 알았을 것이다. 아이들을 존중하면 부모 역시 아이들로부터 존중받는다. 그렇다고 해서 모든 것을 허용하라는 뜻은 아니다. 다만 어른들과의 협상처럼, 안 된다고 말할 때는 분명한 이유를 대야 한다.

이때 무엇보다 아이들의 심리적 안정감을 훼손시켜서는 안 된다. 아이들에게 심리적 안정을 주는 가장 큰 원동력은 뭐니 뭐니 해도 부모의 사랑이다. 그럼에도 불구하고 안타깝게도 많은 부모들이 냉담한 태도로 아이들의 심리적 안정감을 훼손시킨다.

부모와 자녀 사이의 신뢰는 절대적으로 중요하다. 신뢰가 깨지면 아이의 모든 것이 영향을 받는다. 자녀와 문제가 생기면 같이 앉아서 대화를 나누어야 한다. 신뢰에 대하여 이야기하라. 그리고 자녀가 마음에 담아놓은 다른 생각들을 털어놓게 하라. 자녀가 어릴 때는 함께하는 시간을 통해 신뢰를 쌓을 수 있다. 자녀와 함께하는 모든 일들은 협상을 할 때 자녀가 부모를 대하는 태도를 결정짓는다. 모든 것은 서로 모두 연관되어 있다는 사실을 잊어서는 안 된다.

우리 집은 저녁 식탁에서 각자 자신의 세 가지 관심사에 대해 이야기한다. 이렇게 부모와 자녀가 서로의 이야기를 나누면 신뢰가 쌓인다. 우리 집 아이는 내가 중요한 일을 부탁하면 기꺼이 내 의견을 따른다. 이처럼 평소에 쌓은 신뢰가 관계 전반에 영향을 미친다.

아이와 함께 어떤 일을 하면 대개 불필요한 요구들이 줄기 시작한다. 아이가 혼자 놀이방에 남겨지기를 싫어하면 교사의 도움을 받아 함께할 수 있는 일을 시작하고 결과물을 보여달라고 말하라. 퇴근할 때까지 가끔 전화로 진행 상황을 점검하는 것도 좋다.

나는 아이와 문제가 생기면 일단 내 잘못이라고 생각한다. 어쨌든 나는 자신을 책임질 수 있는 어른이기 때문이다. 아들이 물건을 깨면 아이를 혼내기 전에 왜 아이를 잘 가르치지 못했는지에 대해 스스로 자책한다.

아이가 자꾸만 아이스크림을 더 먹겠다고 고집을 부리면 안 되는 이유를 분명하게 밝혀라. 말할 때 아이의 팔을 어루만지면서 애정을 표현하라. 아이는 당신의 무조건적인 사랑을 확인하고 싶어한다. 아이를 야단칠 때도 애정 표현은 필수다. 이러한 애정 표현은 훗날 커다란 차이를 만든다.

우선순위를 정하는 일도 중요하다. 작은 일에 집착하지 마라. 반면 안전, 건강, 도덕성, 예의, 준법성에 관련된 문제는 협상의 대상이 아니다. 다른 모든 문제들은 점진적으로 가르치면 된다. 유머 역시 아이들에게 효과적이다. 아이가 바닥에 밀가루를 쏟으면 이렇게 말해보라.

"이런, 바닥에서 케이크를 만들려고 이렇게 확 쏟아버린 거야?"

그리고 웃으며 함께 청소하라. 어른도 때때로 물건을 떨어뜨린다. 아이는 이미 자신의 실수를 후회하고 있다. 그러므로 그것이 마치 아이의 성격 결함인 것처럼 다그치지 마라. 그것은 결코 공정하지 않으며, 아이들 역시 공정한 처사가 아니라는 걸 알고 있다. 부적절한 비난은 아이들에게 불공정한 태도를 가르칠 뿐이다.

메리언 와너Maryann Wanner의 일곱 살 난 딸은 자전거를 탈 때 보호용 패드를 차지 않으려고 했다. 폼이 안 난다는 게 그 이유였다. 메리언은 그동안 딸이 넘어져서 생긴 상처들을 상기시킨 다음 제일 멋있다고 생각하는 패드를 고르게 했다. 결국 딸은 인상을 쓰면서도 패드를 찰 수밖에 없었다.

데이비드 루치David Luzzi는 쌍둥이 아들들의 게임 시간을 줄이려고 했다. 그의 목표는 쌍둥이의 게임 시간을 평소의 절반으로 줄이는 것이었다. 그는 먼저 이에 대해 아내와 의논했다. 데이비드는 아내와의 대화를 통해 그녀와 자신의 생각이 같음을 확인했다. 그리고 부부는 같이 협상에 나서기로 했다.

그 다음으로 데이비드가 한 일은 협상 환경을 준비하는 것이었다. 아이들이 중간에 다른 핑계로 협상에서 빠져나가지 못하게 할 필요가 있었다. 그래서 부부는 45분 동안 드라이브를 하면서 아이들과 이야기했다. 데이비드는 게임은 삶의 일부에 지나지 않으며, 게임을 오래 하는 만큼 좋아하는 다른 일들을 할 시간이 줄어든다는 점을 아이들에게 납득시키고 싶었다. 그래서 아이들에게 좋아하는 일들을 생각나는 대로 말하게 했다. 그리고 옆에서 아내는 그 내용을 적어내려갔다. 게임은 그들이 좋아하는 일들 중 하나에 불과했다.

그의 아내는 게임을 너무 많이 하는 것이 아이들에게 좋지 않은 영향을 미친다는 연구 결과를 알려주었다. 두 아이는 과학 시간에 배운 것들을 부모에게 이야기하기를 좋아했다. 그래서 과학자들의 권위를 빌려 게임 시간을 적절하게 줄일 필요성을 말하는 것은 대단히 효과적이었다.

그러나 아이들도 바보는 아니었다. 그들은 부모가 하려는 말이 무엇인지 짐작하고 이내 짜증을 내기 시작했다. 데이비드는 이미 이러한 반응을 예상하고 있었다. 그는 협상론 강의를 통해 대부분의 협상이 이성적으로 진행되지 않는다는 것을 알고 있었다. 이 경우에는 감정적 지불이 필요했다. 그래서 데이비드는 쌍둥이 중 한 아이에게 왜 화를 내는지 물었다.

"아빠가 자꾸 게임을 하지 말라고 하니까요."

데이비드는 그 말에 반박하지 않았다. 시비를 따지는 것은 중요하지 않았다.

"게임 시간을 지금의 반으로 줄이고, 엄마 아빠와 함께 다른 재미있는 일을 하는 건 어때?"

이 말에 아이들은 기꺼이 동의했다. 아이들은 부모와 함께 해결책을 논의하는 과정에서 스스로의 말에 대한 책임감에 대해 배웠을 게 분명하다.

하지만 일부 부모들은 데이비드 부부처럼 점진적인 접근법을 쓸 줄 모른다. 아이들에게 원하는 것과 두려워하는 것이 무엇인지 묻고 필요한 감정적 지불을 하라.

마이클 존슨Michael Johnson의 딸은 처음 축구 경기에 나섰다가 갑자기 막무가내로 울음을 터뜨렸다. 이러한 일은 어디서나 흔히 일어난다. 하지만 대부분의 부모들은 이 상황에서 어떻게 대처해야 할지 모른다. 마이클은 딸에게 도와주겠다고 말하면서 대화를 유도했다. 알고 보니 아이는 많은 사람들이 지켜보는 가운데 자신이 실수를 할까봐 두려워하고 있었다. 마이클은 전혀 걱정할 필요가 없다고 말했다.

"아무도 없는 옆 경기장에서 아빠와 둘이서만 축구할까?"

딸아이는 기쁘게 동의했고, 아빠와 둘이서 축구를 하는 동안 자신감을 얻었다. 그리고 나중에는 다른 아이들과 함께 경기를 하러 갔으며 경기 막판에 골까지 넣었다. 아빠의 배려 덕분에 즐거운 시간을 보내면서 자신감을 키운 것이다.

밥 에반스Bob Evans의 네 살 난 아들 마이클Michael은 수영 교실에 가지 않고 대신 자전거를 타겠다고 고집을 부렸다. 밥은 아들이 물을 무서워하는 것일지도 모른다고 생각했다. 사실 자신도 어릴 때 물이 무서웠기 때문이다.

그래서 밥은 마이클을 친구들과 함께 수심이 얕은 수영장에 데려갔다.

"마이클, 그냥 목욕한다고 생각하렴. 여기는 집에 있는 욕조와 비슷한 깊이야."

그다음 밥은 마이클의 어깨에 보조 튜브를 끼워준 후 좀 더 깊은 곳으로 가도록 유도했다. 시간이 지나자 마이클은 친구들과 함께 수영 교실에 가겠다고 말했다. 수영 교실이 끝난 후, 밥은 아이들에게 피자를 사주었다. 밥은 물을 무서워하는 마이클의 마음을 헤아리면서 점진적인 접근법을 쓴 끝에 목표를 달성했다. 또 친구들을 초대한 것과 수영이 끝난 후 피자를 사준 것도 도움이 되었다. 신중한 밥의 협상 절차 덕분에 마이클은 수영을 사랑하게 되었다. 나중에 지역 수영 대회에 출전할 만큼 말이다.

나쁜 버릇을 확실하게 고치려면

윌리엄 송William Song의 다섯 살 난 딸 소피아Sophia는 어느 순간부터 계속 짜증을 부리면서 부모 말을 듣지 않았다. 윌리엄은 딸이 새로 태어난 동생을 질투한다고 생각했다. 그래서 소피아와 함께 역할 전환을 해보기로 했다. 아빠의 역할을 맡은 소피아는 자신의 역할을 맡은 아빠와 같이 놀려고 했다. 하지만 윌리엄은 평소의 소피아처럼 짜증만 부렸다.

그 모습을 보고 소피아는 자신의 행동이 얼마나 잘못되었는지 깨달았다. 역할 전환은 소피아에게 근본적인 문제가 무엇인지 알려준 것이다. 소피아는 동생이 태어난 후 부모의 관심을 충분히 받지 못한다고 생각했던 것이다. 윌리엄은 문제 해결을 위해 딸과 함께 몇 가지 규칙을 정했다. 이후 소피아의 태도는 확연히 달라졌다.

마이크 버틀Mike Vertal도 윌리엄과 비슷한 문제로 골치를 썩이고 있었다. 마이크의 아들 리암Liam은 갈수록 반항적인 태도를 보이면서 아빠의 말을 무시했다. 결국 부자가 서로 고함을 지르는 일이 잦아졌다.

그래서 마이크는 역할 전환을 시도하면서 리암의 머릿속 그림을 그려보기로 했다. 대부분의 아이들은 서로 역할을 바꾸자는 제안을 거절하지 않는다. 리암의 역할을 맡은 마이크는 이렇게 물었다.

"아빠는 내가 말을 듣지 않으면 화가 나요?"

이 질문을 통해 리암은 말을 듣지 않아서 아빠가 화를 낸다는 사실을 알게 되었다. 마이크는 리암에게 앞으로 상대방의 말을 듣지 않을 때 어떻게 할지 물었다. 규칙을 정하는 일에 아들을 참여시킨 것이다.

마이크는 역할 전환 덕분에 아들의 사고 능력이 크게 개선되었다고 자랑스레 말했다. 아이들을 잘 다루려면, 책임감을 심어주는 게 중요하다. 책임감이야말로 모든 행동의 주춧돌이기 때문이다.

때때로 내 아들은 숙제를 할 시간에 텔레비전을 보면서 머리를 식힌다. 당장 숙제를 하고 싶은 마음이 들지 않을 수도 있을 것이다. 이럴 때는 언제 숙제를 할 것인지, 왜 텔레비전을 보는지 나와 의논한다. 그러면 아무것도 문제될 것이 없다.

아까도 언급했듯이 유머는 아이들을 다루는 데 대단히 효과적이다. 시간을 내서 아이들에게 재미있는 만화를 보여주어라. 나는 출장을 갈 때마다 아들에게 우스꽝스러운 모양의 모자를 사주었다. 모자가 너무 많아서 한번은 아들이 이제 그만 사라고 말했다. 그래서 그

다음부터 티셔츠를 사주었다. 가끔은 보기만 해도 웃음이 절로 나오는 그림도 그려준다.

이번에는 보다 까다로운 사례들을 살펴보자. 어떤 아이들은 고함을 지르면서 부모의 말을 거부한다. 이런 아이들은 마치 까다로운 흥정꾼과 같다. 이 경우에는 특단의 조치로 표준을 활용할 수 있다. 다만 세심하고 현명하게 활용해야 한다는 점을 잊지 마라.

브라이언 개리슨Brian Garrison은 세 살 난 아들인 코너Connor의 짜증을 더이상 받아주지 않기로 결정했다. 그는 일단 코너가 대화를 할 수 있을 만큼 안정되기를 기다렸다. 기다려주는 것 자체가 일종의 감정적 지불이었다. 코너가 안정된 후 브라이언은 고함을 지르며 발버둥 치는 것이 올바른 행동인지 물었다. 코너는 자신의 행동이 잘못되었음을 인정하지 않을 수 없었다. 세 살짜리도 사리분별은 할 수 있다.

브라이언은 앞으로 같은 행동을 하면 어떻게 해야 할지 물었다. 해결책을 아이와 상의하는 것 역시 감정적 지불이었다. 두 사람은 흥분했을 때 먼저 경고를 주고 그래도 안 되면 방에서 혼자 3분 동안 감정을 다스리기로 합의했다. 이 방법은 효과가 있었다. 코너는 더이상 나쁜 행동이 통하지 않는다는 사실을 깨달을 수밖에 없었다. 그 결과 이전보다 훨씬 착한 아이가 되었다.

"코너는 세 살이지만 자신의 모든 행동에는 대가가 따른다는 것을 알게 되었습니다. 이전에는 잘못된 협상법을 쓰는 바람에 나쁜 행동을 막지 못했지요. 하지만 표준을 세우고 이를 따르게 하니까 효과가 확실했어요."

찰스 갤러거Charles Gallagher 역시 세 살 난 딸 니콜라Nicola가 툭하면 성질을 부려서 곤욕을 치렀다. 니콜라가 친구 집에서 한바탕 소란을 피운 이후, 찰스 부부는 대책을 세우기로 결정했다. 두 사람은 니콜라와 함께 그날 있었던 일을 하나씩 되짚었다. 부모의 말을 들은 니콜라는 앞으로 착한 아이가 되겠다고 약속했다.

그러나 니콜라의 약속은 오래가지 못했다. 며칠 후 니콜라는 친척집에서 다시 소란을 피웠다. 아내는 찰스에게 전화로 도움을 요청했다. 찰스는 니콜라에게 함께 만든 약속을 지키지 않는 것은 받아들일수 없다고 말했다.

"다른 사람들 앞에서 함부로 행동하면 앞으로 다들 네가 오는 걸싫어할 거야"라고 말함으로써 잘못된 행동의 대가를 상기시켰다. 니콜라는 찰스의 말을 듣고 난 후 즉시 엄마에게 잘못했다고 사과했다.

잘못된 행동이 목표 달성에 도움이 되지 않는다는 사실을 상기시키는 일은 대단히 효과적이다. 에릭 슈나이더Eric Schneider는 말다툼을 벌인 아내와 딸 사이를 중재해야 했다. 아내는 딸이 저녁식사 전에 돌아와 숙제를 하는 조건으로 친구와 나가 놀 수 있도록 했다. 하지만딸은 숙제를 할 시간이 되었음에도 돌아오지 않았다. 에릭이 전화를걸었을 때 모녀는 한창 말다툼 중이었다. 에릭은 딸과 통화를 했다.

"엄마랑 다투는 이유가 뭐니?"

"친구들하고 더 놀고 싶어요."

"숙제는 언제 하고?"

"나중에 텔레비전 보면서 하면 돼요."

텔레비전을 보면서 숙제하는 것은 에릭의 집에선 금지된 일이었다.

"숙제를 텔레비전 켜고 하는 게 빠르니, *끄고* 하는 게 빠르니?"

"*끄고* 하는 거요."

"아빠가 너하고 한 약속을 깨도 된다고 생각해?"

"아뇨."

이 시점에서 에릭은 대화를 마무리 지었다. 충분히 점진적인 접근법을 썼다고 생각했기 때문이다. 딸은 엄마와의 말다툼을 멈추고 숙제를 시작했다.

대부분의 아이들은 어른들과 마찬가지로 목록 만들기를 좋아한다. 목록은 무질서한 세계 속에서 일정한 질서를 부여한다. 아이와 함께 문제를 해결하기 위한 목록을 만들어라. 그러면 아이와의 관계가 더 좋아질 것이고, 아이는 약속을 더 잘 지킬 것이다.

내 친구의 아홉 살 난 딸 애비게일Abigail은 집안일을 돕는 문제를 놓고 엄마와 싸웠다. 두 사람은 말다툼 끝에 겨우 합의에 도달했다. 애비게일은 엄마가 합의 사항을 지키는 한 자신도 맡은 일을 하겠다고 약속했다. 애비게일은 합의 사항을 출력하여 서명한 다음 엄마도 서명하도록 했다.

많은 부모들은 아이가 약속을 지키게 만드는 일이 어렵다고 생각한다. 그러나 많은 아이들 역시 부모가 약속을 지키게 만드는 일이 어렵다고 생각한다. 그러니 약속에 대해 분명하게 이야기하라. 물론 여기에는 약속을 깰 경우 받아야 할 대가도 포함되어야 한다. 애비게일은 엄마와 함께 서로가 지킬 것들에 대한 목록을 만들었다. 자신이 세운 표준을 부정할 수는 없다. 아이와 함께 표준을 만들어라. 그러면 서로에 대한 책임감을 높일 수 있다.

아이가 어떤 일을 억지로 하도록 강요하지 말고 스스로 해야 할 이유를 깨닫게 만드는 것이 중요하다. 나는 아들이 가끔 밤늦도록 자지 않아도 그냥 내버려둔다. 다만 내일 피곤할 것이라는 점을 경고한 후 다음날 제시간에 깨운다. 당연히 아들은 그날 하루 종일 피곤에 시달릴 수밖에 없다. 하루 정도 숙면을 취하지 못한다고 해서 아이의 성장에 지장이 생기지는 않는다. 그보다 행동에는 대가가 따른다는 교훈을 얻는 것이 훨씬 중요하다. 이제 아들은 늦게 자면 다음날 피곤에 시달릴 것이라는 사실을 알기 때문에 스스로 취침 시간을 잘 지킨다. 이러한 방법이 빨리 자라고 고함을 지르는 것보다 훨씬 낫다.

아이에게 교훈을 주는 방법은 많다. 당신을 아이의 선생님으로 생각하라. 반대로 아이가 당신의 선생님이 될 수도 있다. 아이가 당신에게 가르쳐줄 수 있는 것은 무엇인가? 아이들은 대개 부모보다 컴퓨터를 잘 안다. 요즘 아이들은 휴대폰으로 인맥을 관리한다. 어른들은 아직 새로운 유행에 익숙하지 않다. 이러한 일에 대해 아이들에게 물으면 관계를 개선하는 데 도움이 된다. 이때 아이들을 조사하는 듯한 태도를 취하면 안 된다. 어디까지나 아이들과 함께 어떤 일을 한다는 데 의미를 두어야 한다.

늦기 전에 아이와 친구가 돼라

어릴 때 자녀들과 돈독한 관계를 형성해두어야 사춘기가 되었을 때, 자녀들이 부모로부터 멀어지지 않는다. 사춘기가 되면 대개 아이들은 친구들에게 지지와 조언을 구한다. 하지만 사춘기가 되기 전에 아이와 친구가 되면, 그 이후에도 아이들은 부모를 친구처럼 친근하게 생각한다. 그러면 모든 협상이 훨씬 쉬워진다. 도움을 요청하는 일 자체가 아이들을 존중하는 태도다. 아이들은 분명 부모에게 받은 존중을 그대로 돌려줄 것이다.

이런저런 노력을 했음에도 불구하고 아이와의 협상이 잘 되지 않을 때에는 제3자의 도움을 구하는 것도 좋다. 제3자에는 할머니, 삼촌, 고모, 형제자매, 친구나 친구의 부모 등이 포함된다.

마지막으로 아이를 상대로 육체적, 정신적 폭력을 행사하는 일에 대해 짚고 넘어가야 할 것 같다. 아이에 대한 폭력은 명백히 약자를 괴롭히는 행위다. 어른의 힘과 지위를 이용하여 방어할 능력이 없는 아이를 공격하는 것이기 때문이다. 이때 아이는 극단적인 태도로 대응하게 된다.

이 문제를 보다 객관적으로 살펴보자. 물론 끔찍할 정도로 잘못된 행동을 하는 아이들이 있다. 하지만 아이들을 그렇게 만든 것은 부모의 폭력이다. 아이들의 나쁜 행동은 폭력에 대한 나름의 대응책일 뿐이다. 강압적 태도는 아이를 폭력적으로 만든다. 여러 연구 결과에 따르면 구타나 체벌은 아이의 공격적 성향을 증가시킨다. 엄마에게 맞는 아이들은 유치원에서 서로를 때리는 경우가 두 배나 많았다. 또한 어린 시절에 체벌을 받은 남자아이들이 나중에 여자친구를 구타하는 경우도 많다. 구타는 지능을 최대 5포인트까지 떨어뜨린다. 맞는 아이들은 학업에 집중할 수 없고 우울증에 시달리며 언어 발달에 장애가 온다. 이런 것만 보더라도 체벌이 효과적이라는 기존의 통념은 완전히 잘못된 것이다.

미국에서는 50퍼센트 이상의 부모들이 아이에게 정기적으로 체벌을 가한다. 또한 90퍼센트가 넘는 부모들이 1년에 적어도 한 번은 아이를 때린다. 체벌의 악영향을 생각해볼 때 실로 놀라운 수치가 아닐 수 없다. 어떤 사람들은 체벌을 흡연에 비유한다. 백해무익하지만 여전히 많은 사람들이 그 습관을 버리지 못하기 때문이다.

아이들이 부모가 시키는 일을 하도록 만드는 것으로는 충분하지 않다. 아이들이 스스로 자신의 성장에 적극적으로 참여하게 만들어야 한다. 지금까지 그 일에 필요한 도구들을 소개했으니 이 도구들을 익혀서 매일 활용하라. 장차 당신의 아이도 자기 아이에게 이 도구들을 물려줄 것이다. 그렇게 되면 바람직한 자녀 양육의 전통이 이어질 수 있다. 당신부터 시작하라.

원하는 서비스를 얻는 비밀

경영진 워크숍에 참여한 한 사람이 아내와 함께 샌디에이고에 있는 최고급 호텔에서 주말을 보냈다. 그런데 토요일 아침에 욕실에서 들리는 아내의 비명소리에 화들짝 놀라 잠에서 깼다. 달려가보니 욕실 바닥에 온통 개미들이 돌아다니고 있었다. 그는 당장 데스크에 전화를 걸었다. 그리고 순간 화를 내려다가, 수화기를 내려놓고 워크숍에서 배운 협상법을 활용하기로 했다. 그는 매니저를 직접 찾아가 대화를 시작했다.

"여기가 샌디에이고의 최고급 호텔이 맞습니까?"

"네."

"이 호텔은 최고 수준의 서비스를 제공합니까?"

"그렇습니다."

"그 서비스에 욕실 바닥의 개미도 포함됩니까?"

대화가 끝난 후 그는 특실과 디너 서비스, 그리고 샴페인을 제공받았다. 그는 평생 그렇게 빠르게 보상을 받은 적이 없었다고 말했다. 감정에 휘둘리지 않고 체계적인 접근법을 썼기 때문이다.

여행과 관련된 협상법은 대부분 가격에만 초점을 맞추고 있다. 하지만 여행에서 필요한 게 꼭 가격 흥정만 있을까? 숙박 조건, 체크아웃 시간 조정, 서비스의 업그레이드, 객실 확보, 배려, 더 나은 장소, 더 많은 서비스, 요금이나 시설에 대한 분쟁 등 가격 말고도 협상할 것들이 너무나 많다.

여행과 관련된 협상에서 몇 가지 알아두어야 할 것들이 있다. 첫째, 여행업에 종사하는 사람들은 협상에 익숙하다는 사실이다. 그러니 그들의 감정을 고려하면서 모든 것을 협상하라. 그렇지 않으면 시장에서 물건 값을 흥정하지 않는 것과 같다. 즉 바가지를 쓰기 쉽다는 말이다.

둘째, 불만을 제기하는 사람은 어떻게든 보상을 받게 되어 있다. 그렇다고 해서 고약하게 굴라는 말이 아니다. 아무 말도 하지 않으면 결국 아무것도 얻지 못한다는 뜻이다. 원하는 것을 얻으려면 끈질긴 자세가 필요하다. 안 된다는 말에 쉽게 돌아서지 말고 거듭 협상을 시도하라.

고함을 지르며 함부로 행동하면 원하는 것을 얻기 어려워진다. 항공사와 호텔은 고객 블랙리스트를 관리하고 있는데, 이 기록은 영원히 남는다. 한번 블랙리스트에 오르면 그곳을 방문할 때마다 받을 수 있는 혜택이 적어질 뿐이다. 여행업에 종사하는 사람들은 직급을 막론하고, 마음먹기에 따라 고객에게 많은 것을 베풀 수 있다. 관건은 고객에 대한 감정이다. 그들 역시 호감이 가는 고객에게 더 많은 것을 주고 싶을 것이다.

따라서 여행과 관련된 협상에서는 표준을 활용하는 일과 더불어 소소한 대화를 통해 인간관계를 형성하는 일이 중요하다.

원하는 서비스를 얻는 법

9·11 테러 이후 항공사의 분위기가 많이 경직된 것은 사실이다. 하지만 그럼에도 협상할 여지는 충분히 있으니 걱정할 것 없다.

앞서 소개한 내 학생 중 한 명인 아준 마단의 아버지는 런던에서 미국으로 오는 비행기를 놓쳤지만 200달러의 수수료를 내고 싶지가 않았다. 하지만 두 명의 항공사 직원은 병원에 입원한 경우만 예외를 인정한다고 말했다. 아준은 그 둘을 제치고 세 번째 직원과 협상에 나섰다. 그는 먼저 인사를 나누고 최근에 다녀온 몰디브의 날씨에 대한 이야기를 했다. 알고 보니 직원은 결혼을 앞두고 있었고 신혼 여행지를 물색하고 있었다. 아준은 그녀와 10분 정도 신혼 여행지에 대한 대화를 나누었다. 대화가 끝난 후 아준은 말했다.

"사실은 온 가족이 항상 이 항공사를 이용해요. 연로한 아버지께서 몸이 편찮으셔서 비행기를 놓쳤는데 방법이 없을까요?"

직원은 아준을 위해 본사에 연락해보겠다고 말했다. 아준은 충성 고객이었고 아준의 아버지는 몸이 안 좋았으니, 사실 입원한 것과 크게 다르지 않았기 때문이다. 이러한 프레이밍은 효과가 있었고 아준은 예외를 적용받았다. 덤으로 그는 항공사에 친구를 한 명 만들게 되었다.

"끈기가 중요합니다. 절대 포기하면 안 돼요. 시간을 들여서 상대방에 대한 정보를 파악해야 합니다."

아준의 말처럼, 그는 자세한 정보를 제공하여 직원으로부터 신뢰를 얻었다. 이처럼 상대방에게 필요한 정보를 상세히 제공하면 예기치 않은 도움을 받을 수 있다.

내 학생들의 경우, 항공사에 미리 예약을 했는데 다음날 전화해보니 예약 처리가 안 돼 있을 뿐 아니라 요금까지 올라 있는 황당한 일을 겪을 때가 많았다. 하지만 내가 "처음에 누구와 통화했지?"라고 물으면 "잘 모르겠는데요."라고 대답하는 학생들이 대부분이다. 이런 경우에는 설득력을 발휘하기 어렵다.

"어제 열두시 무렵에 티나Tina와 통화했어요. 티나는 제 이름으로 예약이 되었고 예약 번호는 필요 없다고 말했어요. 제 이름도 두 번이나 확인했으니 틀림없을 거예요"라고 이야기해야 문제가 발생했을 때 결과가 달라질 것이다. 이처럼 구체적인 내용을 제시하는 것이 중요하다. 그러니 예약을 할 때 전화 받은 상담원의 이름을 반드시 메모하라.

필립 강Phillip Kang은 필라델피아에서 뉴욕으로 가는 버스 요금을 할인받고자 했다. 지난번에 이용했을 때 버스가 고장나는 바람에 약속 시간을 맞추지 못했기 때문이다. 하지만 창구 직원은 그다지 친절하지 않았다. 필립은 과거에 쓴 버스표들을 꺼내어 보여주면서 말했다.

"지금까지 이만큼 이 버스를 탔거든요."

자신이 충성 고객이라는 증거를 제시한 것이다. 덕분에 그는 뉴욕까지 공짜로 버스를 탈 수 있었다. 필립은 시각적인 증거를 제시했다. 이처럼 시각적인 증거는 강력한 효과를 발휘한다. 그렇다고 해서 지금까지 모은 비행기표를 전부 들고 공항으로 가라는 말은 아니다. 구체적인 내용을 생각하는 것이 중요하다는 뜻이다. 항공사에 대한 약관과 소개서를 읽고 들은 내용을 바탕으로 문제를 제기하라.

항공사와 다른 여행 관련 기업들은 다양한 할인 기준을 적용한다. 가령 아동이나 10대, 협력 업체 고객, 기업체, 노약자, 특정 지역 고객, 단체 고객, 생일, 기념일 등에 따라 할인을 제공하는 곳이 많다. 그러니 전화를 걸어서 할인 적용 대상에 포함되는지 확인할 필요가 있다. 일부 호텔은 교통편에 문제가 생겨서 발이 꽁꽁 묶인 고객에게도 할인 혜택을 준다. 로버트 호젠Robert Hodgen은 항공편이 취소되었을 때 묵고 있던 호텔로부터 100달러를 할인받을 수 있었다. 그가 한 일은 할인에 대해 단지 물어본 것뿐이었다.

호텔의 연중 객실 점유율을 확인하라. 대개 점유율이 낮을 때 요금이 싸진다. 그리고 이때 특별 프로모션이나 추가 서비스를 제공하는 경우도 많다. 단골 고객에게 주는 특별 혜택은 없는지 물어라. 컨퍼런스 책임자는 호텔로부터 골프장 이용이나 음료 할인 등의 혜택을 받을 수 있다. 다소 번거로운 건 호텔과의 협상에 활용할 수 있는 무형의 가치를 파악하는 것이다. 하지만 그 일은 그만한 가치가 있다.

정책에 대한 예외를 적용해달라고 요구하는 일을 습관으로 만들어라. 기회가 생길 때마다 예외를 적용한 적이 있는지 물어라. 누구나 설득력을 발휘할 수 있다. 나도 비행기 안에서 두 시간 넘게 기다리다가 승무원에게 탑승구로 데려가달라고 요구한 적이 있다. 호텔에서 변기가 막힌 경우도 절대 그냥 넘어가지 않았다. 2009년에 한 승객이 유튜브에 올린 항의성 동영상 때문에 유나이티드 항공의 시가총액은 무려 1억 8000만 달러나 줄어들었다. 그들은 이런 일이 또 발생할까봐 전전긍긍하고 있을 것이다. 그러니 그들에게 당당하게 문제 제기를 하고 보상을 받아라.

서비스 직원과의 대화법

서비스 분야에서 일하는 이들은 정신적으로 고되고 힘들다. 그러니 당신만이라도 그들의 기분을 유쾌하게 만들어주어라. 그들이 웃을 수 있는 말을 건네라. 그들의 관점에서 상황을 바라보고 공감의 말을 건네라. 그러면 감사의 표시로 보상을 받을 수 있을 것이다.

네이선 슬랙Nathan Slack은 신시내티에 있는 웨스틴 호텔에서 특실로 무료 업그레이드를 요구했다. 그러나 프론트 직원은 남는 특실이 없다고 말했다. 그녀는 기분이 좀 나빠 보였다. 네이선은 뛰어난 협상가들처럼 물었다.

"오늘 하루 어떻게 잘 보내셨어요?"

"사실은 방금 고약한 손님한테 시달려서 좀 힘드네요."

네이선은 고객 때문에 스트레스를 받은 그녀를 위로하면서 자신이 이 호텔의 단골 고객임을 밝혔다. 그녀는 컴퓨터에 저장된 데이터를 통해 그 말이 사실임을 확인했다. 네이선은 단골 고객에게 특실을 제공하는지 물었고 덕분에 곧바로 특실로 이동할 수 있었다. 이뿐이 아니었다. 프론트 직원은 마지막으로 이렇게 덧붙였다.

"앞으로도 남는 특실이 있으면 고객님께 같은 혜택을 드리도록 조치를 취하겠습니다."

이처럼 종종 작은 노력만으로도 더 많이 얻을 수 있다. 존 던컨슨 John Duncanson은 일주일 동안 LA에서 탈 렌터카를 무료로 업그레이드하고 싶었다. 그는 직원에게 고향이 어디인지, LA에서 얼마나 살았는지, LA의 어디가 좋은지, 어느 학교를 다녔는지 등을 물었다. 대화가 끝난 후, 직원이 먼저 무료 업그레이드를 원하는지 물었다.

존은 컨버터블을 빌리고 싶은데 너무 비싸다고 말했다. 직원은 추가 비용 없이 컨버터블을 빌릴 수 있게 해주었다. 존은 "친근한 대화는 생각보다 훨씬 강력한 효과가 있어요"라고 말했다.

이때 중요한 점은 친근감을 표현할 때 진솔해야 한다는 것이다. 억지로 친해지려고 하면 상대방은 금세 눈치 채고 오히려 거부감을 보일 것이다. 진솔할 자신이 없다면 아예 친해지려고 시도하지 않는 편이 낫다. 성격상 도저히 어려울 것 같으면 다른 사람을 내세우는 편이 더 도움이 될 것이다.

거듭 강조하지만 여행업에 종사하는 사람들은 자기 마음에 드는 고객에게 많은 혜택을 줄 수 있다. 데이나 구오Dana Guo는 시카고행 사우스웨스트Southwest 비행기를 타기 위해 대기 명단에 이름을 올렸다. 그녀는 추가 수수료를 내지 않고 비행기를 타고 싶었다. 그녀는 탑승구 직원과 함께 악천후에 대하여 이야기를 나눈 다음, 비행기를 놓치면 친구의 생일파티에 참석할 수 없다고 말했다. 그리고 물론 회사의 정책을 따라야 하겠지만 사례에 따라 조정할 수 있는 권한이 있지는 않은지 물었다. 그녀의 질문에는 직원의 권한을 인정하는 마음이 담겨 있었다. 덕분에 그녀는 추가 수수료를 내지 않고 비행기를 탈 수 있었다.

내 학생들이 협상을 할 때 일반인과 다른 점은 먼저 상대에게 초점을 맞춘다는 것이다. 대부분의 사람들은 자신의 문제만을 얘기한다. 하지만 수많은 사례들이 증명하듯 먼저 상대방의 문제에 대해 이야기하는 것이 더 효과적이다.

바베이도스의 한 리조트에 머물던 애니 마르티네스Annie Martinez는 호텔 방을 옮기고 싶었다. 처음 들어간 방이 클럽 옆이라서 너무 시끄러웠기 때문이다. 새벽 두시에 잠에서 깬 그녀는 도저히 참을 수 없다는 생각에 로비로 내려갔다. 로비에는 타데아Tadea라는 이름의 직원이 있었다. 하지만 저녁에 애니의 친구가 같은 질문을 했을 때 그녀는 남는 방이 없다고 했다.

애니는 타데아에게 가서 다시 문제를 이야기했다. 그녀는 시끄러운 음악이 타데아에게도 피곤을 가중시킬 것 같다며 먼저 그녀를 위로했다. 덧붙여 소음이 타데아의 잘못이 아님을 명확히 밝혔다. 그리고 그녀는 호텔 브로셔에 적힌 고객 만족을 언급하면서 이런 문제를 어떻게 해결하는지 물었다. 그녀는 다른 방법이 없다면 모두를 위해서 자신이 경찰에 전화를 걸 수도 있다고 제안했다. 자신의 문제를 공공의 문제로 만든 것이다. 또한 애니는 문제를 잘 해결해주면 상사에게 감사 편지를 써주겠다고도 했다. 이야기를 하는 동안 내내 애니는 협조적인 태도를 유지했다. 곧바로 타데아는 추가 요금을 받지 않고 애니를 최고급 객실로 옮겨주었다.

사실 옆방에 머물던 애니의 친구도 전날 저녁에 같은 문제로 타데아와 이야기했었다. 그녀는 큰소리로 호텔을 비난하면서 방을 옮겨달라고 요구했다. 하지만 아무것도 얻지 못했다. 이런 일은 흔히 생긴다. 애니는 적절한 협상 도구를 활용하여 목적을 달성했지만 친구는 그렇지 못했다는 사실은 우리에게 많은 걸 시사한다.

대부분의 사람들은 감사 편지를 협상 수단으로 제안할 줄 모른다. 감사 편지는 고객 서비스 담당자에게 매우 중요한 의미를 지닌다. 특히 경기가 어렵고 대량 해고가 이루어지는 요즘 같은 때에 감사 편지 한 통은 그들에게 큰 도움을 준다. 때로 간단한 감사 편지가 그들의 일자리를 지켜줄 수도 있단 얘기다.

데이비드 차오David Chao는 콘티넨탈Continental 항공기가 기체 결함으로 연착되는 바람에 환승편을 놓쳤다. 열 명의 다른 승객들도 동시에 발이 묶였다. 그는 항공사 직원에게 차분한 목소리로 문제를 잘 해결해주면 회사에 감사 편지를 써주겠다고 약속했다. 덕분에 그는 숙박권과 식권 그리고 목적지까지 가는 탑승권을 무사히 받을 수 있었다.

많은 사람들은 이중 하나도 받지 못해서 애를 먹는데 말이다.

서비스업계 사람들을 대할 때는 긍정적으로 문제 해결에 나서야 원하는 것을 얻을 수 있다. 한 학생은 친구와 크루즈 여행 상품을 사고 난 후 얼마 지나지 않아서 요금이 120달러나 내려갔다는 사실을 알았다. 대부분의 사람들은 짜증만 내며 자기는 운이 없다고 한탄했을 것이다. 하지만 그 학생은 고객 서비스 담당자와 협상을 시도했고, 실패하자 다시 책임자와 통화했다. 그녀는 책임자가 하루 종일 화난 고객들을 상대해야 한다는 사실을 잘 알고 있었으므로 긍정적인 접근법을 쓰기로 했다.

"요금이 내려간 걸 보고 고객으로서 무척 기분이 좋았어요."

이렇게 운을 뗀 후, 혹시 이미 요금을 지불한 고객에게도 보상이 가능한지 슬며시 물었다.

그녀의 긍정적인 태도에 기분이 좋아진 책임자는 크루즈에서 쓸 수 있는 350달러 어치의 상품권을 제공했다. 그녀가 받기 원했던 본래 요금의 인상폭보다 훨씬 더 많은 금액이었다.

리처드 어데운미 Richard Adewunmi 는 푸에르토리코의 한 호텔에 미리 예약해둔 숙박 날짜를 바꾸고 싶었다. 그러나 매니저는 퉁명스런 태도로 할인 요금을 적용했기 때문에 날짜 변경이 불가능하며, 날짜를 바꾸면 예약금을 한 푼도 돌려받을 수 없다고 말했다. 아마 대부분의 사람들은 이 말을 듣고 곧바로 화를 냈을 것이다. 하지만 리처드는 다른 대응 방식을 택했다.

"혹시 4년 전에 뵀던 분 아니세요? 그때는 매니저가 아니었는데 승진하셨군요. 축하드려요."

그는 2004년에 그 호텔에서 열린 친구의 결혼식에서 자신이 사회를 보았으며, 자신의 추천으로 형 부부도 신혼여행 때 그 호텔에 묵었다고 말했다. 그리고 호텔의 웹사이트에 고객을 다시 돌아오게 만드는 서비스를 제공한다는 말이 있음을 상기시킨 다음 이렇게 물었다.

"이 호텔의 오랜 친구인 셈인데 좀 서운하네요."

그는 곧바로 숙박 날짜를 바꿀 수 있었다. 리처드는 자신을 호텔의 오랜 친구 같은 존재로 소개하면서 표준을 활용하여 목표를 달성했다. 이처럼 뛰어난 협상가는 침착한 태도를 유지하면서 목표에 초점을 맞춘다. 그리고 미리 준비한 체계적인 접근법을 쓴다.

어디서나 관계를 만들 기회를 찾아라. 존 버크 John Burke 는 아메리칸 American 항공의 무료 여행권을 받기 위해 연말까지 200마일의 마일리지를 더 채워야 했다. 하지만 마일리지를 채울 만한 저렴한 항공권이 없었다. 아메리칸 항공의 고객 서비스 담당자는 회사가 마일리지 규정을 매우 엄격하게 적용한다고 말했다. 다시 말해서 200마일을 채우지 않으면 무료 여행권을 받을 수 없다는 것이었다.

존은 프레이밍을 바꾸기로 했다. 그는 책임자에게 전화를 걸어서 자신을 20만 마일의 마일리지를 쌓은 아메리칸 항공의 충성 고객이라고 소개했다. 그리고 200마일을 놓고 충성 고객과 다투는 것이 아메리칸 항공의 높은 고객 서비스 표준에 맞는 대응인지 물었다. 그의 주장은 충분히 설득력이 있었다. 책임자는 그가 200마일을 채우지 않고도 무료 여행권을 받을 수 있도록 조치해주었다. 새로운 프레이밍이 효과를 발휘한 것이다.

프레이밍을 활용한 멋진 한 문장

그리스 항공사인 올림픽 항공Olympic Air은 큰 실수를 저지르고 말았다. 조슈아Joshua와 모리스Morris가 아테네로 신혼여행을 가려고 예약한 항공권을 실수로 취소해버린 것이다. 그럼에도 불구하고 두 사람이 다른 항공사로 옮기려고 하자 환불을 거부했다. 조슈아는 고객 서비스 담당자에게 "그리스는 원래 이런 방식으로 손님을 대하나요?"라고 물었고 바로 환불을 받을 수 있었다. 프레이밍과 표준을 활용한 덕분이었다.

프레이밍에 능숙해지면 한 문장만으로 협상을 깔끔하게 마무리할 수 있다. 라잔 아민Rajan Amin은 수수료를 내지 않고 항공권 예약 내용을 변경하고 싶었다. 하지만 표준을 내세워도 별다른 소득이 없었다. 그가 예약 내용을 변경하려는 한 가지 이유는 두 시간 동안 비행기 출발 시간이 무려 네 번이나 바뀌었기 때문이다. 그는 유나이티드 항공의 고객 서비스 책임자에게 물었다.

"유나이티드 항공은 아무 말도 없이 네 번이나 출발 시간을 바꾸는데 왜 저는 단 한 번뿐인데도 수수료를 내야 합니까?"

멋진 프레이밍 아닌가! 할 말을 잃은 고객 서비스 책임자는 라잔의 요구를 들어줄 수밖에 없었다. 라잔은 명백한 사실을 적절한 프레이밍으로 제시했다. 이처럼 모순점을 발견하여 설득력 있게 밝히는 연습을 해두면 큰 도움이 된다.

때로 기업의 표준이 서로 충돌할 수도 있다. 가령 사우스웨스트 항공은 높은 수준의 고객 서비스를 자랑함에도 불구하고 예약 내용을 변경하려면 100달러를 내야 한다. 엘리자베스 라이더먼Elisabeth Leiderman은 출발 시간을 앞당기려다가 이 사실을 알게 되었다. 우선 그녀는 의사 결정자인 매니저 토마스Thomas를 불렀다. 엘리자베스는 기상이 악화되고 있어서 나중에 운항이 취소될 수 있다고 말했다. 토마스도 그 말에 동의했다. 엘리자베스는 말했다.

"그러면 왜 저를 좌석이 많이 남는 앞 비행기로 그냥 옮겨주지 않는 거죠? 나중에 운항이 취소되면 상대해야 할 고객이 한 명 줄잖아요? 반대로 만족한 고객은 한 명 늘어나고요."

토마스는 엘리자베스의 논리에 수긍하고 원하는 대로 해주었다. 엘리자베스는 자신의 바람을 들어주는 것이 항공사의 이해관계와 표준에 맞는다는 점을 설명함으로써 목표를 달성했다. 물론 이는 사전에 미리 준비한 전략이었다.

알렉산드라 문테아누Alexandra Munteanu는 항공사에서 예약 내용을 변경하려면 100달러의 수수료와 40달러의 요금 인상분을 내라는 말을 들었다. 그녀는 이미 항공권을 1년짜리로 연장하는 혜택을 받은 상태였다. 그녀는 예약 변경을 담당하는 책임자를 바꿔달라고 요구했고 직원은 책임자에게 전화를 연결해주었다. 알렉산드라는 자신이 좋은 고객이기 때문에 항공사가 항공권을 연장시켜주었다고 말했다. 책임자로 하여금 자신을 '이미 혜택을 준 고객'이 아니라 '그렇게 해줄 만큼 좋은 고객'으로 인식하도록 만들기 위한 것이었다. 책임자는 그래도 정책상 수수료를 받아야 한다고 말했다. 알렉산드라는 오랜 고객에게 예외를 적용해준 적이 없는지 물었고 책임자는 몇 번 있었다고 대답했다. 결국 알렉산드라는 수수료를 내지 않고 예약을 변경할 수 있었다. 그녀는 "프레이밍은 대단히 효과적인 도구입니다. 다만 세심하게 활용해야 합니다. 상대방이 의도를 알아차리고 공격적으로 나올 수도 있으니까요"라고 말했다. 하지만 사실 상대가 당신의 의도를 가능한 한 빨리 알도록 하는 것이 좋다. 만일 상대가 흥분하면 당신의 말에 문제가 있는지, 돈을 아끼려는 노력이 잘못되었는지 물어라.

노련한 사람을 상대할 때는 상황을 재설정하여 인식을 바꾸는 일이 중요하다. 항공사 직원들은 매주 수천 명의 사람들을 상대한다. 그리고 그 중 대부분의 고객들은 그들을 함부로 대한다. 따라서 친절한 태도를 보이면 혜택을 얻을 가능성이 높다. 당신을 차별화시킬 방법을 찾아라. 그 방법 중 하나가 그들을 친절하게 대하는 것이고 다른 하나는 구체적인 내용을 전달하는 것이다. 이러한 방법들은 당신에 대한 그들의 인식을 바꾸어준다.

민 김Min Kim은 과거에 아메리칸 항공을 자주 이용했지만 최근에는 비행기를 탈 일이 별로 없었다. 그러자 아메리칸 항공측은 그녀에게 258달러를 내지 않으면 골드 회원 자격을 박탈하겠다는 내용의 편지를 보냈다. 그녀는 아메리칸 항공이 자신을 어떻게 인식할지를 생각했다. 최근에는 별로 이용하지 않았으니 충성 고객으로 볼 리가 없었다. 그래서 그녀는 고객 서비스 담당자에게 경영대학원에 진학해 최근에는 비행기 탈 일이 없었지만 졸업하면 자주 타게 될 것이라고 설명했다. 이 말은 그녀에 대한 인식을 바꾸어주었지만 여전히 설득력이 부족했다. 그래서 자신이 텍사스를 사랑하며 졸업 후에 댈러스로 갈 것이라고 말했다. 댈러스는 아메리칸 항공의 본사가 있는 곳이었다. 그녀는 끝으로 아메리칸 항공이 충성 고객이었던 자신에게 예외적으로 몇 달 동안 골드 회원 자격을 연장시켜줄 수 있는지 물었다.

물론 그녀는 목표를 달성했다. 다만 항공사와의 약속을 지키지 않으면 골드 회원 자격을 금세 박탈당할 수 있었다. 항공사에서 입력된 정보를 점검할 것이기 때문이었다. 하지만 얼마 지나지 않아 보스턴 컨설팅 그룹Boston Consulting Group의 프로젝트 리더가 된 그녀는 쉽게 그 약속을 지킬 수 있었다.

프레이밍은 미래에 대한 비전을 제시하는 일까지 포함한다. 이만 로드구이Iman Lordgooei는 25세 미만의 고객이 마이애미에서 차를 빌릴 때 추가로 붙는 하루 25달러의 수수료를 내고 싶지 않았다. 그래서 통화를 하던 직원에게 말했다.

"앞으로 5만 달러에서 10만 달러를 렌터카 비용으로 쓸 예정인데,

서로에 대한 투자로 생각하고 면제해주면 안 되나요?"

멋진 프레이밍 덕분에 그는 수수료를 15달러로 할인받을 수 있었다. 만약 그가 창구에서 직접 이 말을 했다면 전액을 면제받을 수 있었을지도 모른다. 얼굴을 맞댄 상황에서 협상의 대가를 크게 만들면 대개 원하는 것을 더 많이 얻을 수 있기 때문이다.

표준의 목록

에이버리 셰필드Avery Sheffield는 스타우드Starwood 호텔의 우대 고객이었다. 규정상 우대 고객은 불편을 겪었을 경우 500포인트를 받을 수 있었다. 에이버리는 매니저에게 욕실에 다른 사람의 머리카락이 남아 있었다고 지적했다. 또한 그녀는 우대 고객임에도 불구하고 약속과 달리 무료 업그레이드 서비스를 받을 수 없었다고 덧붙였다. 이 밖에도 다른 자잘한 문제들이 있었다.

"여기 묵으려고 400달러를 냈어요. 200달러를 내고 다른 호텔에 묵을 수도 있었지만 지금까지 받은 서비스가 마음에 들었기 때문에 여기를 선택한 거예요."

매니저는 그녀에게 즉시 2만 포인트를 제공했다. 가치로 따지면 미국 왕복 항공권에 해당하는 포인트였다. 하지만 에이버리는 협상을 더 잘할 수 있었다며 아쉬워했다. 그녀는 매니저와 인간적인 소통을 먼저 한 후 감사 편지를 써주겠다고 제안했으면 더 좋았을 거라고 생각했다.

단골일수록 더 많은 혜택을 받는 법이다. 그러나 단골이라고 해서 요구를 들어주지 않으면, 관계를 끝내겠다고 협박해서는 안 된다. 그것은 말다툼을 할 때마다 배우자에게 이혼하겠다고 협박하는 것과 같다. 처음엔 상대방이 긴장할지 모르나 시간이 지날수록 이러한 협박은 더이상 통하지 않는다. 대신 지금까지 당신이 관계에 투자한 내용을 언급하라.

과거에 호텔과 관계를 맺은 적이 없다고 해도 괜찮다. 모든 호텔은 새로운 고객과 관계 맺기를 원한다. 중요한 것은 앞으로 충성 고객이 될 것이라는 믿음을 주는 일이다. 살만 알 안사리Salman Al-Ansari는 삼촌을 대신하여 온라인으로 필라델피아의 셰라톤Sheraton 호텔에 예약했지만, 삼촌이 여행 직전에 그만 몸살로 앓아눕고 말았다. 살만은 호텔에 전화를 걸어 매니저에게 사정을 설명했다. 그러나 매니저는 온라인 예약의 경우, 숙박 여부에 관계없이 환불이 안 된다고 말했다. 그는 어떤 예외도 인정하지 않으려고 했다.

살만은 대안으로 자신의 졸업 기념 여행 때 다른 가족들과 쓸 수 있도록 일정을 바꾸어달라고 요청했다. 이 요청은 자신이 셰라톤 호텔의 충성 고객이며, 향후 더 많은 고객을 유치할 수 있다는 사실을 말해주고 있다. 또한 그는 가치가 다른 대상의 교환을 제안했다. 매니저는 그의 요청을 받아들였다. 살만은 문제를 해결하기 위해 다양한 제안을 해야 했다.

한 학생이 직장인 SAIC 근처에 있는 한 호텔에 묵기 위해 여행사에 예약을 요청했다. 하지만 여행사는 예약이 다 찼다고 말하면서 전화조차 해보지 않으려고 했다. 학생이 예약 센터에 문의했지만 돌아오는 대답은 똑같았다.

그래서 학생은 직접 호텔에 전화를 걸었다. 그는 프론트 직원에게 자신이 SAIC에서 일하고 있음을 알렸다. 그 호텔은 SAIC를 방문하는 사람들이 많이 묵는 곳이었다. 그는 호텔들이 대개 만약의 경우에 대비하여 예비 객실을 비워놓는다는 사실을 언급하면서, 그 예비 객실을 자신에게 배정해줄 수 없는지 물었다. 그는 끈기와 표준 그리고 연계 덕분에 방을 얻을 수 있었다. 그는 자신 있게 말했다.

"안 된다고 해서 항상 안 되는 것은 아닙니다."

토마스 그리어Thomas Greer는 호텔 예약을 취소할 일이 있었는데, 이때 수수료를 안 내고 싶어 했다. 하지만 호텔 직원은 숙박일을 기준으로 24시간 이내에 취소하는 것이므로, 반드시 수수료를 내야 한다고 말했다. 때는 일요일 오후 4시였다. 토마스는 내일 오후 6시에 체크인할 예정이기 때문에 24시간 이내가 아니라고 말했다. 그러나 직원은 오후 3시를 기준으로 잡는다고 설명했다.

"오후 3시가 가장 빠른 체크인 시간인가요? 실제로 오후 3시에 체크인하는 고객 비율이 얼마나 됩니까? 그 기준은 조금 문제가 있지 않을까요?"

그는 이야기하는 내내 정중한 말투를 유지했다. 결국 그는 수수료를 면제받을 수 있었다. 이 사례는 적절하게 상황을 재설정하는 리프레이밍의 힘을 보여준다. 이처럼 리프레이밍은 큰 효과를 발휘한다. 아툴 쿠마르Atul Kumar는 오후 7시에 체크아웃을 하지만 수수료는 내고 싶지 않았다. 원래 체크아웃 시간은 오후 2시였다. 때문에 아툴이 아무리 우수 고객이라고 해도 오후 7시에 체크아웃하면서 수수료를 내지 않는 것은 무리였다.

그래서 아툴은 먼저 프론트 직원에게 예약이 다 찼는지 확인했다. 다행히 그렇지 않았다. 다시 말해서 그가 묵는 방을 반드시 제시간에 비워야 할 이유가 없었다. 그는 전날 밤 11시 30분에 체크인했다는 사실을 강조했다. 따라서 오후 7시에 체크아웃해도 실제 묵는 시간은 24시간이 안 됐다. 그는 이어 청소부들이 밤에도 일한다는 사실을 확인했다. 그러면 밤늦게 체크인하는 고객이 자신이 묵었던 방을 쓸 수 있는 셈이다. 끝으로 정말 방이 그 전에 필요하면 오후 5시에 비워주겠다고도 말했다. 프론트 직원은 아툴의 요청을 받아들였다. 아툴은 상황을 재설정하고 관계에 집중했으며, 호텔이 손해를 보지 않는다는 점을 강조하며 필요하다면 협조하겠다는 의지까지 보였다. 또한 협상하는 동안 줄곧 차분하고 협조적인 태도를 유지했다.

체크아웃 시간을 늦추고 싶다면 마지막 청소 시간이 언제인지 물어라. 야간 청소부가 없는 호텔은 대개 오후 5시에 마지막 청소를 한다. 따라서 당신이 묵는 방을 마지막에 청소해달라고 요청하면 된다. 당신이 단골이면서 충분한 이유를 제시한다면 성공할 것이다.

DON'T GIVE UP FINDING A WAY TO

GET MORE

FINDING THE RIGHT PERSON / REFRAMING

항공사나 여행사와 접촉하기 전에 먼저 표준의 목록을 만들어라. 그리고 그 목록을 가지고 협상에 임하라. 그러면 프레이밍에 도움이 될 것이다. 가령 연방법에 따르면 항공사측 사유로 예약이 취소될 경우 최소 200달러를 변상해야 한다. 그러나 많은 사람들은 최저 50달러 정도에 만족한다.

이러한 정보를 찾는 일은 그리 어렵지 않다. 고객 서비스 센터에 전화를 걸어서 고객 관련 규정을 알고 싶다고 말하면 된다. 많은 사람들이 정보를 구하는 방법을 알지만 실행에 옮기지는 않는다. 한두 시간만 투자하면 훨씬 많은 시간과 비용을 아끼고 스트레스를 피할 수 있는데도 말이다. 지금 당장 항공사의 표준과 관계 부처의 규정을 확인하라.

한 학생은 요금을 확인한 다음날 항공권을 사려고 하다가 25달러가 인상되었다는 사실을 발견했다. 하지만 전날 고객 서비스 담당자는 분명 확정 요금이라고 말했었다. 학생은 인상된 요금을 내는 것이 부당하다고 생각했다. 그는 책임자를 찾아서 항공사가 약속을 지키는지 물었다. 결국 그는 25달러를 할인받을 수 있었다. 그는 사실 25달러를 할인받으려고 한 시간을 투자할 가치가 있는지 확신하지 못했다. 사실 그는 한 시간을 투자할 필요가 없었다. 전날 확정 요금이라고 말한 고객 서비스 담당자의 이름을 알아놓기만 했다면 말이다. 결국 그는 협상에 필요한 구체적인 정보를 확보하지 않았기 때문에 어렵게 할인을 받아야 했다. 그가 들인 시간은 적절한 도구를 활용하지 않은 대가였다. 적절한 도구를 활용하지 않으면 목표를 달성하지 못할 수도 있다.

공무원을 설득하려면

여행 중에 협상을 해야 하는 모든 이들이 서비스를 중시하는 것은 아니다. 경찰이나 이민국이 특히 그렇다. 마샤 라자레바Marsha Lazareva는 공항에서 검색을 받다가 신고하지 않은 물품을 적발당했다. 자칫하면 2,500달러나 되는 벌금을 물어야 하는 상황이었다. 그녀가 들어간 조사실에는 네 명의 세관 직원이 있었다. 세관 직원은 직업 특성상 엄격한 모범을 보일 수밖에 없었다. 마샤는 먼저 사과부터 했다. 그녀는 세관 직원이 그녀를 엄하게 꾸짖는 동안 몰랐던 규정을 가르쳐주어서 고맙다고 거듭 강조했다. 그리고 진지하게 반성하는 태도를 보였다.

"줄이 너무 길어서 신고하지 않았는데 돌이켜보니 너무나 어리석은 행동이었네요. 정말 죄송해요."

그랬더니 엄격하기 그지없던 그들이 벌금을 33달러로 줄여주었다. 감동어린 말과 함께 말이다.

"지금까지 이 일을 인정해준 사람은 당신이 처음이었어요."

마샤는 협상 상황에 직면했음을 인지하고 차분한 태도를 유지했으며, 상대방에게 초점을 맞추려고 노력했다. 그리고 제3자의 영향을 파악하고, 솔직하고 직접적으로 얘기했으며 마지막으로 감정적 지불을 했다. 덕분에 그녀는 구금될 수도 있는 상황을 모면할 수 있었다. 이 성공의 가치를 과연 돈으로 환산하면 얼마나 될까?

마샤의 또 다른 사례를 살펴보자. 그녀는 실로 공무원들을 상대하는 능력이 특출해 보인다. 대부분의 공무원들은 적은 월급을 받으면서도 과로에 시달리며, 자신이 제대로 인정받지 못한다는 생각에 스트레스를 받는다. 그러니 공무원들과 협상할 때 이 사실을 참고하면 큰 도움이 된다.

마샤는 급하게 프랑스로 갈 일이 생겨서 3일 안에 비자를 받아야 했다. 그러나 일반적인 소요 기간은 14일이었다. 통화량이 많아서 비자 담당관과 통화를 하기도 쉽지 않았다. 전화를 받은 비서의 태도는 퉁명스럽기 그지없었다. 그래도 마샤는 친근한 말투로 바쁘게 만들어서 미안하다고 사과했다. 곧 그녀는 비자 담당관과 통화할 수 있었다. 앞서 말했지만 이러한 상황에서는 상대방의 힘을 인정하는 것이 효과적이다. 마샤는 이번에도 불편을 끼쳐서 미안하다는 말을 했다. 그리고 일상적인 대화를 나누다가 비자 담당관을 크게 웃게 만들었다. 덕분에 그녀는 12분 만에 승인을 받고, 3일 후에 비자를 발급받을 수 있었다.

마샤의 태도가 계산적이라고 생각할 수도 있다. 하지만 그녀는 업무에 치여 있던 비자 담당관에게 웃음을 주었고, 원하는 것을 얻었다. 비결은 상대방에게 집중한 데 있다.

안 되는 것은 없다

설령 당신이 100퍼센트 옳더라도 상대방을 존중하는 것은 협상에서 매우 중요하다. 하지만 대부분의 사람들이 상대방을 존중할 필요성을 거의 느끼지 않는다. 특히 사회적으로 성공한 사람들일수록 더욱 그렇다. 상대방을 무시하기 전에 그 사람이 내 인생에서 단 1퍼센트도 필요하지 않은 사람인지부터 생각해보는 게 좋다.

파티 오즐루투크Fatih Ozluturk는 렌터카를 다른 지점에 반납하는 바람에 470달러를 추가로 내야 했다. 하지만 단골이었던 그는 이전에 한 번도 수수료를 낸 적이 없었다. 게다가 웹사이트에는 수수료 없이 다른 지점에 반납할 수 있다고 나와 있었다. 그래도 창구 직원은 무례한 태도로 사실 관계를 확인하려고 하지 않았다.

이러한 상황에서 많은 사람들은 분명 화부터 냈을 것이다. 하지만 이는 바람직한 태도가 아니다. 창구 직원은 의사 결정자가 아니지 않은가. 그러니 시간 낭비 하지 말고 매니저를 찾아라. 파티 역시 그렇게 했다. 그리고 매니저를 보자마자 의사 결정자로서 그의 힘을 인정하고 웹사이트에 있는 정보를 확인해줄 수 있는지 물었다. 매니저는 그의 요구를 들어주었다. 파티는 말했다.

"본사로 편지를 쓸 필요가 뭐 있나요. 그냥 우리 선에서 문제를 해결하죠."

매니저는 그의 말에 감사해하며 렌터카 비용을 50퍼센트나 깎아주었다. 상대방을 비난하는 대신 문제를 해결하도록 도와주는 것이 비결이었던 셈이다.

상대방의 기분이 나빠 보이면 먼저 도와주겠다고 제안하라. 아제이 비주르Ajay Bijoor는 허츠 렌터카의 창구 직원이 앞 손님 때문에 화가 나 있는 것을 보고는 말없이 창구 직원이 한숨을 돌릴 여유를 주었다. 매니저는 이 모습을 보고 그에게 고맙다고 말했다. 사람들은 언제나 서비스 담당자들을 닦달한다. 그러니 당신만큼은 그들에게 한숨 돌릴 시간을 주어라. 아제이는 잠시 후 창구 직원에게 인사를 건네며 친근한 태도로 업그레이드를 요청했다. 그리고 언제나 허츠의 서비스에 만족해왔다면서 원한다면 설문지를 작성해줄 수 있다고도 말했다. 그 결과 그는 한 단계가 아니라 세 단계를 업그레이드할 수 있었다.

지금까지 소개한 협상 도구들을 지금 당장 활용해보라. 세상을 보는 눈이 달라질 것이다. '열심히 노력할수록 운이 따른다'라는 말처럼, 이 협상 도구들을 열심히 활용할수록 원하는 것을 얻을 수 있다.

이제는 협상하는 사람이 달라지면 협상 결과도 달라진다는 사실을 알았을 것이다. 한 사람에게 통하지 않는다고 해서 다른 사람에게도 통하지 말란 법은 없다. 제시카 와이즈Jessica Weiss는 고장난 표 발매기 때문에 뉴욕에서 필라델피아로 가는 5시 5분 기차를 놓쳤다. 10분 뒤에 오는 기차는 전 기차보다 요금이 더 비쌌다. 창구 직원은 표를 바꾸어주기는 했지만 추가 요금을 요구했다.

"회사 측 책임을 부당하게 고객에게 전가하는 것이 암트랙Amtrak의 정책인가요?"

"여기서 말싸움을 하든지 기차를 타든지 알아서 해요."

창구 직원의 대답에 제시카는 고객 센터에 전화를 걸어서 문제를 설명했다. 그러나 전화를 받은 직원은 그녀에게 보상하기를 주저했다. 제시카는 다시 물었다.

"회사 측 책임을 고객에게 전가하는 것이 암트랙의 정책인가요?"

그는 아니라고 대답하면서 20달러짜리 상품권을 보내주겠다고 말했다. 이 사례는 끈기 있게 표준을 제시하는 일이 얼마나 중요한지를 말해준다.

이번에는 프레이밍과 관련된 특별한 사례를 살펴보자. 렌터카 업체 에이비스Avis를 상대로 프레이밍을 활용한 사례다. 이 사례를 통해 뛰어난 협상가들은 일상적으로 별로 힘들이지 않고도 자유자재로 프레이밍을 활용한다는 사실을 알 수 있을 것이다.

봄방학을 맞아 에이비스에서 차를 빌린 한 학생이 있었다. 그는 차를 빌려서 160킬로미터를 주행한 후에야 자신이 한 등급 높은 요금을 냈다는 사실을 깨달았다. 그는 렌터카 지점으로 돌아가는 대신, 반납할 때 보상을 요구하기로 했다. 하지만 그의 요구는 받아들여지지 않았다. 창구 직원이 빌린 차에 대한 요금을 지불했다는 내용의 계약서를 내밀면서 학생이 서명한 것을 확인시켰기 때문이다.

아마 대부분의 사람들은 이 대목에서 협상을 포기했을 것이다. 하지만 학생은 다시 협상을 시도하기로 했다. 대개 렌터카 계약서는 깨알 같은 내용이 희미하게 인쇄되어 있어서 읽기가 힘들다. 그래서 학생은 계약 내용을 못 읽은 것이 자신의 잘못이 아니라고 말했다.

"계약서를 봐요. 거의 읽을 수가 없어요. 이걸 읽는 것이 제 책임이라면 이 회사의 사명을 '더 열심히 노력합니다'가 아니라 '더 열심히 노력하세요'로 바꿔야 할 겁니다."

그는 바로 보상을 받을 수 있었다.

여 행 계 획 시 고 려 할 점

여행 계획을 효율적으로 세울수록 불쾌한 일을 겪을 확률은 줄어든다. 많은 돈을 들인 여행이니만큼 매순간을 즐겨야 하지 않겠는가.

제프 스탠리Jeff Stanley는 버지니아에 사는 부모님, 캘리포니아에 사는 동생들, 그리고 자기 가족들이 모두 만족할 수 있는 여름휴가 계획을 세워야 했다. 부모님은 장거리 여행을 하기에는 너무 나이가 드셨고 남동생은 다른 여행 계획을 짜고 있었으며, 여동생은 부모를 방문하지 않은 것에 죄책감을 느끼고 있었다. 제프는 먼저 한발 물러서서 이 상황을 분석했다. 그가 내린 결론은 다음 네 가지였다.

1. 누구도 여행갈 기분이 아니라는 것
2. 부모를 방문하는 것은 한 명으로 충분하다는 것
3. 누구도 실질적인 계획을 아직 세우지 않았다는 것
4. 해결책을 찾으려고 여러 명에게 통화를 해보았자 상황이 더 복잡해질 뿐이라는 것

그래서 제프는 한 명씩 돌아가며 가족들의 머릿속 그림을 그렸다. 그는 정보를 수집한 후 크리스마스 때까지 여행을 연기하자고 제안했다. 그러면 최소 6개월 동안 넉넉하게 여행을 준비할 수 있었다. 그는 모두에게 편한 날짜를 다시 잡고 각자 담당할 일을 나누며 부모님을 방문하는 일은 자신이 대표로 하겠다고 제안했다. 덕분에 남동생은 비행기표를 살 1,500달러를 아낄 수 있었다. 제프는 말했다.

"핵심은 가족 간에 여행 협상 절차를 관리하는 것이었습니다."

이 사례에서 얻을 수 있는 교훈은 무엇일까? 우선 여러 사람이 여

행할 때에는 한 명의 조정자가 있어야 한다. 조정자는 가장 차분한 성격을 가진 사람이 맡는 게 좋다. 그리고 조정자는 한 사람씩 돌아가면서 점진적으로 정보를 수집해야 한다. 마지막으로 조정자는 이견을 종합하여 더 나은 해결책을 제시할 수 있어야 한다.

저스틴 바그대디Justin Bagdady 는 미시간에서 가족과 함께 크리스마스를 보내고 싶어했지만 그의 약혼녀인 케이트Kayte 는 자기 부모가 있는 보스턴으로 가기를 원했다. 그는 케이트에게 부모님이 추수감사절과 크리스마스 중에서 어느 쪽을 더 좋아하는지 물었다. 케이트는 추수감사절이라고 대답했다. 그것으로 문제는 해결되었다. 저스틴은 교환할 대상을 발견할 때까지 파이를 키웠다. 추수감사절뿐만 아니라 새해, 생일, 여름휴가 등 교환할 수 있는 대상은 얼마든지 있다.

앞으로 어떤 서비스를 받든 내가 소개한 협상 도구들을 활용한다면 분명히 원하는 것을 얻을 수 있다.

제15강

생활의 혜택을
얻는 비밀

억수같이 비가 쏟아지는 날, 척 매콜Chuck McCall은 우산이 없었다. 사무실은 네 블록이나 떨어져 있었고, 30분 후에 중요한 회의가 있었다. 척은 마침 한 구역 떨어진 건물에서 근무하는 한 여성이 같은 버스에서 내리려는 것을 보았다. 척은 그녀에게 다가가 말했다.

"안녕하세요? 근처에서 근무하는 사람인데 우산을 안 가져왔어요. 우산을 좀 씌워주시면 제가 커피를 살게요. 한 블록만 더 가주시면 됩니다."

그녀가 약간 망설이는 태도를 보이자, 척은 말을 이어나갔다.

"저는 척이라고 합니다. 오늘따라 날씨가 안 좋네요. 다음에는 제가 도움을 드릴 수 있는 일이 생기면 좋겠습니다."

결국 척은 그녀의 큰 우산을 나누어 쓸 수 있었다. 그는 가는 길에 약속한 대로 그녀에게 커피도 샀다. 그녀도 척을 데려다준 후 좋은 일을 해서 기쁘다고 말했다. 이후 두 사람은 좋은 친구가 되었다.

"제가 얻은 가장 큰 교훈은 원하는 것을 솔직하게 말하는 것이 삶과 비즈니스에서 성공하는 열쇠라는 것입니다."

척은 먼저 협상에 나서기로 마음먹은 다음, 가치가 다른 대상(우산과 커피)을 교환했다. 또한 그는 공공의 적(날씨)을 제시했고, 미래의 협상을 연계시켰고(다음에는 제가 도움을 드릴 수 있으면 좋겠습니다), 사람에게 초점을 맞추었으며(저는 척이라고 합니다), 상황이 위험하게 보이지 않도록 만들었다(근처에서 근무하는 사람인데). 덕분에 그는 새 친구까지 사귈 수 있었다.

내 협상법을 활용하면 일상적인 상황을 보다 예민하게 인식하게 된다. 거기에는 다양한 주제에 대한 다른 사람과의 대화, 운전, 교통경찰과의 협상, 회원증 없이 헬스클럽 들어가기, 레스토랑에서 더 나은 서비스 받기, 가족을 제시간에 오게 만들기, 자녀를 괴롭히는 이웃 아이 부모와의 대화, 자동차 사고 후 평정심을 유지하기 등 수없이 다양한 상황이 포함된다.

이 챕터에서는 평범한 사람들이 일상생활에서 협상 기술을 발휘하여 원하는 것을 얻는 경험들을 소개할 것이다.

일상에서 알아야 할 원칙

아주 일상적인 세탁소와 관계된 문제부터 시작해보자. 사실 별로 중요한 주제는 아니다. 하지만 세탁소는 협상 기술을 연습하기에 아주 좋은 곳이다. 협상론 강의를 듣는 학생들 중 대다수가 세탁소에서 겪었던 문제들을 발표했을 정도로 세탁소는 일상에서 가장 흔히 접하는 협상 장소다.

첫 번째로 알아두어야 할 것은, 대개 세탁소 주인들이 손님들로부터 좋은 대접을 받지 못한다는 것이다. 미국의 경우 영어에 서툰 이민자들이 세탁소를 운영하는 경우가 많다. 때문에 그들을 존중하는 태도가 가장 중요하다. 실제로 그들은 자신의 일에 자부심을 갖고 있다. 그들의 자부심을 인정해주어라.

두 번째, 세탁소 주인들은 손님들의 요구를 다 들어주면 사업이 망할 수 있다고 생각한다. 맡길 때부터 흠집이 난 옷을 가지고 나중에 항의를 하는 사람들이 숱하기 때문이다. 어떤 사람들은 셔츠에 얼룩이 남았다는 이유로 300달러를 요구하기도 한다. 하지만 세탁소도 따라야 할 표준이란 게 있다. 그러므로 세탁소와 협상할 때 그 표준을 적절히 활용할 수 있다. 단골이라는 점을 내세워, 다른 고객을 소개시켜주겠다고 제안하는 것 역시 유용한 도구다.

이제 간단한 사례부터 살펴보자. 라구 코타Raghu Kota는 새 세탁소를 찾고 있었다. 그는 한 세탁소에 들어가 매주 드라이클리닝을 할 것이며, 주변 사람들도 소개할 것이라고 말했다. 그러자 세탁소 주인은 그에게 10퍼센트 할인을 제안했다. 이처럼 협조적인 제안을 하면 10퍼센트 정도는 쉽게 할인받을 수 있다. 매달 생활비를 10퍼센트 줄일 수 있다고 생각해보라.

상대방이 과연 어디까지 해줄까? 나는 어디까지 요구해야 하는가? 세바스찬 루벤스 이 로호Sebastian Rubens y Rojo는 중요한 면접을 앞두고 세탁소에 맡긴 셔츠를 찾아야 했다. 하지만 옷은 아직 세탁이 되지 않은 상태였다. 그는 '우리는 고객을 사랑합니다'라고 적힌 구호를 가리켰다. 그는 화를 내봤자 소용없다는 사실을 알았다. 자신이 중요한 면접을 앞두고 있으며, 다른 마땅한 셔츠가 없다는 사정을 자세히 설명했다. 그리고 혹시 자신에게 맞는 셔츠를 빌려줄 수 있는지 물었다. 세탁소 주인은 세바스찬의 덩치를 눈대중으로 맞추어보더니 바로 그에게 딱 맞을 만한 셔츠를 건네주었다. 다행히 세바스찬의 마음에 쏙 드는 셔츠였다. 세바스찬은 그 자리에서 옷매무새를 가다듬고 면접장으로 향했다.

세바스찬은 세탁소 주인에게 문제 해결의 결정권을 넘겼다. 그리고 그 전에 도와줄 가치가 있는 문제라는 것을 자세하게 설명했으며 덕분에 세탁소 주인을 문제 해결 과정에 참여시킬 수 있었다. 이처럼 상대방에게 제시하는 그림이 시각적으로 선명할수록 좋다.

집과 관련한 여러 가지 협상

아파트 생활을 하다보면 피곤한 일이 생기기 쉽다. 많은 사람들이 모여살기 때문이다. 또한 대부분의 관리인들은 모든 비용을 손실로 보는 경향이 있다. 하지만 협상 도구들을 활용하면 문제를 해결하는 일이 즐거울 수도 있다. 반드시 짜증을 내고 위협을 하며 무시할 필요는 없지 않은가.

지금부터 같은 문제를 다루는 네 가지 방법을 살펴보자. 재미있는 것은 협상 도구가 달라지자 결과도 달라진다는 점이다.

데이비드 와인스톡David Weinstock의 아파트에 쥐구멍이 생겼다. 그는 즉시 관리인에게 말했지만 아무런 조치를 취하지 않았다. 결국 그는 쥐덫과 방제 업체에 대한 공수표를 받는 대신 관리소장을 찾아갔다. 그리고 입주자들의 불편을 해소하기 위해 최선을 다한다는 관리소의 구호를 내세워 빠른 조치를 요구했다. 그리고 바로 다음날 방제 업체가 그의 아파트를 방문했다.

손 로드리게스Shawn Rodriguez는 여기서 한걸음 더 나아갔다. 그는 관리인에게 쥐구멍이 생겼음을 알리면서, 이는 건강을 위협하는 문제가 생길 수 있을 뿐 아니라 아파트의 명성에 타격을 입힐 수 있다는 사실을 지적했다. 여기서 멈추지 않고 그는 보건국에 전화를 걸어 해충 관련 규정을 파악하고 쥐가 옮기는 질병들을 조사했으며, 병에 걸린 쥐들의 사진을 확보했다. 그리고 이 모든 정보를 관리인에게 보냈다. 바로 그날 관리인은 기술자를 보내 쥐구멍을 막아주었다. 얼마 후 방제 업체도 다녀갔다.

손은 "상대방의 머릿속 그림을 그리면서 내가 원하는 그림도 확실히 그려주어야 해요. 그것이 결정적인 협상 도구입니다"라고 말했다.

발도 스파소프Valdo Spasov도 집에서 쥐구멍을 발견하고 손과 같은 조치를 취했다. 관리 사무소는 배관과 싱크대, 가스레인지를 모두 갈고 주방을 전면 보수해주었다. 배관공은 하루에 모든 일을 마치려고 초과 근무까지 했다. 발도는 이렇게 말했다.

"적절한 프레이밍이 필요합니다. 먼저 상대방의 머릿속 그림에서 출발하여 그들이 중시하는 것이 뭔지 찾아야 해요."

아파트에 다른 문제가 생긴 경우 역시 이러한 도구들이 도움을 준다. 리탤 헬먼Lital Helman의 아파트는 다섯 군데나 수리가 필요했다. 하지만 리탤이 이를 수차례 요구했음에도 불구하고 관리사무소는 아무런 조치를 취하지 않았다. 돈이 많이 들어가는 공사여서 리탤이 자비로 하기엔 분명 무리가 있었다. 그녀는 직접 관리소장을 찾아갔다.

"안녕하세요. 아파트 관리를 총괄하시는 분을 만나 뵙게 되네요."

이 말은 표준을 내세운 은근한 압박이기도 했다. 이를 알아챈 관리소장은 약간 불편한 표정을 지었다. 그녀는 멈추지 않고 말을 이었다.

"시간을 내주셔서 고맙습니다. 문제를 신속하고 확실하게 해결해주시는 것으로 알고 있었는데, 이번에 저희 집에 생긴 문제는 제대로 살펴주시지 못한 것 같네요."

관리소장은 그녀의 말에 동의하고 바로 사과했다. 그녀의 아파트 역시 곧바로 수리되었다. 그녀가 협상을 성공시킨 비결은 의사 결정자를 찾아서 그의 체면을 살려주는 동시에 표준을 제기한 것이었다.

이번에는 임대와 관련된 사례들을 살펴보자. 타마라 크라지크는 계약 기간이 끝났지만 세 든 집에 두 달 동안 더 머물고자 했다. 그녀는 집주인을 만나기 전에 구글 사이트를 통해 그에 대한 정보를 검색했다. 그리고 집주인을 만났을 때 구글에서 얻은 정보를 바탕으로 여러 가지 질문을 던지며 대화를 이어갔고 아파트가 필요한 유학생들을 많이 안다고 말했다. 결국 그녀는 낮은 임대료를 내고 두 달 동안 계약을 연장할 수 있었다. 덕분에 400달러나 아낄 수 있었다. 게다가 다른 임차인을 한 명 소개할 때마다 소개비조로 150달러를 받기로 했다. 그녀는 가치가 다른 대상을 교환하여 모두에게 혜택을 준 셈이다.

다른 협상과 마찬가지로 임대차 협상에서 상대방이 제안을 받아들이지 않는 이유는 위험하다는 인식 때문인 경우가 많다. 쿠마르 두부르Kumar Dhuvur는 아파트 임대 재계약을 맺고 싶었지만 주인은 임대 계약에 어긋난다면서 그냥 계속 거부했다. 쿠마르는 주인이 거부한 진짜 이유를 파악하려고 노력한 결과, 이전 세입자가 월세를 내지 않아서 골치를 썩인 적이 있다는 사실을 알아냈다. 쿠마르는 집주인의 우려를 불식시키기 위해 임대료를 전액 선불로 내겠다고 약속했다. 그리고 주변에서 아파트를 임대하고자 하는 믿을 만한 사람들을 소개해주고 학교에 안내문을 붙여서 홍보도 해주겠다고 제안했다. 집주인으로서는 손해볼 것이 없는 제안이었다. 결국 쿠마르는 원한 대로 임대 재계약을 할 수 있었다.

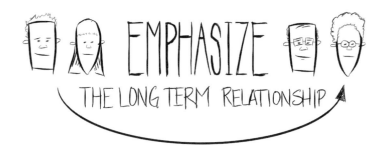

아파트에서 자주 겪는 또 다른 문제는 소음이다. 소음 문제로 이웃 사이에 얼굴을 붉히는 일은 흔하디흔하다. 때로 경찰이 올 정도로 심한 싸움이 벌어지기도 한다. 장 피에르 라트리유_{Jean-Pierre Latrille} 역시 소음 문제에 시달렸다. 그는 아무리 항의해도 말을 듣지 않는 윗집 사람 때문에 애를 먹었다. 그는 협상론 강의를 듣고 다른 방법을 시도하기로 결심했다. 먼저 그는 다른 이웃들을 통해 윗집의 의사 결정자가 부인이라는 사실을 파악했다.

장 피에르는 낮에 그녀를 찾아가 이전에 있었던 일에 대해 사과하고 지금까지 더 큰 문제가 생기지 않도록 애써주어서 고맙다고 말했다. 그리고 생활방식에 지장을 주지 않고 소음을 더 줄일 수 있도록 자신이 도와줄 방법이 있는지 물었다. 두 사람은 함께 대책을 논의했고, 이후 윗집은 의자와 탁자 다리 그리고 양탄자 아래에 패드를 넣었다. 장 피에르는 비용의 반을 대겠다고 했지만 윗집 여자는 한사코 그러지 않아도 된다며 미안해했다.

계약의 가치는 무엇일까? 변호사들은 계약이 법률 체계의 토대라고 말한다. 그러나 계약의 기원은 사람들에게 약속을 강제하는 것과 거리가 멀다. 계약은 대부분의 사람들이 읽고 쓸 줄 몰랐기 때문에 생겼다. 계약은 사람들이 합의한 사항을 기억하도록 도와주는 기능을 했을 뿐이다. 무엇을 약속했는지 확실하지 않을 때에는 서기가 그 내용을 읽어주었다.

샨 헤_{Shan He}는 물이 새는 배관을 수리해야 했다. 견적을 뽑아보니 100달러가 조금 안 되는 금액이었다. 집주인은 100달러 미만의 수리비는 임차인이 부담해야 한다고 우겼다. 그러나 계약에는 그러한 내용이 없었다. 샨은 지금까지 1년 반 동안 좋은 관계를 유지했던 것을 상기시키면서 협조를 요청했다. 그리고 물이 새면 건물에도 좋지 않다고 덧붙였다. 결국 집주인은 수리를 책임지는 데 동의했다.

샨은 아예 처음에 계약서를 집주인에게 내밀었어야 했을까? 그렇지 않다. 샨 역시 그렇게 생각했다.

"계약이 항상 협상의 결정적 요소인 것은 아닙니다. 계약을 통해 문제를 해결하려고 하면 비용이 많이 들어요. 관계를 매개로 설득하는 것이 더 나은 방법입니다."

생활 속 협상에서 표준을 활용하는 법

표준은 일상에서 부딪치는 문제들을 쉽고 빠르게 해결해준다. 종종 적절한 프레이밍이 이루어진 말 한마디면 문제를 해결하는 데 충분하다. 지금부터 학생들이 소개한 다양한 사례들을 살펴보도록 하자. 그들은 표준과 프레이밍을 활용하여 간단하게 문제를 해결할 수 있었다. 브라이언 에그러스 Brian Egras 는 이사 업체의 서비스가 마음에 들지 않았다. 하지만 이미 대금을 지불한 상태였다. 그는 이사 업체에 전화를 걸어 협상을 시도했다.

"이전에 대금을 깎아준 적이 있나요?"

"몇 번 있습니다."

"포장지들을 남겨두고 박스에 표시를 잘못한 것이 정상인가요?"

"아닙니다."

"제가 직접 청소를 하고 박스를 다시 정리하는 데 한 시간이 걸렸습니다. 그걸 돈으로 따지면 얼마가 될까요?"

결과적으로 그는 100달러를 할인받았다. 표준과 질문, 점진적 접근, 평정심 유지 덕분이었다.

보다 심각한 상황을 살펴보자. 알 타즈Al Taj의 아버지는 척추 수술을 받은 후 고통을 호소했다. 하지만 담당 의사가 회의 중이던 터라, 곧바로 부를 수가 없었다. 간호사는 의사의 허락이 없으면 진통제를 주사할 수 없다는 말만 반복했다. 설상가상으로 근처에 있던 다른 의사는 담당의가 아니라는 이유로 도움을 거절했다. 알은 그 의사에게 따졌다.

"담당의가 없으면 환자가 고통에 시달리도록 방치하는 것이 이 병원의 정책입니까?"

결국 그 의사는 차트를 살핀 다음 알의 아버지에게 진통제를 처방했다. 아버지가 고통에 시달리는 모습을 본 알의 경우 자칫 감정적으로 대응하기 쉬웠다. 하지만 그는 평정심을 유지하면서 표준과 프레이밍을 활용하여 아버지의 고통을 덜어주었다.

협상하기 가장 까다로운 곳 중 하나가 바로 은행이다. 하지만 이 역시 표준을 활용하여 얼마든지 원하는 것을 얻을 수 있다. 스티븐 본디Stephen Bondi는 주택담보대출에 대하여 기준 금리 대비 1.45퍼센트의 초과이율을 지불한 후에야, 판촉 행사의 일환으로 신규 고객에게 3.75퍼센트 낮은 이율을 제공한다는 사실을 알았다. 그 차이는 30만 달러를 빌릴 경우를 기준으로 연 1만 1,250달러나 되는 금액이다. 그래서 그는 전화를 걸어 판촉 행사에 대해 물었다. 직원은 세 번이나 회신하겠다고 했지만 약속을 지키지 않았다. 스티븐은 매니저에게 전화를 걸어서 "기존 고객을 신규 고객보다 하대하는 게 그 은행의 관행입니까?"라고 물었다. 당연히 은행의 조치는 부당했다. 매니저는 이율을 0.5퍼센트 깎아주겠다고 제안했다. 스티븐은 그것으로 충분하지 않다고 말했다. 매니저는 고객에게 평생 한 번의 특별 이율을 제공할 수 있지만 스티븐은 이미 최초 대출 시 특별 이율을 적용받았다고 지적했다.

스티븐은 여기서 물러서지 않고 "지금까지 한 번도 예외가 없었습니까?"라고 물었다. 매니저는 잘 모르겠다고 대답했다.

"저는 알아요. 바로 제가 예외를 적용받았거든요. 금리가 떨어질 때 추가로 이율을 조정한 적이 있습니다."

결국 전례가 있었던 셈이다. 또한 스티븐은 직원이 세 번이나 전화를 하겠다는 약속을 지키지 않았다는 것을 지적했다. 나쁜 행동을 지적하고 표준에 대한 질문을 던지는 스티븐의 대응법은 매니저의 마음을 움직였다. 스티븐은 협상에 앞서 미리 준비했고, 끈기 있게 요구했고, 평정심을 유지했으며, 표준과 프레이밍을 활용했다. 특히 그의 프레이밍은 효과적이었다. 그는 이전에 받은 할인 때문에 자격이 없다는 말을 받아들이지 않았으며, 오히려 그 사실을 전례로 삼았다.

은행의 표준을 확인하고 계속 질문하는 것을 멈추지 마라. 대부분의 금융 기관은 끈질기게 표준과 관련된 질문을 던지는 고객을 상대로 부당한 관행을 고집하지 못한다.

존 가초라John Gachora는 친구들과 고급 레스토랑에 갔다. 그러나 친구들 중 한 명이 청바지를 입었다는 이유로 입장을 거절당했다. 복장 규정에 어긋난다는 것이었다. 존은 예약 전화를 할 때 복장 규정에 대한 이야기는 듣지 못했다고 말했다. 다행히 그는 레스토랑에서 한 말을 기록해두었고 덕분에 무사히 입장할 수 있었다.

앞서 말했듯이 공정성을 원한다면 상대가 한 말을 기록하라. 하다 보면 그다지 어려운 일도 아니다.

바룬 굽타Varun Gupta는 미리 예약해둔 레스토랑에 갔다가 아직 테이블이 준비되지 않았다는 말을 들었다. 그는 매니저를 상대로 문제를 제기했다.

"예약한 시간에 왔는데 왜 기다려야 하죠?"

"오늘 정말 바빠서 그렇습니다."

"오늘 처음 문을 연 게 아니잖아요. 지금까지 계속 바쁘지 않았나요?"

"오늘은 특히 더 바쁘네요."

"예약을 하는 이유가 뭐죠? 고객 서비스가 무엇이라고 생각하십니까? 저는 지금까지 최소 열 명한테 이 레스토랑을 소개했어요."

대화가 끝난 후 바룬은 식사 비용의 50퍼센트를 할인받았다. 바룬은 표준과 연계를 적절히 활용했다. 그는 지금도 협상 도구를 활용하여 언제 어디서든 체계적인 대화에 나선다.

그렇다면 어느 정도의 추가 서비스를 요구하는 것이 적정할까? 물론 정해진 답은 없다. 무리한 요구는 협상을 깰 수 있다. 하지만 너무 적게 요구하면 손해 봤다는 기분에 내내 찜찜할 것이다. 연습을 통해 적정한 요구를 하는 방법을 익혀라. 많이 연습할수록 적절히 요구해야 할 수준에 대한 감을 더 잘 잡을 수 있다.

레스토랑에서 역시 인간적으로 대할수록 상대방이 당신의 요구를 들어줄 가능성이 높아진다. 레스토랑에서 계산 착오 같은 실수를 저지르더라도 화내지 말고 어떤 보상을 해주는지 물어라. 누구나 실수를 저지르기 마련이므로 그것에 흥분할 필요는 없다. 제프 고리스 Jeff Gorris는 부모와 함께 유명한 레스토랑에서 저녁을 먹고 싶었지만 추수감사절 다음날이라 예약이 다 차 있는 상태였다. 그는 "예외적으로 예약을 받아준 적은 없나요?"라고 물었다. 직원은 "특별한 경우에만 받아줍니다"라고 대답했다. 이 말은 제프가 활용할 수 있는 좋은 표준을 제공했다.

"부모님이 저를 보려고 멀리서 오셨는데 제일 좋은 레스토랑에서 저녁을 대접하고 싶군요. 이것이 특별한 경우가 될까요?"

제프의 이 말에 당연히 직원은 그를 특별히 대우해주었다.

생활비를 아끼고 싶다면 연습을 통해 익힌 자잘한 협상 과정을 귀찮아하지 말아야 한다. 맥스 메텐하임 Max Mettenheim은 고장난 자동차를 빨리 수리하고 싶었다. 그는 수리점 주인인 존John과 같은 부대 출신이라는 걸 알고서 군 경험에 대해 물었다. 그리고 자신이 미국에 오기 전에 독일군 장교를 지냈으며, 펜실베이니아 주 방위군에 속해 있다고 말했다. 존은 이 말에 큰 관심을 보였다. 맥스는 존과 대화를 나눈 이후, 바로 자동차 수리를 받았을 뿐만 아니라 군인 특별 할인까지 받을 수 있었다.

상 대 가 인 정 하 는   가 치

일상적인 거래에서도 수십억 달러 규모의 거래와 마찬가지로 교환할 대상을 찾을 수 있다. 사람들이 함부로 대하는 서비스 담당자를 존중하는 것도 실은 그 중 하나다.

RESPECT THE **UNDERVALUED** EMPLOYEES

론 색터Ron Schachter는 모터사이클을 주차할 곳이 필요했지만 솔직히 120달러나 되는 월 주차료를 내고 싶지 않았다. 예상했던 대로 관리인은 예외를 인정하지 않았고 론은 관리인의 마음을 바꿀 무형의 가치를 찾아야 했다. 그는 관리인에게 모터사이클을 타는지 물었다. 관리인은 타지는 않지만 배우고 싶다고 말했다. 론은 이 기회를 놓치지 않았다. 그는 모터사이클 타는 법을 가르쳐 주는 대신 주차료를 면제받았다. 가치가 다른 대상을 교환하여 멋지게 협상을 성공시킨 것이다.

저스틴 바이어Justin Baier는 저축 계좌와 당좌 계좌에 붙는 온갖 수수료를 면제받고 싶었으나 은행 직원이 그다지 협조적이지 않았다. 은행 직원은 시티뱅크가 경쟁 은행들보다 수수료를 더 받기는 하지만 여전히 더 낮은 수준이라고 말했다. 저스틴은 은행 직원과 잡담을 나누면서 목표가 무엇인지 물었다. 은행 직원은 MBA에 가고 싶다고 말했다. 저스틴은 자신이 MBA에 다니고 있으며, 필요하다면 도움이 되는 정보를 알려주겠다고 말했다. 결국 은행 직원은 그의 수수료를 면제시켜 주었다.

펜실베이니아 로스쿨에 다니던 제이미 첸Jaimie Chen은 몹시 등이 아팠지만 시간당 50달러인 마사지를 받을 만한 형편이 안 됐다. 제이미는 학교에 마사지사의 명함을 돌리겠다고 제안했고 마사지사는 이 제안에 관심을 보였다. 제이미는 대화를 나누다가 마사지사가 소송에 휘말렸다는 사실을 알게 되었다. 그는 무료로 관련 법규를 찾아주겠다고 말했다. 덕분에 그는 졸업할 때까지 무료 마사지를 받을 수 있었다. 현재 워싱턴으로 변호사로 일하는 그는 더이상 등 통증에 시달리지 않는다.

캐롤리나 도슨Carolina Dorson은 바의 2층을 빌려서 파티를 열려고 했지만 매니저는 DJ 비용으로 300달러를 요구했다. 캐롤리나는 수소문을 통해 다른 바의 경우 최소 매상을 보장해주면 DJ 비용을 주지 않아도 된다는 사실을 알게 되었다. 캐롤리나는 매니저에게 2,000달러를 선불로 지불하겠다고 제안했다. 물론 합의는 성사되었다. 실제 비용은 3,000달러였다. 캐롤리나는 표준을 제시하고 위험을 적극적으로 완화시켜줌으로써 DJ 비용을 아낄 수 있었다.

창의적인 방법으로 인간적 소통을 하는 것 또한 중요하다. 나나 무루게산Nana Murugesan은 임신한 아내와 유명한 산부인과 의사인 프라사나 메논Prasana Menon을 찾아갔으나 프라사나의 진료실은 몇 달 동안 예약이 밀려있었고, 간호사는 그와 이야기할 기회조차 주지 않았다. 나나는 자료 조사를 통해 메논 박사가 아내와 같은 지방 출신이며, 누나와 같은 의대를 다녔다는 사실을 알게 되었다. 그는 종이에 그 지방과 대학의 이름을 써서 메논 박사에게 전달해달라고 부탁했다. 잠시 후 메논 박사가 직접 나타나 진찰 일정을 잡아주었다. 그에게는 작은 인연도 소중했기 때문이었다.

많은 사람들은 마치 경찰이 과잉 반응을 하고 매사에 부당한 태도를 보이는 것처럼 이야기한다. 뉴스에도 그러한 내용들을 자주 접할 수 있다. 하지만 이러한 시각은 협상에 전혀 도움이 안 된다. 상대방의 가치를 깎아내리면 감정적인 반응을 얻을 뿐이다.

카를로스 케루빈Carlos Cherubin은 규정 속도가 시속 40킬로미터인 도로에서 시속 50킬로미터로 달리다가 그만 경찰에게 걸리고 말았다. 물론 이는 카를로스의 명백한 잘못이니 부인할 필요가 없었다. 그는 경찰에게 정중히 사과하고 잠시 정신을 딴 데 팔았다고 실토했다. 그날은 아주 무더웠고 경찰은 표정이 별로 안 좋아 보였다. 게다가 그녀는 임신 중이었다. 카를로스는 그녀의 상태를 걱정했으며 출산 예정일이 언제인지 물어보면서 미리 축하인사를 건넸다.

덕분에 카를로스는 벌금을 물지 않았다. 경찰은 주의만 주고 그를 보내주었다. 카를로스처럼 경찰이 힘들어 보인다는 사실을 알아채는 사람은 얼마나 될까?

"과거에는 항상 말다툼을 했습니다. 15년 만에 처음으로 말다툼을 하지 않고 협상 도구를 활용한 거죠. 그리고 15년 만에 처음으로 딱지를 떼지 않았어요."

　당신이 처한 곤경을 구체적으로 설명하면 상대방을 설득하는 데 도움이 된다. 다만 진솔한 태도를 가져야 하고 진실한 내용이어야 하며, 그것이 진부해서도 안 된다. 설명의 목적은 상대방을 농락하거나 변명을 하는 것이 아니라 인간적으로 소통하는 것이란 점을 잊어서는 안 된다.

　우리는 종종 공무원들을 케케묵은 관료주의와 동일시한다. 하지만 우리가 협상하는 대상은 관료주의가 아니라 공무원 개인이다. 그들은 실상 온갖 규정과 그에 따른 지체를 우리보다 더 부담스러워한다. 매일 규정에 파묻혀 살아야 하는 그들의 입장을 이해해주어라. 그러면 종종 보답을 받게 될 것이다. 그들에게 조언을 구하고 그들의 입장에 공감하고 위로를 건네라. 아무리 관료주의에 화가 나도 중요한 것은 목표 달성이란 사실을 잊지 말자.

도움을 요청하라

　무조건 혼자서 모든 협상에 임할 필요는 없다. 지역 공급 업체, 구매 업체, 공무원들은 평판에 신경 쓰기 마련이다. 그들에게는 좋은 평판이 대단히 중요하다. 때문에 그들이 지속적으로 상대할 다른 사람들과 연합하면 설득력을 높일 수 있다. 당신이 레스토랑이나 식료품점 혹은 세탁소의 단골들을 대표한다면 훨씬 강력한 입지를 확보할 수 있다. 주택보유자 연합이나 시민 단체 같은 기존 단체들을 활용해도 좋다. 경찰이 부당한 행동을 하면 시민 단체의 힘을 빌려라. 쓰레기를 제때 수거하지 않으면 이웃들과 함께 항의하라. 공동으로 협상에 나설 때 번갈아가면서 조정자를 맡거나 웹사이트를 활용할 수 있다.

도움이 필요한 경우, 우선 당신을 도울 사람을 찾아라. 앨런 베어 Alan Baer는 중국 베이징의 한 매장에서 값비싼 상아 조각을 사려고 했다. 하지만 매장은 사람들로 가득했고 주인은 가격 협상을 거부했다. 주인은 매장 가득한 사람들을 가리키며 말했다.

"내가 왜 가격을 깎아주어야 합니까? 어차피 살 사람들은 이렇게 많아요."

앨런은 고개를 돌려 다른 사람들을 바라보았다. 그리고 다시 주인을 바라보며 말했다.

"이 사람들 말입니까? 다 제 일행이에요."

실제로 그들은 앨런의 동창이었다. 결국 그는 할인을 받았다.

사회적 문제를
해결하는 비밀

사회적 문제는 본질적으로 협상이 실패로 돌아갈 확률이 크다. 크고 작은 갈등과 부실한 절차 때문에 문제가 확대되어 결국 많은 사람들이 관여하게 되기 때문이다. 많은 사람들이 해를 입었다면 허리케인이나 쓰나미 같은 자연 재해도 사회적 문제가 된다. 전쟁, 낙태, 지구온난화, 에너지, 보건, 교육 같은 주제들은 사람이나 정부가 문제를 효율적으로 해결하지 못한 데서 불거진 것이다. 허리케인 카트리나가 초래한 피해는 부실한 대비와 때늦은 후속 조치 그리고 관계 기관 사이의 갈등 때문에 크게 확대되었다. 2004년에 대규모 쓰나미가 발생했을 때도 적절한 경보 시스템이 없어서 25만 명이 넘는 사람들이 목숨을 잃었다. 이는 근본적으로 의사소통과 계획의 문제로 볼 수 있다.

개인의 이익을 위한 목적으로 이 책을 썼지만 개인적 문제가 확대

되면 결국 사회적 문제가 되므로 사회적 문제 역시 협상 주제에 포함된다. 교육이나 보건처럼 가치 있는 분야에 쓰일 세금이 쓸데없이 낭비되는 사회적 문제 역시 개인적 문제이기도 하다. 타임스퀘어 한복판에서 일어나는 자폭 테러는 수많은 개인들에게 영향을 미친다. 정부가 주택 보조금이나 기업 지원에 쓸 돈을 안보에 투자해야 하기 때문이다.

사람과 절차의 문제를 이해하면 투표와 캠페인 등 다양한 방식을 통해서 사회적 문제에 더 효율적으로 대응할 수 있다. 베트남 전쟁을 종식시키고 시민운동을 촉발시키고 성차별을 극복하도록 만든 것도 다름 아닌 사회 분위기 조성이었다. 많은 사람들이 현재 상황에 분개하고 의견을 개진할 때 사회는 바뀔 수 있다.

설령 협상으로 문제를 완전히 해결하지 못한다 해도 그 절차만 개선된다면 그 자체만으로도 사회에 끼치는 부정적 영향을 줄일 수 있다. 문제 자체가 협상의 성공 여부에 영향을 끼치는 비율은 10퍼센트가 되지 않는다는 사실을 명심하라. 90퍼센트가 넘는 경우가 사람과 절차가 협상 결과를 좌우한다. 상대를 신뢰하고 존중하고 이해하면, 이를 통해 사회적 문제를 줄일 수 있다는 뜻이다. 또한 앞에서 소개한 협상 도구를 이용한 절차 개선을 통해서도 사회적 문제를 더 줄일 수 있다.

이 챕터에서는 사회적 문제를 사람과 절차의 측면에서 바라볼 것이다. 이 기준을 통해 당신은 앞으로 정부나 공공기관이 심각한 문제를 얼마나 잘 해결하고 있는지에 대해 평가할 수 있다.

사회적 문제와 관련된 협상은 세탁소에서 손상된 셔츠를 놓고 벌이는 협상보다 훨씬 복잡하다. 일반적인 협상보다 훨씬 더 많은 사람과 기관, 그리고 복잡한 감정이 개입되기 때문이다. 하지만 이 역시 협상 도구를 통해 사람과 절차의 적정성을 분석할 수 있다.

　　여기서 소개한 협상 도구들은 이미 세계 곳곳에서 성공적으로 활용되고 있다. 와튼스쿨을 졸업하고 핵잠수함의 기술 책임자가 된 짐 보펠리우스Jim Vopelius는 아프가니스탄에 배치된 동료들에게 내 협상 도구를 가르쳤다. 현재 그들은 인간적 소통과 가치가 다른 대상의 교환을 통해 아프가니스탄 지역의 집단 우두머리들의 지지를 이끌어내고 있다. 그들은 과거의 답습을 버리고 현지의 풍습을 존중하고 아이들에게 선물을 주는 등 새로운 협상 방식을 따르고 있다. 짐은 "까다로운 군사 작전에서도 협상 도구를 토대로 목표를 달성하기 위한 원칙을 세울 수 있습니다."라고 말했다.

　　또한 짐은 협상 도구를 활용하여 훈련 도중 특수 부대 네이비실Navy Seal과 잠수함 지휘부 사이에 발생한 갈등을 해결하기도 했다. 내 협상법은 이처럼 내부 갈등을 신속하게 해소해야 하는 상황에서 핵심적인 역할을 했다.

　　다음은 사회적 문제를 해결하는 방식이 적절한지 판단하는 데 필요한 질문들이다. 이 질문들을 통해 협상을 하는 양쪽 모두 그 절차가 올바른지 파악할 수 있다.

- 의사소통이 효율적인가?
- 상대방의 인식을 이해하고 고려하는가?
- 태도가 강압적인가, 협조적인가?
- 과거의 문제에 집착하는가, 미래의 가치를 지향하는가?
- 서로의 니즈를 드러내고 교환하는가?
- 점진적인 접근법을 쓰는가, 한번에 모든 것을 얻으려고 하는가?
- 행동이 각자의 목표에 부합하는가?
- 감정을 배제하는가?
- 서로의 표준을 활용하여 결론에 이르는가?
- 서로의 차이를 존중하는 문제 해결 절차를 따르는가?

얼굴을 보고 직접 대화하라

상대와 효율적인 의사소통을 하지 않으면 지속가능한 합의에 이를 수 없다. 의사소통이 안 된다면 일단 대화를 시작하도록 유도하라. 끝내 대화를 거부한다면, 차라리 협상가를 교체하는 것이 낫다.

구체적으로 사회적 문제와 관련된 몇 가지 사례를 살펴보자.

이스라엘과 팔레스타인은 몇 년 동안 직접 대화를 하지 않았다. 물론 이스라엘 안에서 이스라엘인들과 팔레스타인인들은 매일 일상적인 대화를 나누며 살아간다. 그러나 그들을 대표하는 정치인들은 서로를 향해 마주앉지도 않으려고 한다. 최근 양쪽은 협상 재개를 고려하고 있지만 얼굴을 맞대고 이야기하지 않는다면 소용이 없다. 결정적인 사안들은 양쪽이 신뢰를 쌓고 서로 대화하는 법을 익힌 다음에 다루어야 한다. 전쟁을 원하는 것이 아니라면 대화의 실패는 결국 양쪽 모두의 패배를 의미할 뿐이다.

2008년 11월 파키스탄 테러범들이 뭄바이에서 관광객들을 살해한 이후 인도 정부는 파키스탄 정부와의 평화 회담을 결렬시켰다. 하지만 뭄바이 테러는 대화를 중지한 이유가 아니라 오히려 대화를 시작할 이유가 되어야 한다. 인도 정부는 15개월 뒤인 2010년 2월이 되어서야 공식 대화를 재개하기로 결정했다.

미국도 이라크를 침공하기 전 사담 후세인Saddam Hussein을 상대로 대화부터 시도했어야 했다. 상대편에 대한 정보를 수집하는 것만으로는 그들에 대해 다 안다고 말할 수 없다. 만일 상대방이 대화를 거부해도 계속 시도하면서 그 사실을 알려야 한다. 이럴 땐 지속적으로 상대방의 태도를 문제 삼아라. 이러한 프레이밍은 강한 입지를 확보하는 데 도움을 준다. 가령 "100일 동안 매일 대화를 위해 이라크 정부와 접촉했지만 계속 거절당했습니다. 그들은 평화에 관심이 없으면서 핑계만 대고 있습니다"라고 말할 수 있다.

테러에 동조하는 사람들과도 대화에 임해야 한다. 소수 극렬분자를 제외한 대부분의 사람들은 대안이 없기 때문에 어쩔 수 없이 테러에 가담하는 것이다. 이 사람들까지 극렬분자와 동일화해서는 안 된다. 실제로 중동의 수많은 어머니들은 자기 자식이 희생되기를 원하지 않는다. 그들 중에는 평화에 관심을 가진 온건파들도 많다는 사실을 떠올려라.

협상을 통해 갈등을 해소한 전례도 있다. 스리랑카 정부는 먼저 일괄 사면을 제안하여 타밀 반군 문제(스리랑카 국민의 70퍼센트를 차지하는 싱할리족과 갈등을 겪는 타밀족이 과격한 테러를 일으키고 있다)를 해결했다. 이로 인해 많은 반군들은 무기를 내려놓고 고향으로 돌아갔다. 그중 일부는 정부에게 타밀족 극렬분자들의 소재지를 알려주어서 소탕 작전을 돕기도 했다.

일각에서는 이것이 군사적 승리라고 주장했지만 이는 타밀족 온건파와의 협상에서 거둔 승리다. 반군의 2인자였다가 스리랑카 정부에 들어간 카루나 암만Karuna Amman도 그중 한 명이었다. 스리랑카 정부는 항복하는 반군들에게 직업 훈련을 받게 해주었다. 1980년대에 콜롬비아 정부도 비슷한 방법으로 반군 문제를 해결했다. 당시 콜롬비아 정부가 유화책을 제시하자 저항단체인 M-19는 저절로 조직이 와해되었다.

친구를 가까이, 적은 더 가까이

의사소통이 시작되면 먼저 상대방의 인식을 이해하는 일에 집중해야 한다. 앞서 수차례 언급한 대로 상대방의 머릿속 그림을 모르면 어디서부터 설득해야 할지 알 수 없다. 옳든 그르든 간에 상대의 머릿속 그림을 알아야 원하는 목표를 달성할 수 있다.

사회적 문제와 관련하여 협상의 가장 큰 걸림돌은 양측이 서로에 대한 협조적인 절차를 마련하지 않는다는 점이다. 대개의 협상이 승자 독식 구조로 되어 있기 때문이다.

경제 제재 문제도 그렇다. 경제 제재는 근본적으로 상대를 위협하는 것이며, 지금까지 사회적 문제를 다루는 협상 전략으로 자주 활용됐다. 경제 제재의 목적은 상대방을 압박하는 것이지만 여러 연구 결과에 따르면 경제 제재는 큰 효과를 발휘하지 못했다. 오히려 강압적 수단에 대한 상대의 반감만 키울 뿐이었다. 경제 제재를 당하는 나라는 연합 전선을 구축하거나 경제 제재를 회피하는 수단을 찾는다. 쿠바는 무려 50년 동안 경제 제재를 견디고 있다. 이로 인해 고통받는 사람들은 하층민이다. 지도층은 여전히 잘 먹고 잘 산다.

미국은 타국에 대한 경제 제재에 따른 수출 감소로 인한 부담이 한 해에 200억 달러에 이른다. 차라리 미국 정부는 경제 제재와 반대로 시장 개방을 유도하는 편이 나을 수도 있다.

쿠바에 대한 경제 제재를 풀면 이 나라는 바로 자본주의에 노출될 것이다. 폐쇄적 사회는 자본주의가 수반하는 새로운 문화의 물결을 견뎌내지 못한다. 실제로 미국 문화인 힙합과 랩은 전 세계 10대들 사이에서 자유의 메시지를 전파하는 문화가 되었다. 그러한 의미에서 보면 문화는 효과적인 외교 정책의 일환이다. 문화는 의사소통의 장을 연다. 같은 맥락에서 인터넷을 전파하는 것도 강력한 협상 전략이다.

2008년 이란은 27년 만에 미국으로부터 밀을 수입했다. 100만 톤이 넘는 밀은 경제 협력의 토대가 될 수 있다. 상대방을 설득하는 최선의 방법은 협박하는 것이 아니라 혜택을 주는 것이다. 2009년 이란의 총 수입액은 약 570억 달러였다. '친구를 가까이 두고, 적은 더 가까이 두어라'라는 말을 떠올려보라. 적을 더 가까이 두어야 더 많은 정보를 얻고 더 큰 영향을 미칠 수 있다. 펜실베이니아 로스쿨을 졸업한 이란 출신 변호사 아사 모함마디Asa Mohammadi는 이렇게 말했다.

"미국이 이란과 더 많은 대화를 나눈다면 인간적인 이해를 넓혀 지도자들을 더 잘 설득할 수 있을 것입니다. 실제로 저를 만난 후 이란에 대한 인식이 바뀌었다고 말하는 미국인이 많습니다."

테러를 막을 수 있는 진정한 방법

궁극적으로 협상에서 성공하려면 상대의 니즈를 충족시켜야 한다. 효과적으로 의사소통하고 상대방의 인식을 이해하고 올바른 태도를 갖추고 적절한 협상가를 선택하는 일은 효율적인 협상을 하기 위한 준비에 불과하다. 제일 중요한 것은 충족시킬 수 있는 상대방의 니즈와 교환 방법을 결정하는 것이다.

대부분의 경우 상대의 근본적인 니즈를 충족시키는 것이 가장 효과적이다. 수재민이나 난민이 관련된 협상이라면 그들의 기본적인 의식주 문제부터 해결해주어야 한다. 하지만 안타깝게도 여전히 인간의 생존에 직결되지 않는 사안들이 사회적 문제의 대부분을 차지

한다. 오직 정치인들만 평화, 민주주의, 이상 같은 가장 높은 단계의 욕구에서 협상을 시작한다. 먹을 음식과 잘 집도 없는 상태에서 누가 이런 이상적인 이야기를 듣고 싶어하겠는가.

기아는 폭력과 사회 불안을 초래한다. 세계식량기구의 식량안보 국 부국장인 아리프 후세인Arif Husain은 "사람들은 배가 고프면 더 쉽게 화를 냅니다"라고 말했다. 연구 결과에 따르면 아이들의 경우 이러한 성향이 더 강하다. 기아는 심각한 정서적 문제를 초래하기도 한다. 그래서 어릴 때부터 폭력의 악순환에 노출되기 쉽다.

미국이 아랍인들의 마음을 얻으려면 냉전 시대의 군비 경쟁과 비슷한 방법을 써야 한다. 팔레스타인 집권 단체인 하마스가 빵을 주면, 미국은 빵과 고기를 더 주어야 한다. 하마스가 하루에 1,000칼로리의 식량을 주면, 미국은 2,000칼로리의 식량을 내주어야 한다.

이스라엘도 아랍인들의 기본적 욕구를 충족시키는 일에 나서야 한다. 지금까지 이스라엘은 그 일을 하지 않았다. 가자에 미사일을 쏘는 것은 하마스에 동조하는 사람들을 늘릴 뿐이다. 대신 그들은 가자에 음식을 보내야 한다. 이스라엘이 가자에 50톤의 음식을 보내면 배고픔에 허덕이는 다수의 사람들은 절대 그들을 나쁘게 보지 않을 것이다.

1981년 이스라엘이 이라크가 건설 중이던 핵발전소를 폭격했을 때 나는 기자로 일하고 있었다. 그때 핵무기 확산을 방지하는 주제에 대한 기사를 쓰고 있었는데, 당시 이스라엘은 이라크가 핵무기 제조에 필요한 핵물질을 확보하려 한다고 생각했다. 나는 2차 대전 때 맨해튼 프로젝트에 참여하여 핵무기를 개발한 과학자들에게 전화를 걸었다. 그들 중 다수는 이미 80대에 접어들었고 MIT나 칼텍Caltech 같은 명문대 교수를 지내다가 은퇴한 상태였다. 그들에게 핵무기 확산을 방지하는 방법이 무엇인지 물었더니, 모두 한결같은 대답을 했다.

"핵무기 확산을 방지하려면 사람들에게 음식과 옷, 집을 주고 의료 서비스와 교육을 받게 하며 일자리를 제공해야 합니다."

한 아랍계 기업인은 중동 문제에서 어느 쪽을 지지하는지 묻자, 단 1초도 고민하지 않고 대답했다.

"우리 가족을 먹고살게 해주고, 좋은 의료 서비스를 제공하는 쪽이죠."

기본적 욕구를 만족시켰으면, 그다음에는 번영을 약속해야 한다. 이스라엘을 전혀 좋아하지 않는 시리아 기업인들도 이스라엘과의 경제 협력은 지지한다. 이스라엘이 시리아 경제에 도움이 될 것이기 때문이다.

배고프고 헐벗은 사람들은 감정적으로 나오기 쉽고, 감정적인 사람들은 설득하기 어렵다. 그들을 위한 감정적 지불은 두말할 것 없이 기본적 욕구를 충족시켜주는 것이다.

아인슈타인Einstein은 히로시마에 핵폭탄이 떨어진 후 "숨길 수도 없고, 막을 수도 없다"라고 말했다. 우리가 대비책을 마련할 때마다 테러범들은 새로운 수단을 찾을 것이다. 9·11 테러 이후 테러범들은 신발과 속옷에 플라스틱 폭탄을 숨겼다.

미국 정보기관들은 미리 테러 계획을 감지하기 못했다는 비난을 받았다. 그러나 인간은 상당히 창의적인 동물이다. 정보기관은 테러 조직들이 지속적으로 바꾸는 테러 방법을 따라가기에 급급할 뿐이다. 미국이 대규모 테러를 성공적으로 막고 싶다면 테러범들의 나라에 음식과 옷, 집, 일자리, 의료 서비스를 제공해야 한다. 그래야 그들 스스로 극렬분자들의 테러를 막는 일에 나서게 된다. 그들을 강제로 억압하는 것으로는 결코 테러를 막을 수 없다.

유대인과 아랍인이 서로 적이 되어야 할 근본적인 이유는 없다. 이스라엘에는 수십만 명의 아랍인들이 산다. 조사 결과에 따르면 그들은 대부분 이스라엘에서 사는 것에 만족하고 있다. 삶의 필수 조건이라는 공통의 이해관계를 중심으로 다양한 사람들이 뭉쳐야 성공적인 협상의 토대가 마련된다.

작은 성공이 어려운 위업보다 낫다

양쪽의 커다란 차이를 메우려면 점진적 접근이 필요하다. 그러나 사회적 문제의 경우 대개 의견 차이가 가장 큰 반면 양쪽이 가장 성급한 접근법을 쓴다는 문제점이 있다. 한걸음에 상극에서 상생으로 가는 것은 거의 불가능하다.

이 책에서 소개한 모든 협상 절차는 점진적 행동을 전제한다. 한번에 모든 것을 바로잡을 필요는 없다. 일단 시작하는 것이 중요하다. 작은 단계는 위험을 줄여주고 더 많은 사람들을 참여시킨다.

다시 중동 문제를 살펴보자. 이스라엘과 팔레스타인은 지난 수십 년 동안 어떤 접근법을 썼는가? 그들은 한번에 모든 것을 해결하려고 했다. 그러니 합의에 실패할 수밖에 없다. 그들이 만약 점진적 접근법을 적용한다면 어땠을까?

우선 요르단강 서안 지구에 있는 작은 공장에서부터 이야기를 시작해보자. 노동자의 절반은 이스라엘인, 나머지 절반은 팔레스타인인으로 구성되어 있다. 그리고 이들은 모두 직업이 없던 사람들이다. 설립 자금은 정부나 세계은행 혹은 사모펀드에서 지원받으며 최소 고용인원은 200~300명이다. 이 공장은 지역에서 판매가 좋았던 제품을 생산해야 하는데, 대표적인 사례로 의약품이 있다. 요르단에는 여러 제약 공장이 있다. 또한 이스라엘 기업들은 의약품 제조와 판매에 강하다.

이 공장으로 인해 지역의 주택 단지와 의료 시설, 학교, 슈퍼마켓이 생긴다. 노동자들은 같은 지역에 섞여 살게 될 것이다. 양쪽은 이익과 지분을 그리고 더 나은 삶을 공유한다. 사업이 자리를 잡으면 적극적인 홍보를 통해 외부에 알려야 한다. 노동자들은 공장 덕분에 가족을 먹여살리고 좋은 교육과 의료 서비스를 받고 있다고 생각할 것이다. 팔레스타인 노동자들은 하마스의 강경파보다 이스라엘 노동자들과 더 많은 머릿속 그림을 공유하게 될 것이고 이스라엘 노동자들 역시 그렇게 될 것이다. 그들은 공통의 목적의식과 동지의식을 나누며 다른 분쟁 지역을 위한 롤모델이 될 것이다. 이 사업이 성공하면 의약품 외에 각종 다양한 품목으로 사업군을 확장할 수 있다.

이렇듯 작은 변화로 시작하여 전체적인 변화의 임계점에 도달하려면 약 한 세대가 걸린다. 한 세대가 너무 오랜 시간이라고 생각하는가? 나는 이 모델을 20년 전인 1981년에 처음 제안했다. 그때 이 방법이 실행되었다면 지금쯤 꽤 많은 변화가 일어났을 것이다.

점진적 접근법을 통해 혜택을 볼 수 있는 또 다른 사회적 문제가 바로 기후 변화와 관련된 주제다. 지구온난화의 주범인 이산화탄소 배출을 줄이는 단계에 대해 많은 논란이 벌어지고 있다. 일각에서는 점진적 행동을 주장하고, 다른 일각에서는 전 지구적 합의를 주장한다. 오염 물질 배출량을 기준으로 한 소비세나 탄소 배출권 거래 등 개별적인 계획에 대한 논쟁을 벌이느라 이미 많은 시간이 흘렀다.

협상의 관점에서 보면 하나의 올바른 해답을 찾기보다 가능한 한 모든 면에서 점진적 단계를 밟는 것이 더 효과적이다. 순 배출량을 줄일 수 있다면 당장 동원할 수 있는 사람과 절차를 통해 최선을 다해야 한다.

지구온난화를 다루는 국제회의가 열릴 때마다 벌어지는 시위는 해결 방법에 문제가 있다는 증거다. 아이디어를 창출할 때는 배제부터 하지 말고 포괄적 시선을 갖는 것이 필요하다.

감정의 올바른 사용법

중요한 협상일수록 감정이 개입하기 쉽고, 그렇게 되면 목표를 달성하기 어려워진다.

다시 테러와의 전쟁을 살펴보자. 서방 선진국들은 테러에 대해 폭력과 위협으로 대응해왔다. 말하자면 '눈에는 눈, 이에는 이' 같은 방식으로 앙갚음한 것이다. 9·11 테러 이후 미국의 전 국방장관인 도널드 럼스펠드Donald Rumsfeld는 테러범들을 찾아서 잡거나 죽이는 것이 미국에게 주어진 임무라고 말했다. 또한 2010년에 모스크바 지하철에서 폭탄 테러가 발생한 후 러시아 대통령도 비슷한 발언을 했다.

폭력은 엄청난 비용과 시간이 드는 협상 수단이다. 과거에는 적군을 많이 죽이면 항복을 받아낼 수 있었다. 그러나 지금은 이념으로 무장한 상대를 힘으로 굴복시키기가 거의 불가능하다. 폭탄 테러범들은 죽음을 두려워하지 않는다. 그들을 막으려면 전 세계의 테러범들을 한 명도 빼지 않고 모조리 죽이는 길밖에 없다. 삶의 터전을 파괴당한 사람들은 어차피 잃을 것이 없기 때문에 더욱더 극단적으로 변한다.

이스라엘 정부는 하마스의 테러 기반을 파괴하려고 하겠지만 이는 불가능하다. 이스라엘은 절대 폭력으로 목표를 달성할 수 없다. 설령 테러 조직의 리더가 잡히거나 죽는다고 해도 바뀌는 것은 없다. 그를 대신할 새로운 리더는 얼마든지 있다. 강경파를 죽이기보다 온건파의 니즈를 충족시키는 것이 비용을 줄이고 성공 확률을 높이는 협상 전략이다.

양쪽의 감정적 대립으로 목표를 달성하지 못하는 또 다른 공적 사안은 낙태다. 공론화 이후 40년이 지난 지금도 논쟁은 끝나지 않았다. 낙태 시술을 한 의사들이 살해당하는 사건도 끊이지 않는다. 그렇다고 해서 낙태가 중단되는가? 그렇지 않다. 시위와 소송과 법률 투쟁이 끝없이 이어져도 목표는 달성되지 않는다. 낙태는 이성적으로 다룰 수 있는 사안이 아니다. 양쪽은 협상의 여지를 두지 않는다. 한쪽은 낙태를 태아 살해라고 하고, 다른 한쪽은 여성의 선택권이라고 한다. 이러한 논쟁이 계속되는 동안 수백만 건의 낙태가 계속되고 있다.

따라서 협상의 관점에서 근본적인 문제를 들여다보고 목표를 수정할 필요가 있다. 진정한 문제는 사실 낙태가 아니다. 근본적인 문제는 원하지 않는 임신이 너무 많다는 것이다. 이에 대해 양쪽이 낙태를 흑백논리로 치부하는 것도 또 하나의 문제다. 어느 쪽도 점진적인 개선 방안을 제시하지 않는다. 마지막으로 양쪽이 상황을 개선하기 위한 대화조차 거부한다는 것도 심각한 문제다.

이 문제를 해결하려면 사안의 초점을 '생명에 대한 권리'와 '선택에 대한 권리'의 문제가 아니라 '늘어나는 낙태'와 '줄어드는 낙태'의 문제로 옮겨야 한다고 생각한다. 지금은 낙태가 늘어나고 있는 상황이다. 점진적 단계에 초점을 맞추면 낙태 건수를 줄일 수 있다. 그 와중에 양쪽이 합의할 수 있는 지점도 나올 것이다.

원하지 않는 임신을 줄이는 것을 목표로 삼으면 피임 등 확실한 옵션을 확보하여 점진적 단계를 밟아 문제를 해결할 수 있다.

해결책을 찾는 일은 양쪽 모두 동의하지 않으면 안 된다는 전제에서 출발해야 한다. 이 전제를 충족시키려면 상대방의 머릿속 그림을 그리고 차근차근 나아갈 수 있도록 중간 단계를 많이 설정하는 현실적인 해결책을 찾아야 한다. 또한 상대방을 배려하는 차분한 의사소통도 필요하다. 극단적 입장이 지배하는 한 문제는 영원히 해결되지 않을 것이다.

표준과 프레이밍을 활용하라

사회적 문제를 다룰 때는 그 과정에 있어 특히 공정성이 중요시된다. 사회적 문제를 다루는 절차와 그 결과는 많은 사람들에게 노출되므로 양쪽이 수긍하는 표준을 활용해야만 한다.

우선 가장 일반적이거나 쉽게 수용할 수 있는 표준에서 출발하는 것이 최선이다. 중동 문제의 경우 "아이들이 죽는 것을 원합니까?"라는 질문을 제기할 수 있다. 그럴 리는 없겠지만 만일 이 질문에 그렇다고 대답하는 사람은 비인간적인 강경파로 낙인찍힐 것이다. 혹은 "난민들에게 살 곳과 음식을 제공해야 합니까?"라거나 "무고한 시민을 희생시켜야 합니까?" 같은 질문을 제기할 수 있다. 이때 프레이밍이 중요하다. 협상을 충실하게 준비할수록 더 설득력 있는 프레이밍을 제시할 수 있다.

협상이 어느 정도 진행되면 "비폭력을 대가로 팔레스타인 국가 건립을 도와야 합니까?"처럼 보다 구체적인 질문을 제기할 수 있다. 이러한 질문은 그 자체만으로 설득력을 갖는다. 공적 사안을 다룰 때는 표준에 대한 질문을 많이 할수록 더 강한 설득력을 발휘할 수 있다.

'세계적으로 생각하고, 지역적으로 행동하라.'

이는 1960년대와 1970년대에 일어난 환경 운동의 핵심 구호다. 당시 사람들은 세계적인 문제를 해결하려면 지역 차원에서 개인들이 행동해야 한다고 믿었다.

한동안 사람들이 잊고 있던 이 메시지가 요즘 다시 살아나고 있다. 이 메시지는 내 협상법의 중심 주제 중 하나다. 우리는 협상 도구를 활용하여 삶과 세계를 변화시킬 수 있다. 단지 올바른 태도로 체계적인 절차를 따르기만 하면 된다.

진정한 목표는 무엇인가? 상대방은 어떤 사람인가? 상대방을 설득하는 데 필요한 것은 무엇인가? 책에서 배운 내 협상 도구를 한껏 활용하라.

모든 사회적 문제는 적절한 해결 모델을 적용하여 효율적인 절차를 밟고 있는지 혹은 진짜 적임자가 참여하고 있는지 판단하면 훨씬 좋은 방법을 모색할 수 있다.

옮긴이 **김태훈**

중앙대학교 문예창작과를 졸업하고 국내 대기업 마케팅 분야에서 근무했다. 현재 번역가 에이전시에서 전문 번역가 및 작가로 활동하고 있다. 주요 역서로는 『어떻게 원하는 것을 얻는가』 『마케팅이다』 『야성적 충동』 『딥 워크』 『그 개는 무엇을 보았나』 『인포메이션』 『디지털 미니멀리즘』 『최고의 설득』 『욕망의 경제학』 『불 인 차이나』 외 다수가 있다.

어떻게
원하는 것을 얻는가
GETTING MORE

초판	1쇄 발행 2011년 11월 30일
밀리언 개정판	1쇄 발행 2017년 11월 8일
밀리언 개정판	13쇄 발행 2025년 1월 10일

지은이	스튜어트 다이아몬드
옮긴이	김태훈
펴낸이	최동혁
디자인	studio 213ho

펴낸곳	(주)세계사컨텐츠그룹
주소	06168 서울시 강남구 테헤란로 507 WeWokr빌딩 8층
이메일	plan@segyesa.co.kr
홈페이지	www.segyesa.co.kr
출판등록	1988년 12월 7일(제406-2004-003호)
인쇄제본	예림

© 스튜어트 다이아몬드 2011. Printed in Seoul, Korea
ISBN 978-89-338-7190-4 03320